Ganzheitlich Heilen

Buch

Was ist der Mensch ohne seine Glaubenssätze, Meinungen, Gedanken? Er ist frei, absolut frei wie ein Gott, der den Tanz der Atome beobachtet.

Die Amerikanerin Byron Katie hat eine Methode entwickelt, mit der jeder Mensch die Urteile, die er über seine Außenwelt fällt, als Mittel zur Selbsterkenntnis einsetzen kann: THE WORK, ein System zur Erlangung innerer und äußerer Freiheit. Es leitet im wesentlichen jeden dazu an, sich die Situationen, Charaktereigenschaften und Menschen zu vergegenwärtigen, die uns am meisten mißfallen. Diese »Ablehnungen« bilden unseren Schatten. THE WORK hilft uns, diesen Schatten zu integrieren und damit unser volles Potential zu entfalten.

Moritz Boerner zeigt in seinem Buch anhand zahlreicher Fallbeispiele, wie THE WORK von jedem Menschen in jeder Lebenssituation anwendbar ist. Die Methode macht Spaß und führt auf verblüffende Weise zu Verhaltensänderungen. Einzige Voraussetzungen sind Wille, Mut und die Fähigkeit, der Wahrheit ins Auge zu schauen.

Autor

Moritz Boerner, geb. 1945, ist Filmemacher, Journalist, Buchautor, Therapeut, Künstler und Programmierer.
Zu seinen wichtigsten Veröffentlichungen gehören:
»Weisheit aus dem Unbewußten«, »Die Chance Aids«,
»Hypnose und Suggestion« sowie »Das Tao der Trance«.
Filme: »Abenteuer meiner Seele«, »Catch Your Dreams ...«
u. v. a.

MORITZ BOERNER

BYRON KATIES

THE WORK

Der einfache Weg zum befreiten Leben

GANZHEITLICH HEILEN

GOLDMANN

THE WORK of Byron Katie℠
ist eine Trademark und Servicemark von Byron Katie

Umwelthinweis:
Alle bedruckten Materialien dieses Taschenbuches
sind chlorfrei und umweltschonend.
Das Papier enthält Recycling-Anteile.

Originalausgabe November 1999

Umschlaggestaltung: Design Team München unter
Verwendung des Logos von THE WORK Foundation, Inc.
Porträtfoto von Byron Katie auf der Umschlagrückseite:
The Center for THE WORK/Brooke McCormick
Redaktion: Gerhard Juckoff
Satz: Uhl + Massopust, Aalen
Druck: Elsnerdruck, Berlin
Verlagsnummer: 14175
WL · Herstellung: Stefan Hansen
Made in Germany
ISBN 3-442-14175-3

2. Auflage

Inhalt

Für Byron Katie und alle, die direkt oder indirekt
zu diesem Buch beigetragen haben, sowie für Marilies,
die mich darüber hinaus seelisch und körperlich
liebevoll unterstützt hat.

Ein faszinierendes Werkzeug

Bei den Recherchen zu diesem Buch hielt ich mich für einige Zeit im Zentrum der Amerikanerin Byron Katie Rolle in Barstow/Kalifornien auf. Es war die Zeit, als gerade ein *Certification Training* abgehalten wurde, das u. a. dazu dient, Menschen auszubilden, die THE WORK in ihrem Beruf oder anderweitig professionell anwenden wollen, auch um Geld damit zu verdienen.

Am letzten Tag dieses Trainings traf ich eine Autorin, die plant, die Methode THE WORK in ihr neuestes Buch über Partnerbeziehungen aufzunehmen. Spontan bat ich sie um einen Bericht, den ich hier wiedergebe:

»Als ich zu diesem Training kam, wußte ich absolut nichts über THE WORK. Eigentlich hatte ich auch gar keine Zeit, weil ich meiner Tochter versprochen hatte, mit ihr zum Wintersport zu fahren – aber als ich am Telefon mit der Organisatorin des Trainings sprach und ihr das sagte, fragte sie mich: ›Ist das wahr, daß Sie keine Zeit haben?‹, und ich antwortete: ›Ich denke, es ist wahr!‹ Dann sagte sie: ›Können Sie wirklich wissen, daß es wahr ist, daß Sie keine Zeit haben?‹ Auf der einen Seite irritierten mich diese Fragen ein wenig, auf der anderen Seite fühlte ich, daß da etwas war, das ich erforschen wollte. Dann rief ich meine Tochter an und fragte sie, ob sie etwas dagegen hätte, wenn ich nicht mit ihr käme. Ich war sehr erstaunt, daß sie spontan meinte: ›Wenn es für dich wichtig ist, warum tust du es nicht? Ich komme ganz gut allein zurecht.‹

Zu Beginn fragte mich Byron Katie, warum ich gekommen sei, und ich erzählte ihr, daß mein siebzehnjähriger Sohn vor 15 Jahren zusammen mit seinem Cousin einen Autounfall hatte, bei dem beide in ihrem Wagen verbrannten. Mein Sohn trug nur einen Zweipunktgurt und prallte gegen die Windschutzscheibe, ich weiß also nicht, ob er noch lebte, als der Wagen explodierte, aber sein Cousin verbrannte bei lebendigem Leib, er hatte nur zwei gebrochene Rippen.

Diese Tragödie hatte mein Leben total verändert, sie beschäftigte mich Tag und Nacht, sie beeinflußte meine anderen Kinder, meine ganze Familie. Mein Mann und ich, wir litten seit 15 Jahren; wann immer jemand den Namen meines toten Sohnes aussprach, mußte ich den Raum verlassen, ich litt unter Depressionen, ich konnte nur schwer darüber sprechen, ich versuchte alles aus meinem Leben auszuschließen, was mich an diese schreckliche Geschichte erinnerte.

Nun muß man dazu wissen, daß ich selbst in klinischer Neuropsychiatrie und Trauerarbeit ausgebildet bin, daß ich mit Hinterbliebenen gearbeitet und sogar Artikel über Verlust und Tod geschrieben hatte. Ich war also eigentlich sehr intensiv auf einen solchen Schicksalsschlag vorbereitet; dennoch empfand ich die Last meiner Geschichte als schier unbezwingbar.

Dann begann ich mit The Work. Nach zehn Tagen, wenn mich jemand fragte: ›Ist die Geschichte mit deinem Sohn wahr?‹, konnte ich nicht einmal eine ehrliche Antwort geben, ich wußte nicht, ob es wirklich wahr war oder nicht. Selbst wenn ich jetzt darüber nachdenke – ich weiß nicht, ob es wirklich wahr ist. Die Geschichte hat ihre Macht über mich verloren.

Also – wenn es mir gelingen konnte, dieses Drama meines Lebens aufzulösen, dann kann ich mit dieser Methode THE WORK jede Geschichte in meinem Leben auflösen, was auch immer es ist. Für mich ist das jedenfalls eine große Offenbarung. Wenn ich nach Hause komme, werde ich kein Problem mehr mit dem Tod meines Sohnes haben. Und ich werde zu niemandem sagen: ›Hey, wißt ihr, was mit mir passiert ist?‹, denn das wäre eine neue Geschichte. Also – ich hoffe, daß dies hier das letzte Mal ist, daß ich über diese Sache spreche, und ich tue es nur, weil andere einen Nutzen davon haben könnten.

O ja, es fühlt sich gut an, das so zu erzählen: ›Ich kenne da eine Person, die eine Erfahrung hatte – denkt sie!‹ (Lachen)

Dies hat THE WORK für mich getan. Vorher hatte ich gedacht, ich müßte Teil dieses Dramas sein und mit dieser Geschichte für immer leben. Aber jetzt fühle ich mich absolut wunderbar, es fühlt sich an, als hätte ich mich von einer Zentnerlast befreit, die ich dauernd mit mir herumschleppte. Es fasziniert mich, daß THE WORK wirklich ein Werkzeug ist, das solche enormen Wirkungen haben kann.«

Ich selbst, der Autor dieses Buches, hatte zwar keine derartige traumatische Erfahrung vorzuweisen, aber auch ich fand für mich heraus, daß ich etwas tun konnte, wo ich vorher nur frustriert war.

Ich lebte beispielsweise jahrelang von der Mutter meines Kindes getrennt, und alles, was von einer einst funktionierenden Beziehung übriggeblieben war, war Kampf, Krampf und eine ständige Quelle von Ärger und Frustration. Ich hatte noch einen Teil meiner Sachen im Keller ihres Hauses »geparkt« und zögerte das Ausräumen dieses Kellers über ein Jahr lang hinaus, nur um nicht mit den schmerzenden Wunden aus dieser Beziehung konfrontiert zu werden.

Nach THE WORK hierüber erfuhr ich augenblickliche Erleichterung und war sehr erstaunt, daß ich mich nicht nur ohne Ressentiments im Haus meiner ehemaligen Freundin aufhalten, sondern daß ich auch wieder liebevoll mit ihr kommunizieren konnte.

Des weiteren hatte sich unsere schlechte, um nicht zu sagen nicht mehr existierende Beziehung auch auf meine kleine Tochter ausgedehnt – das ging soweit, daß diese zeitweise nicht einmal mehr mit mir sprechen wollte. Nach THE WORK verbesserte sich unser gegenseitiges Verhältnis so sehr, daß meine ehemalige Lebenspartnerin mich sogar um eine Sitzung bat. (Inzwischen macht sie selbst THE WORK.) Das wirkliche Wunder für mich ist, daß nur je eine halbe Stunde »Arbeit« über Mutter und Tochter diese Veränderung bewirken konnten.

Natürlich zahlte sich hierbei auch aus, daß ich die kleine Übung auch sonst in meinem Leben anzuwenden begann und daß sich das immer mehr auch auf andere Lebensbereiche auswirkte – zum Beispiel auf meine Gesundheit: Wegen eines zu hohen Blutdrucks hatte mir der Arzt Betablocker verschrieben, die ich von Zeit zu Zeit abzusetzen versuchte, was mir aber nicht gelang. Nachdem ich THE WORK etwa sechs Wochen geübt hatte, normalisierte sich mein Blutdruck und hat sich seitdem nicht verändert.

Auch vielen Menschen in meiner Umgebung konnte ich mit THE WORK helfen. Vor kurzem arbeitete ich mit einer Frau, die sich mit 46 Jahren in den Wechseljahren wähnt und depressiv ist, voller quälender Gedanken über ein verpfuschtes Leben und eine düstere Zukunft. Spätabends fand ich einen Anruf auf meinem Anrufbeantworter, der mir zeigte, daß sie neue Hoffnung schöpfen konnte, daß sie wieder Licht sieht. Ich hatte nichts getan, als ihr die Fragen zu stellen. Sie mußte nichts an sich ändern. Sie hatte aber noch am selben Tag entdeckt, daß sich ihre Haltung dem Leben gegenüber wie von selbst geändert hatte und damit auch ihr Verhalten, ihre Ausstrahlung und damit wohl auch das Verhalten ihrer Mitmenschen, über das sie sich vorher geärgert hatte.

Bevor Sie nun weiterlesen, möchte ich Ihnen ans Herz legen, daß THE WORK eine praktische Methode ist, die auch ohne theoretische Erläuterungen auskommt und funktioniert. Wann immer Sie Lust haben, können Sie sie ausprobieren – die Innenseiten des Umschlags zeigen alles, was Sie hierzu brauchen.

– 1 –

Was ist THE WORK?

Einführung

Es gibt viele Möglichkeiten, einen Zugang zu dieser neuen und doch uralten Methode THE WORK zu finden, und ich hatte in den ersten Versionen dieses Buches den Fehler gemacht, zu viele Aspekte auf einmal hineinzupacken. Dann wurde mir klar, daß man – wie von einem Berggipfel aus – erst dann alle möglichen Wege überblicken kann, wenn man einen von ihnen gegangen ist. Da C. G. Jungs Psychologie vielen Menschen unserer Kultur vertraut ist, habe ich versucht, diesen relativ schmalen Pfad als Einführung zu wählen. Wenn Sie den eher praktischen Zugang lieben, überspringen Sie doch bitte die kurze Passage.

In seinem Buch »Aion – Beiträge zur Symbolik des Selbst« prägt C. G. Jung den Begriff des *Schattens*, eines Archetypus* des Unbewußten. Dieser repräsentiert für ihn die »dunklen Aspekte der Persönlichkeit«, die man nur schwer erkennen kann, da sie »der moralischen Kontrolle beträchtlichen Widerstand entgegensetzen«.** Dieser Widerstand wiederum ist

* Siehe Glossar
** Diese und alle weiteren Passagen zitiert aus »Aion – Beiträge zur Symbolik des Selbst« (Sonderausgabe, Walter Verlag, Solothurn und Düsseldorf 1995).

verknüpft mit »*Projektionen*, die als solche nicht erkannt werden und deren Erkenntnis eine über das gewöhnliche Maß hinausgehende moralische Leistung bedeutet... denn der Grund zur Emotion scheint ohne allen Zweifel beim *anderen* zu liegen. Für den objektiven Beobachter mag es noch so offenkundig sein, daß es sich um Projektionen handelt... man muß schon überzeugt sein, daß man auch gelegentlich unrecht haben könnte, um gewillt zu sein, emotional betonte Projektionen vom Objekt abzulösen.«

Jung führt dann weiter aus, wie sehr der Mensch sich von seiner Umwelt entfremden kann und eine nur mehr illusionäre Beziehung zu derselben unterhält.

Und im folgenden heißt es: »Es ist oft tragisch zu sehen, auf wie durchsichtige Weise ein Mensch sich selber und anderen das Leben verpfuscht, aber um alles in der Welt nicht einsehen kann, inwiefern die ganze Tragödie von ihm selber ausgeht und von ihm selber immer wieder aufs neue genährt und unterhalten wird.«

Im nächsten Kapitel über die Archetypen *Animus* und *Anima* wird weiter auf die Projektionen eingegangen; Jung stellt die Forderung auf, daß man dieselben »auflösen müsse, weil es heilsamer und in jeder Hinsicht vorteilhafter sei«, aber er ist sich im klaren, daß er damit »Neuland betritt«. Einige Absätze weiter scheint er aber in dieser Hinsicht zu resignieren, indem er sagt, dies zu verlangen »sei etwa so, als ob man einem ordentlichen Durchschnittsbürger zumuten wollte, er müsse einsehen, daß er ein Verbrecher sei«.

Leider hat C. G. Jung diese Gedankengänge nie konsequent weiterverfolgt und erst recht keine Methode publiziert, wie man den Schatten oder gar Animus und Anima in sich selbst erkennen könne und die damit verbundenen Projektionen aufzulösen seien. Der Begriff »Schatten« im Sinne C. G.

Jungs taucht bei späteren Autoren wieder auf, so z. B. bei Ken Wilber und Thorwald Dethlefsen/Ruediger Dahlke; die letzteren schreiben in ihrem Buch »Krankheit als Weg«: »Als Schatten bezeichnen wir also die Summe aller abgelehnten Wirklichkeitsbereiche, die der Mensch bei sich selbst nicht sieht oder nicht sehen will und die ihm daher unbewußt sind.«*

»Wir erleben unseren Schatten immer als Außen – würden wir ihn in und bei uns sehen, wäre er nicht länger der Schatten. Die abgelehnten, nun scheinbar von außen auf uns zukommenden Prinzipien bekämpfen wir jetzt im Außen genauso leidenschaftlich, wie wir es in uns getan haben.«

»Der Schatten macht krank – die Begegnung mit dem Schatten heil! Dies ist der Schlüssel zum Verständnis von Krankheit und Heilung.«

Dethlefsen/Dahlke verfolgen über viele Seiten diese und ähnliche Gedanken, von denen ich hier nur einige wiedergeben konnte, der geneigte Leser möge diese vielleicht bei Gelegenheit einmal nachlesen.

Auf jeden Fall fehlt aber bei den genannten Autoren eine Methode, die gewonnenen Erkenntnisse praktisch anzuwenden. Nach meiner Erfahrung gehört das zugrundeliegende Wissen beim psychologisch oder esoterisch gebildeten Leser zwar irgendwie zum geistigen Allgemeingut, eine praktische Auswirkung hatte das aber – zumindest kann ich das von mir selbst sagen – kaum oder gar nicht.

Als ich von der Zeitschrift »Connection« eingeladen wurde, über einen Workshop der Amerikanerin Byron Katie zu schreiben, war mir zwar noch nicht klar, daß die dort präsen-

* Diese und die folgenden Passagen zitiert aus »Krankheit als Weg« (Goldmann).

tierte WORK* genau diese fehlende Methode sein könnte, aber bei intensiverer Beschäftigung wurde dies sehr schnell deutlich.

Eine Teilnehmerin dieses Workshops, ich nenne sie Michaela, hatte in ihrem Fragebogen unter anderem geschrieben: »Meine Freundin ruft mich nicht an, sie ist mir böse. Sie sollte mich anrufen.« Sie mußte aber zugeben, daß sie selbst ihre Freundin ja auch nicht anrief. Sie glaubte, die Freundin sei ihr böse und riefe deshalb nicht an, aber in Wirklichkeit war sie selbst ihr böse, wenn auch mit einem ihrer Meinung nach guten Grund. Hingegen konnte sie zwar nicht wissen, ob ihre Freundin ihr wirklich böse war und ob sie nicht andere Gründe hatte, nicht anzurufen.

Die Umkehrung jedoch – und das ist nichts anderes als der Schatten – war wahrer als die ursprüngliche Aussage: »Ich rufe meine Freundin nicht an, ich bin ihr böse. Ich sollte sie anrufen.«

Nun besteht die Methode THE WORK nicht nur in einer simplen Umkehrung; das wäre zu einfach und hätte dann wohl auch nicht die frappante Wirkung. Nein – nachdem man seine urteilende Behauptung aufgestellt hat, stellt man zunächst vier Fragen, denen hier jeweils die Antwort von Michaela folgt:

1. Ist es wahr?

Zunächst lasse ich meinem Ärger freien Lauf und sage. »Ja, es ist wahr. Meine Freundin ruft nicht an, sie ist mir böse, sie sollte mich anrufen.«

---

* In der Praxis von THE WORK hat sich trotz abweichender Regel für die Eindeutschung »die WORK« eingebürgert.

2. Kann ich wirklich wissen, daß das wahr ist?

Nein, ich kann nicht hundertprozentig wissen, ob sie böse auf mich ist, ich kann auch nicht wirklich wissen, ob es das beste für uns beide wäre, wenn sie mich anriefe. Sie mag ihre Gründe haben.

3. Wie reagiere ich, wenn ich diesen Gedanken denke?

Nun – negativ über jemanden zu denken bedeutet immer Schmerz; ich fühle mich getrennt von dieser Person, ich säe Unfrieden mit meiner Aussage, ich konzentriere mich auf das Ungute und bilde es in mir ab, ich nehme im gleichen Augenblick nicht wahr, was sich um mich herum abspielt – insbesondere das Positive. Eine solche Haltung überträgt sich auf alles um mich herum. Selbst wenn meine Freundin mich nun anruft, bin ich ungehalten und mache ihr Vorwürfe.

Wenn ich an der schmerzhaften Überzeugung festhalte, sie hätte mich gefälligst anzurufen, dann mache ich mich zum Opfer, beschäftige mich mit ihren Angelegenheiten und vergifte unnötig mein Leben.

Insgesamt kann ich keinen Grund finden, warum ich an dieser Aussage über meine Freundin festhalten sollte, jedenfalls keinen, der mir Vorteile bringt und unserer Beziehung nicht schadet.

4. Wer wäre ich, wie ginge es mir ohne diese Überzeugung?

Ich wäre frei, würde mich auf meine eigenen Angelegenheiten konzentrieren, hätte ein viel besseres Gefühl meiner Freundin gegenüber – ich kann geradezu spüren, wie sich etwas in mir löst, entkrampft.

Ich schließe die Augen und stelle mir meine Freundin vor und was sie gerade tut. Da ich nichts von ihr in diesem Moment erwarte, sehe ich, daß sie mit für sie wichtigen Dingen beschäftigt ist und daß ich sie liebe. Wenn sie mich doch anruft, freue ich mich und bin liebevoll zu ihr, aber wahrscheinlich werde ich sie nun anrufen und sie fragen, ob ich irgend etwas für sie tun kann. Ich werde ihr sagen, daß sie meine beste Freundin ist.

Michaela hatte in ihrem Fragebogen noch viele negative Behauptungen über ihre Freundin aufgestellt, und keine davon erwies sich als haltbar. Wenn sie sich intensiv fragte: »Kannst du wirklich wissen, daß das wahr ist?«, dann kam stets heraus, daß sie sich auf Aussagen von anderen verlassen hatte, daß sie gemutmaßt, projiziert hatte. Keine ihrer negativen Aussagen brachte ihr wirklich Vorteile, statt dessen setzten ihre Glaubenssätze sie unter Spannung, beschäftigten zwanghaft ihr Denken, lenkten sie ab von ihren eigenen Angelegenheiten, trennten sie von ihrer Freundin, machten sie bitter, ärgerlich, angespannt und nervös. Ihr wurde klar, daß sich ihr Ärger auf viele andere Lebensbereiche ausgedehnt hatte – während sie den Groll gegen ihre Freundin hegte, konnte sie nicht hundertprozentig liebevoll zu ihren Kindern und zu ihrem Mann sein.

Das war der Beginn der Entfremdung, von der Jung schreibt – Michaela hatte begonnen, sich eine Welt von Feinden zu schaffen, die nur in ihrer Einbildung existierten. Sobald sie aber die Fragen beantwortet hatte und gesehen hatte, wie sehr die Umkehrungen auf sie zutrafen, änderten sich auch ihre Gefühle. So sah sie ganz klar, daß ihre Freundin ihr ihren Schatten gezeigt hatte; der Grund für ihren Ärger hatte scheinbar ohne jeden Zweifel bei dieser gelegen – in Wirklichkeit war sie aber auf ihre Projektion hereingefallen.

Machen wir die kleine Übung einmal mit einer anderen, ganz alltäglichen Situation, wie sie jeder kennt.

Der Drängler auf der Autobahn

Ich fahre auf der Autobahn, dicht hinter mir ein Drängler, der die Lichthupe eifrig bedient. Meine Reaktion? Ärger, Herzklopfen, Bauchschmerzen, Gedanken wie: »Dieser Idiot! Der Mann sollte das nicht tun! Niemand sollte mich so bedrängen!«

1. Frage: **Ist es wahr, daß er das nicht tun sollte?**

Es ist nicht wahr, denn Menschen tun so etwas, immer wieder. Egal, was ich darüber denke, sie ändern sich nicht. Ich sehe den Widerspruch zwischen dem, was ist, und dem, was ich denke, wie es sein sollte.

2. Frage: **Kann ich wirklich wissen, daß das wahr ist, daß er das nicht tun sollte?**

Antwort: Nein, das kann ich nicht hundertprozentig wissen. Vielleicht will er mich auf etwas aufmerksam machen? Vielleicht hat er eine schwangere Frau im Auto? Vielleicht ist er nur einfach krank?

3. Frage: **Wie reagiere ich, wenn ich denke, daß er das nicht tun sollte?**

Antwort: Ich spüre Herzklopfen, Unruhe, ein unangenehmes Gefühl in der Magengrube. Ich spüre Haß. Ich konzentriere mich nicht mehr auf mein eigenes Fahrverhalten, ich sehe die schöne Landschaft nicht mehr. Ich genieße die Fahrt nicht mehr. Ich würde den Mann am liebsten auffahren lassen, indem ich plötzlich bremse. Ein vielleicht sogar selbstmörderischer Gedanke. Gäbe es einen Grund, diesen Gedanken festzuhalten? Nein. Gäbe es Gründe, ihn loszulassen? Jede Menge.

4. Frage: **Wer wäre ich, wenn ich den Glaubenssatz* »Niemand sollte mich so bedrängen!« fallenlassen würde? Wie ginge es mir dann?**

Antwort: Ich wäre gelassen, ruhig, ich würde nach rechts fahren und den Mann vorbeilassen, ich würde mich körperlich wohler fühlen, ich könnte meine Fahrt wieder genießen.

Während ich die kleine Übung absolviere, spüre ich schon deren Wirkung. Indem ich mir das letztere vorstelle, entspanne ich mich, es kommt mir vor, als ob mein Körper dankbar die Gelegenheit ergreift, diese Vorstellung zu verwirklichen; ich schwenke nach rechts, ich atme tief ein und aus, lehne mich zurück, lächle.

Während der Mann vorbeizieht und mir den Vogel zeigt, normalisiert sich mein Herzschlag und wahrscheinlich auch mein Blutdruck. Ich denke: »Der nette unwissende Mensch – er ist so, wie ich einmal war.« Denn auch ich habe schon gemacht, was er gemacht hat. Manchmal in Wirklichkeit, manchmal in Gedanken.

---

* Siehe Glossar

Die Umkehrung:

»Ich sollte niemanden bedrängen!«

Das ist *meine* Philosophie, so sollte *ich* leben. Der Mann hat mich daran erinnert. Ich danke ihm.

Diese kleine Übung habe ich schon Tausende von Malen gemacht; wann immer mich etwas im Außen stört, tue ich sie wieder. Mit manchen Dingen in meinem Leben habe ich seitdem keine Probleme mehr, andere tauchen für einige Zeit immer wieder auf. Ich freue mich auf die Probleme in meinem Leben, an ihnen kann ich wachsen.

Oft denke ich, daß andere sich ändern sollten – sie tun es nicht. Ich mache die Übung, ich ändere mich. Dankbarkeit.

Manchmal denke ich aber auch: *»Ich sollte mich ändern – ich sollte liebevoller sein, mit mir und meiner Umwelt.«* Aber auch damit kann ich THE WORK machen:

1. Frage: **Ist es wahr? Sollte ich liebevoller sein?**

Ich bin es nicht, es ist nicht wahr, also sollte ich es nicht. Ich akzeptiere das, was ist, als richtig und gut.

Wieder sehe ich, wie sich meine Gedanken zwischen das Sosein und mich geschoben haben. Die Realität ist, wie sie ist, und statt sie zu akzeptieren, bete ich Glaubenssätze herunter.

2. Frage: **Kann ich wirklich wissen, daß es wahr ist, daß ich liebevoller sein sollte?**

Nein, das kann ich nicht wissen. Es mag einen verborgenen Sinn haben, wie ich mich mir selbst oder anderen gegenüber verhalte.

3. Frage: **Wie reagiere ich, wenn ich denke: Ich sollte liebevoller sein?**

Ich fühle Bedauern, habe ein schlechtes Gewissen, Unzufriedenheit, Selbstkritik, Selbstverurteilung. Es gibt keinen einzigen positiven Grund, um an diesem Glaubenssatz festzuhalten.

4. Frage: **Wer wäre ich, wenn ich den Glaubenssatz fallenlassen würde? Wie ginge es mir dann?**

Ich muß sofort lächeln, denn mir wird klar, daß ich dann liebevoller wäre, vor allem mit mir selbst.

Die Umkehrung:

Ich sollte nicht *liebevoller sein.*

Denn – ich bin es nicht, also sollte ich es auch nicht sein. Jedesmal, wenn ich es nicht bin, spüre ich den Schmerz und mache wieder The Work. Irgendwann wird der Gedanke gar nicht mehr auftauchen – ich bin liebevoll geworden.

Banale Situationen, eine eigentlich banale kleine Übung. Und doch liegt nicht nur das ganze Geheimnis der seelischen Gesundheit und der Freiheit hierin, sondern auch viel Spaß, viel Selbsterkenntnis, viel Unterhaltung – und das alles fast ohne jede Mühe. Und dann kommt das Erstaunliche: Diese Übung kann das ganze Leben radikal verändern. Wie ist das möglich?

Wo immer wir auf etwas Ärgerliches, Frustrierendes, Schmerzhaftes stoßen, stellen wir die Fragen, finden wir die Umkehrung. Je öfter wir es tun, um so mehr löst sich auf, um so sensibler werden wir für unsere Projektionen. Irgendwann stellen wir fest, daß unsere ganze Welt aus ihnen besteht.

C. G. Jung ahnte, daß die Summe der Projektionen, die durch die Archetypen hervorgerufen werden, nichts anderes ergibt als die Welt der Illusionen, der Täuschungen unseres Ego*, denn er schreibt in dem zuletzt zitierten Kapitel: »Was ist nun dieser projizierende Faktor? Der Osten nennt ihn die Spinnerin, oder Maja, die illusionserzeugende Tänzerin.«

Jede aufgelöste Projektion scheint Bewußtsein freizusetzen, es fühlt sich an, als ob Gehirnzellen, die zuvor mit sich im Kreise drehenden, sich ständig wiederholenden, negativen Gedanken beschäftigt waren, buchstäblich frei werden, um sich hinfort der reinen Wahrnehmung zu widmen.

Was wir also wirklich tun, wenn wir THE WORK üben, ist die Zerstörung der Illusion. Nennen Sie es Ego, nennen Sie es Maya. Nennen Sie es die Summe unserer Glaubenssätze, unserer Konzepte, unserer Überzeugungen, unserer Urteile über andere, nennen Sie es unsere Geschichte, unsere persönliche Mythologie. Alle diese Ausdrücke werden in diesem Buch synonym gebraucht.

THE WORK kann und wird Ihr Leben radikal verändern – allerdings nur, wenn Sie sie machen.

Und haben Sie schon einmal etwas so Einfaches kennengelernt: vier Fragen – eine Umkehrung? Tatsache ist, daß diese Einfachheit manchen abschrecken könnte (»Wie kann das wirken, wenn es so einfach ist?«), aber ich versichere Ihnen, Wunder sind nichts Ungewöhnliches, wenn man eine Weile THE WORK praktiziert und vor allem auch das Leben von Menschen verfolgt, die sie im Freundeskreis oder auf Seminaren anwenden.

---

* Siehe Glossar

Behalten Sie aber stets im Auge: Es handelt sich um vier Fragen und eine Umkehrung, nicht mehr und nicht weniger. Sie *müssen* diese Fragen nicht stellen. Sie *müssen* sie nicht beantworten. Jeder findet seine eigenen Antworten. Wenn ich schreibe, THE WORK tut, bewirkt etc., so ist gemeint, daß »etwas« in Ihnen auf diese Weise wirken kann, nicht muß. Mit anderen Worten, es handelt sich um eine Technik, mit deren Hilfe man zwar großen Frieden und große Freiheit finden kann, die aber nicht verantwortlich ist, die auch vor allem keine Therapie darstellt oder – falls notwendig – ersetzen kann. THE WORK ist auch keine Religion, keine esoterische Schule, kein Gebet, keine spirituelle Richtung. THE WORK ist eine Technologie. Sie ist wie eine faszinierende Maltechnik, was Sie aber damit malen, bleibt Ihnen überlassen. Ganz gleich, wo Sie stehen, Sie können es auf Ihre Weise anwenden und sich überraschen lassen.

Es mag sein, daß die Methode eine besonders gute Ergänzung zu Ihrer ansonsten ausgeübten Praxis, Weltanschauung oder Religion darstellt, sie ist aber auf jeden Fall nicht abhängig von weiteren Übungen oder geistigen Richtungen.

Byron Katie, die »Entdeckerin«, nennt THE WORK eine »Untersuchung«. Wir machen mit Hilfe des Fragebogens eine Momentaufnahme unseres Geistes, die wir dann unter die Lupe nehmen. Es geht nicht darum, große Weisheit zu finden, es geht nicht darum, den Ursprung irgendwelcher Probleme zu suchen. Wir sollen uns nicht einmal ändern – wir betrachten nur unsere Wahrheit.

Die Liebe zu dieser Wahrheit werden Sie allerdings brauchen, denn nicht immer ist THE WORK bequem. Schließlich heißt THE WORK zu deutsch *»die Arbeit«*.

Die eigentliche, vollständige Übung , die man macht, wenn man den Fragebogen ausfüllt und sich dann allein, zu zweit oder in einer Gruppe irgendwo ein ruhiges Plätzchen sucht und die Fragen stellt, ist ein wenig anders aufgebaut als die bisher beschriebene Kurzform. Die letztere praktiziere ich gerne, wenn ich unterwegs bin und gerade nichts aufschreiben kann.

Wenn Sie jetzt direkt selbst einsteigen wollen, gehen Sie zum Abschnitt »Der Fragebogen zu THE WORK of Byron Katie«. Wenn Sie zunächst eine vollständige Sitzung studieren wollen, lesen Sie im 2. Kapitel »Die Mieterhöhung« – das Transkript meiner ersten Sitzung mit Byron Katie, die mein Leben nachhaltig veränderte. Oder lesen Sie einfach weiter …

- THE WORK ist eine Untersuchung, die zur Freiheit führt, unabhängig oder in Ergänzung zu anderen Methoden, Weltanschauungen oder geistigen Richtungen.
- Voraussetzung für THE WORK ist Liebe zur Wahrheit.
- THE WORK besteht aus vier Fragen und einer Umkehrung, nicht mehr, nicht weniger.
- Sie können THE WORK auch ohne theoretischen Hintergrund ausüben bzw. ausprobieren.

Die Liebe zur Wahrheit

Byron Katie hat mir viele Tonbänder mit ungeschnittenen Sitzungsprotokollen zur Verfügung gestellt. Viele der »Fälle«, die ich in diesem Buch zitiere, stammen aus diesem Material.

Margret war 30 Jahre lang mit einem Mann verheiratet, seit sieben Jahren lebt sie getrennt. Er ist mit einer anderen zusammen, sie aber liebt ihn immer noch und kann sich nicht mit der Tatsache abfinden, daß er sie verlassen hat. Sie sagt: »*Mein Herz ist gebrochen, ich zerstöre mich selbst. Wenn ich jetzt nicht aufhöre, mit dem Schicksal zu hadern, werde ich mich selbst töten – ich habe die Kraft dazu.*«

Margret wurde durch eine Freundin zu einem Workshop mit Byron Katie gebracht. Sie weiß, daß ihre Geschichte* die älteste Geschichte der Welt ist, als Jungianerin dürfte ihr gar bewußt sein, daß es sich um einen Kampf mit dem männlichen Archetypus handelt. Sie weiß, daß sie wirklich reif ist für THE WORK, sie weiß, daß alles, was sie bisher in dieser Sache unternommen hat, fehlgeschlagen ist. Sie hat also nicht mehr viel zu verlieren.

Sie sagt: »*Ich habe das Gefühl, daß ich jetzt bereit bin, wirklich die Wurzel meines Leidens anzupacken.*«

Hier ist ihr ausgefüllter Fragebogen:

1. Wen oder was magst du nicht? Wer sollte auf dich hören? Wer oder was irritiert dich? Wer oder was macht dich traurig oder enttäuscht dich?

Ich bin wütend, traurig und enttäuscht über meinen Mann, weil er mich verlassen hat und sich eine neue Freundin genommen hat. Ich mag nicht, daß ich soviel Traurigkeit fühle. Ich bin wütend, daß ich mich vollkommen gelähmt fühle.

2. Wie soll dein Mann sich ändern? Was soll dein Mann deiner Meinung nach machen?

Ich will, daß mein Mann zu mir und der Familie zurückkommt.

---

* Siehe Glossar

3. Was sollte dein Mann tun oder nicht tun?
Die andere Frau sollte ihn freigeben.

4. Brauchst du etwas von deinem Mann?
Was muß dein Mann tun, um dir zu gefallen?
Mein Mann sollte mich lieben und unsere Ehe aufrechterhalten.

5. Was denkst du über deinen Mann? Mache eine Liste.
Er ist egoistisch, gnadenlos, er trampelt über mich hinweg. Er behandelt sich selbst sehr gut, das mag ich, aber ich selbst fühle mich auf dem Abstellgleis.

6. Was willst du mit dieser Person, dieser Sache oder in dieser Situation nicht wieder erleben?
Ich will nie wieder erleben, daß ich wieder verlassen werde und mich so sehr gelähmt fühle.

KATIE: Willst du die Wahrheit* wirklich wissen?
Ja.
KATIE: Dein Ehemann sollte dich nicht verlassen, ist das wahr?
Nein.
KATIE: Wie sieht die Realität aus?
Er hat mich verlassen.
KATIE: Ist es denn dann *wahr,* daß er dich nicht verlassen sollte?
Nein. Er verläßt mich jeden Tag.
KATIE: Willkommen zur Wahrheit. Willkommen zur Realität. Diese Wahrheit wird dich befreien. Du hast dich an die Lüge

* Siehe Glossar

geklammert, und dies paßt nicht zu deiner Natur. Die Lüge ist deiner Natur genau entgegengesetzt, und daher kommt dein Leiden.

Wie fühlt es sich an, wenn du lügst und dich gleichzeitig an den Gedanken klammerst: »Er sollte mich nicht verlassen! Er sollte jetzt hier sein!«? Fühle, was es bedeutet, mit der Realität zu kämpfen! Wie fühlt es sich an, wenn du morgens aufwachst und dich an die Lüge klammerst: »Er sollte hier sein!«?

Sehr schlecht.

KATIE: Wie lebst du, wenn du diese Geschichte aufrechterhältst?

Alles ist schwer, ich muß mich wirklich zu allem zwingen.

KATIE: Das ist genau das Gefühl, wenn man eine Lüge lebt. Es kommt nur daher, daß wir unserer Geschichte Glauben schenken anstatt der Realität.

Es fühlt sich an, als ob ich mit angezogenen Bremsen Auto fahre.

KATIE: Wie behandelst du deine Kinder, wie lebst du mit ihnen, wenn du glaubst, ihr Vater sollte hier sein?

Ich behandle sie nicht gut.

KATIE: Und wie fühlt sich das an?

Nicht gut.

KATIE: Kannst du mir einen Vorteil außer Schmerz und Leiden nennen, den du durch das Festhalten an dieser Geschichte hast: »Er sollte mich nicht verlassen!«?

Ich denke, es gibt keinen.

KATIE: Genau das ist auch meine Erfahrung.

Wie würdest du ohne diese Geschichte leben?

(Lange Pause)

Leicht wie eine Feder!

(Lachen)

KATIE: Du wärst hier – mit dir selbst. Du wärst Freude!

Ich möchte diesen »Fall« hier zunächst abbrechen und einige Erläuterungen einfügen.

Man kann das Vorgehen von The Work fast brutal finden, aber Mitleid und Rücksichtnahme, mit der wir derartige Geschichten z. B. im Bekanntenkreis behandeln, tun nichts, als sie zu zementieren. Wirkliche Freunde sollten unsere Lügen nicht aufrechterhalten, sondern zu zerstören helfen. Byron Katie tut das auf eine sehr liebevolle Weise. Vor jedem Workshop sagt sie:

Es kann sein, daß Sie etwas, was hier gesagt wird, zunächst als unfreundlich oder nicht liebevoll empfinden werden, aber es ist nicht meine Absicht, Gefühle zu verletzen.

Und:

Ich höre dich. Ich verstehe – aber da ist die Realität, da ist die Wahrheit.

Ich habe in der Einführung mehrfach C. G. Jung zitiert und versucht, sein für meine Begriffe nur rudimentäres Modell unserer inneren Wirklichkeit anzuwenden, um The Work zu erklären. Dies ließe sich durchaus auch weiterhin durchhalten, denn alles, was wir in unserer Umgebung wahrnehmen, läßt sich als Projektion entlarven, auch dort, wo das nicht so offensichtlich scheint.

Die Margret in unserem Beispiel sagt: »*Ich bin wütend, traurig und enttäuscht über meinen Mann, weil er mich verlassen und sich eine neue Freundin genommen hat.*«

Es handelt sich hier ohne Zweifel um den Archetypus des Animus, der angeblich laut Jung nur schwer in der Projektion zu erkennen ist und der besser im Unbewußten ruhen sollte.

Jung läßt uns jedenfalls wenig Hoffnung, an diese Bereiche auch nur zu rühren. Er hat im übrigen für meine Begriffe unsere innere Welt lediglich in lauter Bruchstücke zerlegt und diese dann irgendwie benannt, ähnlich wie viele Biologen der Vergangenheit sich damit begnügten, möglichst viele Tiere zu beschreiben und mit Namen zu versehen – aber hierbei vergaßen, daß dies keinerlei Wert hat, wenn man das Leben wirklich verstehen und nicht nur katalogisieren will.

Wir sollten heute demgegenüber versuchen, mit ganzheitlichen Modellen zu arbeiten. Ich möchte folgerichtig an dieser Stelle Jungs Modell verlassen und nach und nach an verschiedenen anderen Modellen zu erläutern versuchen, was THE WORK sein könnte. Byron Katie sagt:

Jeder entdeckt sein eigenes Weltbild, seine eigene Religion in dieser Methode, und ich erkenne das stets an, aber ich weiß auch, daß nichts dergleichen existiert – das ist immer wieder nur eine neue Geschichte.

Nach meiner persönlichen Erfahrung sind viele Menschen dankbar, wenn sie diesen Weg gezeigt bekommen. Es ist, als ob wir alle Liebhaber der Realität, der Wahrheit wären, denn sie ist unsere wirkliche Heimat. In ihr leben wir, sie umgibt uns – alle Natur, alle Materie fügt sich in sie hinein, nahtlos, perfekt, in ursprünglicher Schönheit. Nur unser Denken will sich nicht anpassen. Aber der Körper lebt in der Realität, unsere Seele lebt in der Wahrheit. Und Körper und Seele vergrößern wohl den Schmerz immer mehr, nicht um uns zu quälen, sondern um uns zu heilen; sie rufen uns zu: »Komm zur Wahrheit!« so lange, bis wir begreifen. Insofern sollten wir dem Schmerz dankbar sein, er zeigt uns den Weg nach Hause.

Vielleicht wird Margret noch viele Male The Work machen müssen in dieser Sache, aber sie hat jetzt einen Anfang gefunden, sie hat das Licht am Ende des Tunnels gesehen. Ihr Körper, ihre Intuition, ihr Alltag werden ihr nun helfen, denn diese formen das wirkliche Leben, nicht der kleine Verstand, der so wenig Körperlichkeit besitzt, so wenig Realitätscharakter hat.

Und nicht nur die Realität steht auf ihrer Seite, sondern auch die ganze Evolution des Tieres Mensch – sind doch sein Unbewußtes, sein Verstand ein entwicklungsgeschichtlich so neuer Bestandteil unserer Spezies.

Ihr Körper, ihr Herz haben dankbar gefühlt, wie das Leben aussähe, wenn sie den Glaubenssatz »Mein Mann sollte mich nicht verlassen« aufgeben würde, und sie werden ihr jetzt helfen, diese Alternative mit immer mehr Kraft auszustatten. (Im Grunde wußte sie das alles schon vor der Sitzung, denn ganz zu Anfang sagte sie sinngemäß: *»Ich war lange eine spirituelle Sucherin, aber das hat mir nichts genützt, vielleicht finde ich jetzt durch diese Sache die Wahrheit.«*)

Genau das ist der Punkt: Die Wahrheit ist nicht das, was wir irgendwo lesen (auch nicht in diesem Buch), sondern das, was wir täglich vor Augen haben, was uns täglich geschieht.

Ich weiß nicht, wie Sie darüber denken, aber ich möchte nichts verwirklichen, was mit der Realität – und das ist ja unsere Schöpfung – im Widerspruch steht.

- Wer die Realität nicht akzeptiert, kann nicht gewinnen.
- Der Schmerz zeigt uns den Weg zur Wahrheit.
- Wir leben in der Wahrheit, sie ist unsere Heimat.
- Alles, was uns umgibt, ist eine Hilfe.

Das Geheimnis von THE WORK – *kleine Schritte*

Ich habe Byron Katie mehrmals eindringlich gefragt, worauf denn ihrer Meinung nach der heilende Mechanismus von THE WORK beruhe, und sie bestand darauf, daß es lediglich die Tatsache sei, daß THE WORK dem Menschen erlaube, seine eigene Wahrheit zu finden. Die Technik lehrt nichts, impliziert nichts, »drückt einem nichts aufs Auge«. Sie läßt uns Freiheit.

Was ich für mich herausfand, ist die Tatsache, daß THE WORK mich ganz winzige gedankliche Schritte tun läßt, Schritte, die man kaum weiter verkleinern könnte. Auf diese Weise ist kein Fehltritt möglich.

Die erste Frage des »Schlüssels« (siehe dritte Umschlagseite) setzt dort an, wo ich stehe. Sie nehmen das, was ist, und fragen: »Ist es wahr?« Eine Methode, die näher an mir und meiner augenblicklichen Befindlichkeit ist, kann man sich kaum denken.

Die erste Frage: Ist es wahr?

Die Frage »Ist es wahr?« ist ein erster winziger Schritt zur Seite, aus der Identifikation heraus. Ich trete zur Seite und betrachte den Inhalt meines Denkens im Gegensatz zur Realität. Manchen Menschen fällt gerade dieser erste Schritt allerdings recht schwer. Da kommen Gedanken wie: »Ja aber ich will das doch nicht, ich kann nicht akzeptieren, daß ...; ich habe gelernt, daß ...; wenn jeder so denken würde! Das ist unmoralisch! Das ist aber meine Erfahrung!« etc.

Ich habe die Lügen in mir ein Leben lang genährt und sie bäumen sich jetzt auf. Aber da ist die unerbittliche Realität.

Am einfachsten wäre es wohl, sich total dem zu ergeben, was ist. Aber wer kann das schon, gerade in unserer westlichen Kultur? Wer es tat, der kennt die Süße, die darin liegt, sie nimmt dem Schmerz den Stachel. Insofern scheint mir THE WORK absolut nichts Neues zu sein.

Manche beantworten die erste Frage mit »Ja« und meinen, um bei unserem Beispiel zu bleiben: »Ja, er hat mich verlassen.« Andere sagen »nein« und meinen: »Es ist nicht wahr, was ich denke.«

Doch selbst, wenn ich den Widerspruch zwischen Realität und Denken nicht sofort sehe oder nicht immer gleich fühle, daß allein dieser Widerspruch den Kampf in mir auslöst und den Schmerz erzeugt, wird THE WORK auf subtile Art wirken, denn alles, was wir sind, drängt zur Heilung.

Die zweite Frage: Kannst du wirklich wissen, daß es wahr ist?

Byron Katie hat in Margrets WORK diesen Schritt weggelassen, aber sie hätte auch nochmals fragen können: »Kannst du wirklich wissen, daß dein Mann dich nicht hätte verlassen sollen?«

Manchmal formuliert sie es auch so: »Kannst du wirklich wissen, daß es zu deinem besten und allerhöchsten Wohl wäre, wenn dein Mann dich nicht verlassen hätte?«

Diese Frage führt mich abermals einen winzigen Schritt weiter. Die Antwort muß hier fast immer lauten: »Nein, das kann ich nicht wissen.«

Ein gläubiger Mensch mag sagen: »Es ist vielleicht Gottes Ratschluß, daß er mich verlassen hat... daher kann ich es nicht wissen.« Die Frage ist eine Meditation, und sie wird in unserem Beispiel ja im Grunde auch beantwortet, denn ihr Mann *mußte* sie verlassen, damit sie sich selbst findet.

Eine weitere Formulierung, die Byron Katie häufig gebraucht: »Kannst du wirklich wissen, daß es zum besten und allerhöchsten Wohl *deines Mannes* gewesen wäre, wenn er dich nicht verlassen hätte?« Schließlich geht es nicht nur um uns – unser Leben ist ein Geflecht von Beziehungen, an dem wir alle gleichermaßen beteiligt sind.

Margrets Leben war bereits vor dem Verlassenwerden eine Lüge, eine Geschichte, die sie sich zurechtgelegt hatte, die aber mit der Realität nichts zu tun hatte, denn sie sagte zu Beginn (ich hatte das um der Klarheit willen zunächst weggelassen): *»Ich wollte meinen Kindern ein Beispiel geben – das Vorbild eines Paares, das zusammenbleibt.«* Und später während der Sitzung wird ihr klar: *»Meine Mutter lehrte mich, daß eines Tages der Mann meines Lebens käme, der allein für mich bestimmt ist. Nun habe ich das unbestimmte Gefühl, daß ich gar keinen anderen Mann haben darf.«*

Man sieht also, daß schon die ganze Beziehung zumindest in diesem Aspekt auf reinen Glaubenssätzen beruhte. Außerdem zeigt dieses Beispiel sehr schön, wie wir unsere Geschichten von unseren Eltern »erben« und dann an unsere Kinder weitergeben – auch dies übrigens ein Indiz, daß Margret hier mit den Archetypen eines kollektiven Unbewußten ringt.

Die dritte Frage: Wie reagierst du, wenn du glaubst, dein Mann sollte dich nicht verlassen?

Bereits wenn ich den Widerspruch zwischen Realität und Denken anschaue, kann ich den Schmerz fühlen, der damit verbunden ist, daß ich daran festhalte, daß die Welt anders sein sollte, als sie ist.

Jetzt gehe ich abermals einen Schritt weiter und untersuche diese seelische Befindlichkeit. Ich horche in mich hinein und fühle, wie es sich anfühlt. Manchmal drängen sich dann Argumente wie »Ich fühle mich im Recht!« in den Vordergrund. Dann muß ich weiter fragen: »Wie fühlt es sich an, im Recht zu sein?« Wenn ich lange genug in mich hineinlausche, finde ich stets Streß, Schmerz, Kummer und Sorgen.

Zusatzfragen können nun sein: »Wie lebst du mit dieser Geschichte? Wie behandelst du deine Umwelt mit dieser Geschichte?« Ich finde meist, daß ich den Glaubenssatz und die unangenehmen Gefühle auf meine gesamte Umwelt übertrage und diese – inklusive mich selbst – sehr schlecht behandle. Es stellt sich gar heraus, daß ich zu mir selbst oft viel grausamer bin, als ich es jemals nach außen sein könnte. Denn die anderen passen sich meinen »Macken« im Grunde ganz gut an (»er ist eben so!«); wer wirklich leidet, das bin ich selbst. Mein Mann hat mich nur einmal verlassen – das mag unangenehm gewesen sein, aber was ich dann mit mir selbst tue, ist viel schlimmer: Ich quäle mich täglich, stündlich mit zerstörerischen, traurigen, rachsüchtigen Gedanken, eben oft über Jahre oder gar ein ganzes Leben lang.

Byron Katie verbessert die Methode The Work laufend – kurz vor Beendigung der Arbeit an diesem Buch führte sie zwei Zusatzfragen an dieser Stelle ein, die zwar schon immer in dieser Form gestellt wurden, die aber nun »offizieller« Bestandteil des Fragebogens (siehe zweite Umschlagseite) sind. Sie lauten:

a) Gibt es einen Grund, diese Überzeugung loszulassen? *(Und ich werde nicht gebeten, sie loszulassen.)*
b) Gibt es einen Grund, der mir keinen Streß verursacht, an dieser Überzeugung festzuhalten?

Diese zusätzlichen Fragen sind für mich ein Beweis, daß meine Theorie der kleinen Schritte in die richtige Richtung weist, denn sie erzeugen genau den Effekt, die Schritte der Untersuchung zu verkleinern.

Denken Sie immer wieder daran, daß wir unsere Glaubenssätze nicht ändern, sondern nur untersuchen sollen. Wir schauen einfach, ob es nicht doch wirklich funktionierende, positive Gründe gibt, die uns keinen Streß verursachen, an dieser Sache festzuhalten. Katie sagt, sie habe in 13 Jahren keine Gründe gefunden, um an auch nur einem einzigen Glaubenssatz festzuhalten, und dies ist bisher auch meine Erfahrung. Glaubenssätze erzeugen immer Streß! Natürlich scheinen Glaubenssätze auch gewisse Vorteile zu haben, aber sobald Streß dabei ist, sollte man sich fragen, ob es das wert ist. Mancher denkt, er würde nicht aktiv ohne Glaubenssatz, aber können Sie wirklich wissen, daß das wahr ist? Muß ich immer sagen: »Ich habe Hunger«, um zu essen? Bleibe ich für immer im Bett liegen, wenn ich mir morgens nicht sage: »Du mußt aufstehen?«

Die Zusatzfrage (b) führt dann direkt zum nächsten Punkt, denn wenn ich einen guten Grund finde, dann ist es der, daß ich mich freier, besser, entspannter, mehr »ich selbst« fühle.

Die vierte Frage: Wer wärst du, wenn du nicht glauben würdest, dein Mann sollte dich nicht verlassen? Wie würdest du dich fühlen?

Dieser Schritt ist der schwierigste, er mag unsere ganze Phantasie fordern. Auch hier ist es wichtig, daß das Herz antwortet, nicht der Verstand. Der Verstand mag sagen: »Ich würde mich aufgeben, ich würde resignieren«, aber das Herz weiß: »Ich wäre frei!«

Manche Menschen können sich diese Freiheit nicht einmal mehr vorstellen, weil sie über Jahre ihre Überzeugungen pflegten, verfestigten, weil sie sich an die geistige Unfreiheit gewöhnten, weil ihre negativen Glaubenssätze als »sich selbst erfüllende Prophezeiungen« wirkten.

Die ersten beiden Fragen sind eine Meditation über den Widerspruch zwischen dem, was ist, und dem, was ich denke. Sie können vielleicht noch mit dem Verstand »bearbeitet« werden, aber die beiden nächsten Fragen bieten die Möglichkeit, zwei Visionen meines Herzens hervorzurufen. Die eine läßt mich die augenblicklichen Auswirkungen meiner Überzeugungen auf meine Befindlichkeit fühlen; die andere zeigt mir, wie es wäre, wenn ich diese Überzeugungen nicht benutzen würde.

Ich werde nicht gebeten, mich zu ändern, ich betrachte nur die Alternativen. Ich sehe quasi zwei Filme, einen, wie es ist – einen, wie es sein könnte. Mein Verstand stellt meinem Innern, meiner Seele, meinem Herzen vor, wie die beiden Alternativen sich anfühlen. Oder ist es umgekehrt?

Nach meiner Erfahrung ergreift das Herz (mein Wesen, mein Inneres) oftmals dankbar die Alternative und läßt den Glaubenssatz fallen, ohne daß ich weiß, wie es genau geschieht. Ich bin ein anderer geworden. Aber man könnte es auch so formulieren: Herz und Verstand haben Freundschaft geschlossen, denn sie sind eigentlich eins.

Bei großen traumatischen Erlebnissen und Schicksalsschlägen wird vielleicht ein Rückfall kommen, aber sowie ich merke, daß der Schmerz sich wieder meldet, mache ich wieder The Work. Erfahrungsgemäß lassen die »Schmerzattakken« langsam nach, vergrößern sich die Abstände, in denen sie auftreten – ähnlich, wie wenn man sich eine Sucht abgewöhnt. (Der Vergleich kommt nicht von ungefähr; eine Sucht ist eine unnatürliche Angewohnheit, mit der ich versuche, etwas zu betäuben, etwas nicht zu fühlen – unsere Überzeugungen sind ebenfalls gewohnheitsmäßige Denkweisen, die unserer Natur widersprechen und uns die Realität nicht fühlen lassen sollen.)

Aber die Liebe zur Wahrheit ist unsere wahre Natur, denn wir sind Wahrheit im Sinne von Realität. Byron Katie sagt, Liebe und Wahrheit sind Synonyme, sie sind der Stoff, aus dem wir gemacht sind, aus dem ALLES besteht.

Ich weiß, daß manche Menschen mit der Beantwortung der Fragen drei und vier zunächst Probleme haben; ich werde in einem späteren Kapitel hierauf noch weiter eingehen. Im übrigen erschließt sich die genaue Handhabung auch mit der Zeit durch das Studium der Beispielsitzungen in diesem Buch und vor allem durch die eigene Praxis. Daher der Hinweis: Probieren Sie die Methode ruhig immer wieder zwischendurch aus, während Sie dieses Buch lesen.

- The Work ist eine Technik, die uns absolute Freiheit läßt, die Fragen zu beantworten – oder nicht zu beantworten.
- Wir werden nicht gebeten, uns zu ändern, wir betrachten nur die Alternativen, die sich uns bieten.
- Der Verstand fragt, das Herz antwortet.
- Wahrheit ist unsere Natur.

Der Verstand fragt, das Herz antwortet

Die Fragen führen vom Verstand zum Herzen. Die ersten zwei Fragen stellt der Verstand dem Verstand, dann kommt das Herz ins Spiel. »Wie fühlst du dich?« Der Verstand fragt, das

Herz antwortet. Es ist wichtig, bei dieser Gelegenheit wirklich in den Körper zu fühlen. Wenn man mir die Vorfahrt nimmt, sage ich vielleicht: »Ich fühle mich aber doch im Recht!«

Aber wie fühlt sich mein Körper? Ich persönlich kann es als feinen Stich im Herzen fühlen.

Wenn jemand mich belügt, werde ich vielleicht sagen: »Ich fühle mich hintergangen«, aber mein Magen fühlt einen dumpfen Schmerz.

Beachten Sie immer, daß diese Schmerzen vom Festhalten an den Glaubenssätzen herrühren: »Niemand sollte mir die Vorfahrt nehmen! Niemand sollte mich belügen!« Andernfalls müßte es ja auch weh tun, wenn ich es gar nicht bemerke. Nicht der, der mich belügt, nicht der, der mir die Vorfahrt nimmt, tut mir weh, ich bin es selbst.

In den Sitzungen wird man oft sehen, daß der Schritt vom Verstand zum Gefühl manchen Menschen schwerer fällt als anderen. Allerdings meldet sich das Gefühl so lange, bis wir es zur Kenntnis nehmen – wenn es sein muß, indem es sich im Körper fest etabliert: als Kopfschmerz, Magenweh, Herzstechen oder – wenn ich immer noch nicht reagiere – auch als chronische Krankheit. Es gibt genügend Literatur über den Zusammenhang zwischen verdrängten Gefühlen und Krankheit – an dieser Stelle sei abermals das bereits genannte Buch von Thorwald Dethlefsen und Ruediger Dahlke besonders empfohlen.

Wie kann man nun schnell und einfach den Schritt zum Herzen machen?

Ich habe das obige Beispiel gewählt, weil jeder von uns schon einmal verlassen worden ist. Stellen Sie sich also laut die Frage: *»Wie reagiere ich, wenn ich an dem Glauben festhalte… sollte mich nicht verlassen?«*

Spüren Sie, wie es ist, verlassen zu werden. Wo im Körper können Sie es spüren? Gibt es Bilder, die Sie sehen, an die Sie sich erinnern? Mit welchen Gefühlen sind diese verbunden? Gibt es Bewegungen, die der Körper machen möchte, Laute, die er ausstoßen möchte?

Und jetzt kommt die Alternative, der andere Film: *»Wer wäre ich, wenn ich das nicht glauben würde, wenn ich nicht an dieser Lüge haften würde ... sollte mich nicht verlassen?«*

Sehen Sie die andere Person ohne jeden Glauben, was sie tun sollte oder nicht tun sollte. Sehen Sie, wie die Person das tut, was sie tun möchte, was sie tun muß, aber lassen Sie sie frei. Wenn Sie die Person lieben oder geliebt haben – ist es nicht wahre Liebe, sie tun zu lassen, was sie tun will? Spüren Sie diese Liebe. Spüren Sie die Freiheit, die Sie jetzt haben, indem Sie sie geben, atmen Sie tief ein und aus. Atem ist ein schönes Symbol für das, was wir alle tun müssen – wir ergreifen etwas, wir lassen es wieder frei, ohne diesen Rhythmus würden wir nicht leben.

Bei manchen Themen spüren wir nicht sofort, daß wir uns mit der ersten Alternative grundsätzlich selber weh tun und die zweite Alternative uns grundsätzlich freier macht. Gerade bei dem von mir gewählten Beispiel wehrt sich unser Verstand vielleicht beträchtlich, den geliebten Menschen freizugeben. Aber spätestens, wenn Sie an das Wohl des anderen denken, und merken, daß Sie dem anderen ja nicht schaden wollen, daß Sie ihn nicht gegen seinen Willen an sich fesseln wollen, dann wird Ihr Herz Ihnen sagen, was Sie befreien würde.

Denken Sie daran, daß Sie sich nicht aktiv zu ändern brauchen, daß Sie lediglich eine Untersuchung durchführen. Der Verstand fragt das Herz, und das Herz antwortet. Gleichzeitig akzeptiert das Herz den Gedanken liebevoll; die beiden, manchmal scheinbar gegeneinander arbeitenden Instanzen schließen Freundschaft, entdecken vielleicht gar, daß sie eins sind.

Menschen, die ihre negativen Gedanken bekämpfen, verlagern den Krieg, der vorher im Außen stattfand, lediglich nach innen – wer jedoch seine Gedanken als solche zur Kenntnis nimmt und liebevoll umarmt, mag großen inneren Frieden finden. Byron Katie sagt:

Gedanken fallenlassen zu wollen ist ein Konzept, das meist nicht funktioniert – nein – die Gedanken lassen uns fallen.

Und:

Gedanken, denen man mit Verständnis begegnet, sind mit Schweigen gleichzusetzen.

Und:

»Laß diesen Glaubenssatz, diese Geschichte fallen!« – das ist nicht sanft, du gehst nicht liebevoll mit dir selbst um, wenn du so etwas sagst. Und es funktioniert auch nicht, sonst hätten wir uns ja längst geändert. In uns geschieht doch ein ständiger Dialog: »Tu dies nicht, tu das nicht« – es sind unsere Eltern, die in uns sprechen und uns sagen, wie wir leben sollen. Aber wir richten uns nicht danach.
Also, versuche es einmal mit Liebe und Verständnis, indem du einfach sagst: »Wer wäre ich, wenn ich diesen Glaubenssatz fallenließe?« Und dann stellst du dir vor, wie das wäre, wie du dich fühlen würdest ohne diese Sache in dir. Und die Veränderung geschieht von alleine. Oder auch nicht. Oder vielleicht beim nächsten Mal. Es gibt große Dinge, die sich wie von selbst zu ändern scheinen, und kleine Dinge, die sehr hartnäckig sind. Es ist letz-

ten Endes nicht in unserer Hand. Akzeptiere, sei sanft, sei liebevoll.
Wenn du morgen wieder auf dieses Konzept stößt, mache THE WORK erneut. Du arbeitest mit innerer Ursache und Wirkung, so als ob du die Hand ins Feuer legst und sie automatisch wegziehst, weil es geschieht, nicht weil du es willst oder weil es heiß ist. Dieser ganze Vorgang geschieht letztlich ohne Mitwirkung des Kopfes.

Vielleicht ist das Gefühl, das Sie haben, wenn Sie sich ohne Ihr zerstörerisches Konzept imaginieren, einfach so attraktiv für Ihren Körper oder Ihre Seele, daß diese es von selbst fallenlassen und das neue, attraktivere Konzept übernehmen?

Wenn das alte Konzept Kampf, Leiden, Tränen und Verbitterung bedeutet und das neue Konzept statt dessen Liebe, Ruhe, Freiheit und Wohlbefinden, warum sollte das Leben so dumm sein, am alten Konzept auf immer festzuhalten? Es ist vielleicht nur Gewohnheit, Erziehung, soziales Verhalten, das uns am Leiden festhalten ließ. Wichtig ist, daß Sie nicht Befehle geben, wie Ihr Körper oder Ihr Herz sich zu verhalten haben, sondern daß Sie sich nur fragen, wer wäre ich, wie würde ich leben, wie würde ich mich fühlen, wenn …

Und alles Weitere überlassen Sie einfach der Natur!

- Allein der Widerspruch zwischen Realität und Denken erzeugt Schmerz.
- Fast nie können wir wirklich die Wahrheit hundertprozentig wissen.
- Wir müssen nichts ändern – es geschieht von selbst.
- Wir sind Liebe, wir sind Wahrheit.
- Der Verstand stellt die Fragen, das Herz antwortet.
- Betrachten Sie die Realität, wie sie ist, ohne Überzeugungen, ohne persönliche Geschichte.

- Glaubenssätze und Gedanken loslassen zu wollen ist ein überholtes Konzept, das bei vielen Menschen nicht funktioniert.

Drei Arten von Angelegenheiten

Bei den meisten Sitzungen mit THE WORK ist es gut, eine Zwischenfrage zu stellen, so auch in unserem Beispiel: »Wessen Angelegenheit ist es, ob dein Mann dich verläßt?«

Manche(r) würde dann vielleicht antworten: »Seine und meine Angelegenheit!« Wenn man dann aber nachfragt: »Wessen Angelegenheit ist es, wen du verläßt oder nicht verläßt?« dann merkt der/die andere meist, daß es wirklich Sache des Handelnden ist, was er tut oder nicht tut. Er ist genauso frei, wie ich es auch sein möchte.

Tatsache ist, daß wir stets Schmerz spüren, wenn wir uns gedanklich in der Angelegenheit eines anderen Menschen befinden. Der andere sollte dies tun, der andere sollte jenes tun, und wir haben nicht nur keine Energie mehr für uns selbst, sondern wir entfremden uns von dem, dem wir ja eigentlich helfen wollen, indem wir ihn kritisieren und ihm vorschlagen, was er zu tun hat! Denken Sie immer daran, wie Sie selbst reagieren, wenn jemand Ihnen sagt, was Sie tun oder lassen sollen, wenn jemand glaubt zu wissen, was das Beste für Sie sei.

Unsere Unwissenheit ist die Ursache für ein solches Verhalten.

Byron Katie schreibt in einer kleinen, kostenlos verteilten Broschüre, dem »Kleinen Büchlein« (aus dem ich im weiteren noch öfter zitieren werde):

Es gibt nur drei Arten von geistigen Angelegenheiten: meine, deine und Gottes Angelegenheiten (des Gottes, wie du ihn dir vorstellst).
Sich geistig in fremder Angelegenheit zu bewegen bedeutet Trennung und Alleinsein.
Wenn ich denke, ich wüßte, was das Beste für dich sei, dann ist das nichts als Arroganz. Kann ich auf lange Sicht wirklich besser als du oder Gott wissen, was das Beste für dich ist und wie du leben solltest? Eine solche Arroganz bringt mir Spannung, Sorgen und Angst. Mir fiel auch auf, daß ich nicht mehr bei mir selbst bin, wenn ich mich geistig in der Angelegenheit eines anderen Menschen aufhalte.
Wenn mein Mann sich mit seinen Angelegenheiten beschäftigt und ich mich geistig einmische, dann gibt es niemanden, der sich in dieser Zeit um mich kümmert; natürlich habe ich mich dann selbst allein gelassen. Ich habe geistig so lange in fremden Angelegenheiten gelebt, daß ich mich wie eine Leiche bewegte.

Gehen wir noch einmal die Punkte auf dem Fragebogen der verlassenen Frau durch:

1. Ich bin enttäuscht über meinen Mann, weil er sich eine neue Freundin genommen hat.
2. Ich will, daß mein Mann zu mir und der Familie zurückkommt.
Es ist *seine* Angelegenheit, ob er sich eine Freundin nimmt oder ob er zurückkommt. (Das heißt nicht, daß er nicht auch Konsequenzen hieraus zu tragen hat, dennoch ist es einzig seine Freiheit!)

3. Die andere Frau sollte ihn freigeben.
Das ist offensichtlich die Angelegenheit dieser anderen Frau.

4. *Mein Mann sollte mich lieben und die Ehe aufrechterhalten.*
Es ist seine Angelegenheit, wen er liebt und wen er heiratet. Diese Formulierung zeigt auch sehr gut, wie hoffnungslos es ist, von einem anderen Menschen derartiges zu erwarten. Byron Katie sagt in solchen Fällen meist auf ihre unnachahmliche Art: »Hopeless – hoffnungslos.« Liebe kann man nicht erzwingen und eine Ehe Gott sei Dank auch nicht mehr.

5. *Er ist egoistisch, gnadenlos, er trampelt über mich hinweg. Er behandelt sich selbst sehr gut, das mag ich, aber ich selbst fühle mich auf dem Abstellgleis.*
Auch die letzten beiden Punkte sind seine Angelegenheit. Und im letzten Satz wird deutlich, daß Margret im Grunde intuitiv schon weiß, daß es *seine* Sache ist, wie er sich selbst behandelt und *ihre* Sache, wie *sie* sich fühlt.

Mir scheint überhaupt, daß THE WORK auch in diesem Sinne nicht etwas Fremdes ist, was wir uns mühsam von außen »überstülpen« müßten, sondern im Gegenteil etwas, von dem wir im Innersten bereits überzeugt sind.

Byron Katie geht nun mit ihrem Gegenüber im folgenden jede der Aussagen 1–5 durch, indem sie zu jeder einzelnen Aussage nacheinander die vier Fragen stellt und Margret dann bittet, ihre Behauptung jeweils umzukehren. Beschäftigen wir uns zunächst mit diesen sogenannten Umkehrungen.

- Sich gedanklich in fremder Angelegenheit zu bewegen erzeugt Schmerz, Trennung und Alleinsein.
- Sich gedanklich um die eigenen Angelegenheiten zu kümmern macht frei, gesund, effektiv, friedlich und entspannt.

Die Magie der Umkehrung

1. *Ich bin wütend, traurig und enttäuscht über meinen Mann, weil er mich verlassen hat.*
Daraus wird in der Umkehrung:
Ich bin wütend, traurig und enttäuscht über mich selbst, weil ich mich verlassen habe.

KATIE: Indem du mental seine Geschichte erzählst, was er tun oder nicht tun sollte, verläßt du dich selbst. Auf diese Weise lassen wir uns von uns selbst scheiden.

2. *Ich will, daß mein Mann zu mir und der Familie zurückkommt.*
Daraus wird in der Umkehrung:
Ich will, daß ich zu mir und zur Familie zurückkomme.

Den Umkehrungen wohnt für meine Begriffe eine besondere Magie inne. Sie halten mir direkt und ungeschminkt den Spiegel vor. Sie zeigen mir, wer ich bin. Sie sagen mir, was ich selbst tun sollte, nicht der andere. Sie offenbaren mir meinen eigenen Schatten, den Teil von mir, den ich nicht sehen will oder wollte. Sie zeigen mir meine eigene Philosophie, nach der ich leben sollte. Es gibt viele Möglichkeiten, wie sie das tun, jedes Beispiel offenbart einen anderen, meist überraschenden Aspekt. Die Frau in unserem Fall hatte sich selbst total verlassen, sie war nicht mehr bei sich selbst.

»*Nach außen funktioniere ich noch, aber innerlich bin ich vollkommen gelähmt*«, sagte sie.

Und sie findet noch eine weitere Umkehrung: *Ich will, daß* ich *zu meinem Mann zurückkomme.*

Hier bricht sie in Tränen aus, denn sie spürt, daß sie sich von ihrem Mann, den sie noch immer zu lieben glaubt, innerlich abgewendet hatte. Anstatt ihn wirklich zu lieben und ihm daher Freiheit zu lassen, wollte sie ihn kontrollieren und dominieren. Auch von ihrer Familie, ihren Kindern hatte sie sich entfremdet, sie spielte die gekränkte Heilige und ließ jeden ihre tiefe Enttäuschung spüren. Die Umkehrungen zeigen ihr, was sie selbst nun zu tun hat.

3. Die andere Frau sollte ihn freigeben.
Daraus wird in der Umkehrung:
Ich sollte ihn freigeben.

4. Mein Mann sollte mich lieben und die Ehe aufrechterhalten.
Daraus wird in der Umkehrung:
Ich sollte mich lieben und die Ehe mit mir selbst aufrechterhalten.

Wir können uns selbst das geben, was wir von anderen erwarten: Liebe, ein gutes Gefühl, eine gute Behandlung. In diesem Sinn kann man auch sehr wohl eine Ehe mit sich selbst führen.

Wir werden im Verlauf dieses Buches immer wieder auf diesen Punkt stoßen: Ich will etwas von anderen, ich erwarte vom anderen ein bestimmtes Verhalten. Aber wenn ich dann genauer nachforsche, stellt sich oft heraus, daß ich selbst mich den anderen gegenüber keinesfalls so verhalte, wie ich es von ihnen erwarte – ganz zu schweigen von der Tatsache, daß ich auch mir selbst die gleiche Sache verweigere.

Ich möchte diesen Fall hier abbrechen und abermals ein wenig weiter ausholen.

Es sollte aber nicht unerwähnt bleiben, daß ich mit der

Margret unserer Sitzung (den Namen habe ich geändert) Kontakt aufgenommen habe und berichten kann, daß es ihr offensichtlich sehr gutgeht. Wir haben bei diesem Telefonat viel gelacht, und ich hatte den Eindruck einer sehr vitalen, fröhlichen Frau, die ihr Leben voll im Griff hat und genießt. Sie sagt: »Ich kann nicht behaupten, daß das für immer hundertprozentig erledigt ist, aber ich sehe es jetzt von der heiteren Seite, ich kann über mich selbst lachen. Ich habe jetzt die angemessene Distanz. Als Psychotherapeutin und Jungianerin muß ich sagen, daß ich sehr beeindruckt bin, wie leicht es möglich ist, die Wurzeln des Leidens zu packen und auszurotten. Ich habe vor, noch viele Jahre beobachtend, lachend und weinend, helfend und liebevoll dazusein.«

- Die Umkehrungen zeigen uns, wer *wir* sind.
- Die Umkehrungen sagen uns, wie *wir selbst* leben und handeln sollten, nicht die anderen.
- Die Umkehrungen sind Selbsterkenntnis.
- Die Umkehrungen zeigen uns unsere eigene Philosophie.
- Die Umkehrungen bitten nicht darum, gelebt zu werden, sie zeigen uns unsere private Medizin.

Wir spiegeln uns im anderen

Wie schon in der Einführung erläutert: Was wir an anderen bemerken, das sind wir selbst. Unsere Mitmenschen sind unsere Spiegel, sie zeigen uns, wer wir sind. Ich jedenfalls habe das schon oft gehört und gelesen, und ich verstehe und bejahe das auch. Aber welche Konsequenzen habe ich bisher daraus gezogen? Kaum eine, denn es war nur theoretisches Wissen.

Seit ich THE WORK mache, bekomme ich es ständig vor Augen geführt, und ich wundere mich, daß ich bisher so blind war für meine eigenen blinden Flecken.

Byron Katie beschreibt ihre Methode mit den Worten:

Beurteile deinen Nächsten, schreibe es auf, stelle die vier Fragen und drehe es um.

Sie sagt:

Ich wußte nicht, wie ich leben sollte, aber wie die anderen zu leben haben, das war mir immer glasklar. Also begann ich dort. Be- und verurteilen war das, was ich am besten konnte, und ich habe dieses Können benutzt, um mich selbst aus dem Sumpf zu ziehen.

Erst wenn ich wirklich physisch den Fragebogen ausfülle und dann die Umkehrungen formuliere, stelle ich fest, wie präzise und fehlerlos der Spiegel Mitmensch, der Spiegel Umwelt funktioniert.

Natürlich bin ich selbst nicht andauernd und immer das, was ich im anderen sehe: Der Freund trinkt zuviel – ich tue das *manchmal* auch. Die Bekannte sollte mehr auf ihren Körper achten – ich sollte das *manchmal* auch. Die Verwandte sollte anderen Meinungen gegenüber toleranter sein – ich frage mich, in welchen Situationen ich selbst auch intolerant bin.

Im letzteren Beispiel, das mir gerade ein guter Bekannter lieferte, zeigte seine Formulierung *»Ich bin ärgerlich auf Katharina, weil sie andere nicht so akzeptiert, wie sie sind«*, daß er selbst es ist, der sich da spiegelt, denn schließlich läßt seine Akzeptanz gegenüber Katharina zu wünschen übrig, wenn ihn ihre mangelnde Akzeptanz stört.

Ich stolpere bei mir und anderen häufig über ähnliche Überzeugungen und wundere mich, daß wir trotz der Offensichtlichkeit oft so große Mühe haben, zu erkennen, daß wir uns wirklich selbst sehen. (Ganz abgesehen davon, daß es bestimmt noch niemand geschafft hat, einen anderen Toleranz oder überhaupt irgend etwas zu lehren, außer vielleicht eben durch das eigene Beispiel.)

Byron Katie sagt ganz radikal:

Die anderen *müssen* intolerant sein, solange wir es sind, sie *müssen* unehrlich sein, solange wir es sind, sie *sollen* die Wahrheit nicht sehen, solange sie uns verborgen bleibt.

Zu einer Frau, die vermutet, daß ihre Freundin in einer bestimmten Sache nicht die Wahrheit spricht, sagt sie:

Die Menschen sollten die Wahrheit sagen – das gehört in die Zeit der Saurier! Es ist eine glatte Lüge und deswegen fühlst du dich so mies. Die Menschen sollten lügen, das ist das höchste Gebot. Wenn du denkst, die Menschen sollten nicht lügen, dann drehe es um und lebe es. Jede Philosophie, die du predigst, dreh sie um, es ist *dein* Rezept für Glück, *dein* Weg zur Gesundheit, nicht der unsrige. Wenn du dich geistig in die Angelegenheit eines anderen einmischst, dann fühlst du dich augenblicklich allein und kannst deine eigene Wahrheit nicht erkennen.
Du erkennst sie erst, wenn du umdrehst, was du anderen predigst, und beginnst, es selbst zu leben.

Als ich Katie solches zum ersten Mal sagen hörte, war ich schockiert, aber mit der Zeit habe ich folgende Lehren aus ihren Aussagen gezogen:

1. Viele Menschen lügen, das ist eine Tatsache.

2. Alles Predigen, alle Verbote und Gebote, aller Widerstand dagegen ändern nichts daran.

3. Durch ihr schlechtes Beispiel zeigen mir diese Menschen immer wieder, wie *ich* leben sollte. (Eigentlich sollten wir sie gar bewundern, denn natürlich werden sie für ihr Verhalten bestraft. Auch das sollte so sein, wie es ist, wir akzeptieren es ebenfalls als Realität.)

4. Wenn überhaupt, ändere ich die anderen nur durch mein eigenes positives Beispiel.

5. Die Lügen der anderen stören mich nur so lange, wie ich meinen eigenen Glaubenssätzen/Denkweisen »Die anderen sollten nicht lügen« verhaftet bin.

6. Nach meiner Erfahrung ändern sich die anderen oft auf geradezu magische Weise, sowie ich meine negativen Glaubenssätze fallenlasse. Oder auch nicht – es ist ihre Angelegenheit.

7. Niemand zwingt mich im übrigen, mit solchen Menschen z. B. Geschäfte zu machen, ich bin ja frei. Dennoch kann ich solche Menschen lieben. Ich schade mir jedenfalls nicht mehr selbst, indem ich mich über sie ärgere und mir die Laune verderbe und meinem Körper schade. Sie haben mich vielleicht einmal belogen, und ich sollte bis ans Ende meines Lebens negativ darüber denken? Ich bin nicht mehr verrückt.

8. Ich benutze die sogenannten »Fehler« der anderen, um *mich* zu finden, meine Wachheit, meine Klarheit, meine Liebe zu mir selbst.

Was ich bei THE WORK so erstaunlich finde, ist die Möglichkeit, alles und jedes zu be- und verurteilen: Situationen, Institutionen, Politik, die Welt, Gott, ja THE WORK selbst. Was auch immer Sie nehmen, Sie werden sich selbst entdecken.

Ich habe mich heute morgen z. B. wie so oft über die Unordnung in meinem Arbeitszimmer geärgert. Ich machte dann sofort THE WORK und schrieb unter anderem auf: »*Alles sollte sofort zu finden sein.*« Die Umkehrung lautet: »*Ich sollte sofort zu finden sein.*«

Einen besseren Hinweis konnte mir mein Zimmer nicht geben. Wenn ich mich schneller finden würde, wenn ich meiner selbst augenblicklich gewahr wäre, würde mich im Außen nichts stören und vielleicht wäre mein Zimmer ja dann sogar ordentlicher – spiegelt es doch letztlich nur mein Denken.

Es gilt hier zu beachten, daß die Umkehrungen oft nur funktionieren, wenn man anstelle von »ich« »mein Denken« einsetzt. Im Fragebogen unter Punkt 5 schrieb ich: »*Die Wohnung neigt zum Chaos, alles wird immer undurchsichtiger, Müll häuft sich an.*« – Meine arme, unschuldige Wohnung.

Wahrer ist: »*Mein Denken neigt zum Chaos, mein Denken wird immer undurchsichtiger, Müll häuft sich in meinem Denken an.*«

Alles, was Sie unter Punkt 5 aufschreiben, eignet sich besonders gut zum Umkehren, es spiegelt mehr oder weniger direkt mich oder mein Denken.

Man kann bei den Umkehrungen recht kreativ sein und intuitiv zu erfassen versuchen, was uns unsere Welt sagen will.

Hier ein paar Richtlinien: Die Umkehrungen, die sich aus Punkt 1 des Fragebogens ergeben, zeigen meist: Was ich am anderen nicht mag, das bin ich selber – zumindest in meinem eigenen Denken, zumindest während ich in meine Phantasien, wie der/die andere zu sein hat, verstrickt bin:

Ich mag Edith nicht, weil sie so angepaßt ist.
Ich ärgere mich, daß Sigrun am Telefon immer so unfreundlich ist.

Bei Punkt 2 und 3 des Fragebogens lehren mich die Umkehrungen oft, wie ich selbst leben sollte:

Herr K. sollte gepflegter sein.
Sigrun sollte freundlicher sein.
M. K. sollte bescheidener sein und nicht behaupten, er wisse mehr als andere.

Punkt 4 kann mir zeigen, was ich besser für mich selbst tun sollte, anstatt es von anderen zu erwarten:

Ich habe das Bedürfnis, daß Gott mir mehr Zeit und Geld zur Verfügung stellt.
Elektrogeräte sollten tun, was man von ihnen verlangt.
Klaus sollte mich sexuell attraktiv finden.
Franz sollte mich besser verstehen.
G. sollte nicht so egozentrisch sein.

Jede Aussage des Fragebogens unter Punkt 5 kehre ich jeweils einzeln um. Hier muß man meist auch nicht mehr die vier Fragen stellen:

M. ist schwer von Begriff, er steckt voller Vorurteile, er ist verbohrt, festgefahren.
D. ist träge und faul, nachlässig, unsensibel, er behandelt seinen Körper nicht gut.
C. ist eigenartig, verschlossen und unkommunikativ.
M. K. ist ein Aufschneider, ein Besserwisser.
G. verschwendet ihre Zeit, verpaßt ihr Leben.

Ich lese die Aussage laut, kehre sie um und lasse mein Herz prüfen, was auf mich zutreffen könnte, welche Umkehrung stimmiger ist, als die ursprüngliche Aussage auf dem Zettel. Sehr oft treffen die Umkehrungen auf mich nur oder besonders in dem Moment zu, in dem ich vom anderen so denke, wie ich denke – also ich werde besonders dann zum Besserwisser, wenn ich M. K. als Besserwisser ansehe; ich bin dann unsensibel, wenn ich D. als unsensibel ansehe. Selbstverständlich dürfen Sie auch Positives aufschreiben und sich über die Umkehrungen freuen – schließlich sind wir auch das Gute, das wir im anderen sehen!

Neben der ersten Umkehrung gibt es meist noch weitere Möglichkeiten, etwas umzudrehen, alle diese sind im allgemeinen stimmiger als die ursprüngliche Aussage. Hier einige Beispiele:

Eine in Scheidung lebende Frau hatte folgenden Glaubenssatz:
Er sollte mich nicht vor den Kindern schlechtmachen.
Sie drehte ihn um zu:
Ich sollte ihn *nicht vor den Kindern schlechtmachen.*
Ich sollte mich *nicht vor den Kindern schlechtmachen.*
Dann fiel ihr ein, daß ja auch ihre Kinder bei dieser Sache ein Wörtchen mitreden und sie vielleicht verteidigen würden, falls der Mann versuchen sollte, ihre Mutter schlechtzumachen. Also sagte sie:
Ich sollte die Kinder (vor mir selbst) nicht schlechtmachen!
Witzig fand ich Sarahs Umkehrung:
Ich wünsche mir, daß Klaus seine falsche Freundlichkeit ablegt.
wurde bei ihr zu:
Ich wünsche mir, daß ich meine falsche Unfreundlichkeit ablege.
(Es stellte sich nämlich heraus, daß Sarah bewußt unfreundlich gewesen war, um sich Klaus »vom Leib zu halten«.)

Ich ärgere mich, daß K. den Behörden erzählt hat, daß ich illegal vermietet habe.
Umkehrung:
Ich ärgere mich, daß ich den Behörden erzählt habe, daß ich illegal vermietet habe, indem ich es K. erzählte.
Ich mag nicht, daß meine Tochter nicht mit mir redet.
Umkehrung:
Ich mag nicht, daß ich nicht still sein kann.

Nirupa arbeitet für einen Mann, der ihr seit Monaten kein Gehalt zahlt. Ihren Glaubenssatz »*Er sollte mich bezahlen*« kehrt sie probeweise um zu »*Ich sollte ihn bezahlen*«. Hiermit kann sie zunächst nichts anfangen, aber dann fällt ihr auf, daß sie das ja schon die ganze Zeit tut: Sie bezahlt ihn, indem sie umsonst für ihn arbeitet.

Byron Katie sagt dazu:

Die Umkehrungen müssen nicht gelebt werden, aber sie zeigen uns unsere Medizin. Du mußt nicht für diesen Mann arbeiten, aber du tust es, weil du etwas von ihm willst. Was ist es?

Sie sehen, Ihrer Kreativität sind keine Grenzen gesetzt.

- Wir benutzen das, was wir am besten können (be- und verurteilen), zur Selbsterkenntnis.
- Die Umkehrungen passen auf unseren eigenen Fall fast immer – zumindest in der Situation, um die es gerade geht.
- Es gibt meist mehrere Umkehrungen.
- Man kann THE WORK über alles machen. Wenn es sich um Objekte, Institutionen, abstrakte Gebilde oder uns selbst handelt, setzen wir bei den Umkehrungen »mein Denken« ein.

- Wir müssen uns nicht ändern; wir untersuchen und erkennen lediglich die Arbeitsweise unseres Verstandes.

Dem eigenen Denken mit Verständnis und Liebe begegnen

Was ich an THE WORK besonders liebe, ist die Tatsache, daß ich mir nichts vorzuwerfen habe. Die Umkehrungen sind nicht dazu da, sich schuldig zu fühlen, sondern sie zeigen mir meinen Weg. Die wunderbare Denkmaschine in mir präsentiert mir die Rezepte, die zu meinem Besten sind. Ich hatte nur bisher nicht verstehen können, auf welche Weise sie das tut. Ich war ein unwissendes Kind.

Außerdem fand ich heraus, daß wir alle mehr oder minder die gleichen Überzeugungen benutzen, als sei dies ein Beweis, daß wir eigentlich eins sind. Wenn Sie THE WORK oft mit anderen Menschen praktizieren, werden Sie vielleicht erfahren, daß Sie buchstäblich auch der andere sind. Es mag sogar sein, daß Sie merken, daß es eigentlich keinen Unterschied macht, welche Rolle Sie gerade spielen, die des Fragers oder die des Gefragten.

Es gibt Menschen, die sich sofort schuldig fühlen und in Selbstvorwürfe hineinsteigern möchten, wenn sie sich die Umkehrungen klarmachen. Das ist nicht der Sinn der Sache. Seien Sie mit sich selbst liebevoll und nehmen Sie nur zur Kenntnis, daß das, was Sie an anderen stört, nur ein winziger Teil von Ihnen ist. Alle Menschen sind in dieser Hinsicht gleich. Verurteilen Sie sich nicht selbst, sondern haben Sie statt dessen Verständnis für den anderen, daß er so ist wie Sie. Haben Sie Verständnis für sich selbst. Freuen Sie sich, daß Sie der Spezies Mensch angehören.

Im Grunde sind es nicht Sie, der so ist, sondern Ihre Persönlichkeit, die Verkleidung, die Sie tragen. Und Sie haben diese Verkleidung mit Ihren Mitmenschen gemein. Sie ist gewissermaßen ererbt oder Teil des kollektiven Unbewußten. Sobald sich Ihr Ego ein wenig beruhigt hat, werden Sie sehen, daß Ihr innerster Kern von diesen Dingen gänzlich unberührt ist und bleibt. Byron Katie geht soweit, zu sagen, das Ego sei ja schließlich auch Gott und daher unbedingt liebenswert!

Wenn Sie wirklich Probleme mit einer Aussage bekommen, von der Sie merken, daß sie auf Sie zutrifft, dann machen Sie einfach The Work damit.

Wie gesagt, setzt man bei den Behauptungen, die Institutionen, Fakten des Lebens und vor allem einen selbst betreffen, »mein Denken« in die Umkehrungen ein und prüft dann, ob die umgekehrte Aussage stimmiger ist als der ursprüngliche Glaubenssatz.

Im folgenden gebe ich als Beispiel die Umkehrungen wieder, die eine Frau fand, die mit ihrem Gewicht unzufrieden war. Sie zeigen besonders schön, wie genau wir unsere Probleme mit unserem Denken auf das Außen – in diesem Fall den eigenen Körper – projizieren. Ihr Körper ist, wie er ist; trotz jahrelanger Manipulation in Form von Diäten u. dgl. hat seine Form sich bisher nicht verändert. Auch das negative Denken über ihn hat keinerlei positive Wirkung gezeitigt. Sie untersucht nun ihre Glaubenssätze und findet eine Spiegelung ihres Denkens.

Ich mag meinen fetten Körper nicht, weil er nicht dem Bild von mir entspricht, wie ich ihn gerne haben würde.

Ich mag mein Denken nicht, weil es nicht dem Bild von mir entspricht, wie ich es gerne haben würde.

Im folgenden lesen Sie nur noch die Umkehrungen – in den ursprünglichen Aussagen hatte die Frau meist *mein fetter Körper/der gierige Teil von mir* geschrieben.

Mein Denken soll einfach verschwinden. Mein Denken soll einfach aufhören, so gierig zu sein.
Mein Denken soll zu seiner normalen Form zurückkehren.
Mein Denken sollte nicht dasein oder zumindest nicht noch fetter werden.
Mein Denken sollte nicht alles in sich hineinstopfen wollen und nicht so unkontrolliert sein.
Mein Denken sollte wieder schlank und schön sein, es sollte wieder so sein, wie ich es mir vorstelle.
Mein Denken ist häßlich, schwabbelig, unappetitlich, keiner will es. Es ist unattraktiv, paßt in keine Kleider, eine Last, die ich mit mir herumschleppe.
Mein Denken ist mir unheimlich, weil ich es nicht kontrollieren kann, weil es mich besitzt, es ist aufsässig und penetrant und es ist mir peinlich.

Besonders interessant in diesem Zusammenhang: Die Frau war jahrelang bei einem spirituellen Meister gewesen, der ihr genau das klarzumachen versucht hatte, was ihr eigener Körper sie nun durch die Umkehrungen lehrte. Und zwar sehr präzise!

Wir sind buchstäblich unser eigener Meister.

Bei fast allen Formen der Meditation wird empfohlen, das Denken zumindest teilweise abzustellen. Wer das schon einmal probierte, weiß, daß es fast unmöglich ist. Das Besondere an THE WORK ist für meine Begriffe, daß das Denken im Gegenteil dazu benutzt wird, um Freiheit zu erlangen. Unser Denken, das wir sowieso nicht abstellen können, ist nicht mehr die Barriere auf dem Weg zum geistigen Erwachen, sondern das Tor zur Befreiung!

Also seien Sie liebevoll zu sich selbst. Umarmen Sie Ihr Denken, lieben Sie Ihr Denken! Es ist ohne Arg, unwissend, naiv, kindlich! Es ist das wunderbare neue Werkzeug der Spezies *Homo sapiens*, gerade erst den Windeln entwöhnt! Es ist nicht unser eigenes Denken, sondern dasjenige unserer Ahnen, unserer Rasse. Je länger Sie sich damit beschäftigen und je öfter Sie das Denken anderer Menschen in den Sitzungen beobachten, um so klarer wird Ihnen das werden.

Ich bemerke in letzter Zeit an mir selbst, daß ich mich immer häufiger in die Menschen geradezu verliebe, denen ich bei THE WORK zuhöre. Gleichzeitig erkenne ich mein eigenes Denken in dem der anderen wieder – also verliebe ich mich in mich selbst.

- Wenn uns eine Umkehrung nicht gefällt, machen wir erneut THE WORK damit.
- Die Umkehrungen sind meist stimmiger als die ursprüngliche Aussage.
- Unsere Gedanken sind kollektiv.
- Wir verteufeln nicht unser Denken, sondern beginnen, es zu umarmen und zu lieben.
- Unsere Umwelt spiegelt unser Denken.
- Wir sind unser eigener Lehrer.

THE WORK *ist eine Erfahrung*

Falls Sie es nicht schon längst getan haben, sollten Sie auf jeden Fall nun erst einmal THE WORK ausprobieren, vielleicht mit einem Partner. Denn es handelt sich um eine *Erfahrung*.

Buchwissen darüber könnte nur die Zahl Ihrer Überzeugungen unnötigerweise erhöhen oder gewisse Glaubenssätze, die Sie schon haben, abschwächen oder verstärken, je nachdem, was in Ihr »Raster« zu passen scheint.

Mir selbst haben sich die Komplexität, die Schönheit, die Effizienz dieser Methode erst nach und nach durch die Praxis erschlossen, und dieser Prozeß geht immer weiter. Während ich anderen bei ihrer Work lausche, geschieht sie nicht nur in mir selbst, sondern mein Staunen, wie perfekt diese Methode arbeitet, nimmt ständig zu. Während meiner Zeit in Barstow im Zentrum von Byron Katie traf ich mit Menschen zusammen, die The Work seit Jahren täglich praktizieren. Sie wissen ganz genau, was geschieht, sie können bereits beim Ausfüllen des Fragebogens voraussagen, wie die Antworten auf die Fragen und die Umkehrungen lauten werden. Das aber ist nicht der Punkt. Indem man es wirklich Schritt für Schritt tut (am besten laut, auch wenn man allein ist) – und das kann fast mechanisch sein –, verändert sich etwas im Innern.

Ich habe viele Menschen gefragt, ob sie wissen, worauf diese Veränderung beruht – niemand konnte mir eine wirklich befriedigende Antwort geben.

Neulich sprach ich am Telefon lange mit der Frau, die vor einem Jahr eine Work mit Katie über Sexualität gemacht hatte (einen Auszug daraus finden Sie im 7. Kapitel unter »Ich will keinen Sex«), und sie erzählte mir, wie sich ihr Leben seit dieser Zeit verändert hat. Mit Männern hatte sie nach dieser Work überhaupt keine Probleme mehr, statt dessen erschlossen sich ihr ganz neue Welten, von denen sie bis dahin kaum etwas geahnt hatte. Sie sagte: »Ich bin jetzt viel offener, ich verstehe meine Verhaltensmuster immer besser, ich entdecke Schicht um Schicht meiner Persönlichkeit – mein Leben ist viel reicher und aufregender geworden.«

Aber auch in den kleinen Dingen des Alltags entfaltet THE WORK ihre heilende Kraft.

Ich beobachte mich selbst, ich bemerke gar meinen Unglauben, daß gerade in diesem »besonderen Fall«, den ich gerade an mir selbst bearbeite, überhaupt eine Änderung eintreten kann – und dann überrascht es mich doch immer wieder.

Ich litt seit Jahren unter einer leichten Flugangst und hatte Monate, bevor ich in die USA flog, um Byron Katie zu besuchen, über dieses Problem eine WORK mit Irene gemacht, der Frau, die mich auf Byron Katie aufmerksam gemacht hatte.

Als mir dies überhaupt erst wieder einfiel, war ich schon mehrere Stunden in großer Höhe unterwegs, umgeben von wunderbaren Menschen. Ich mußte laut lachen, als ich es bemerkte – die schöne Äthiopierin neben mir schaute mich erstaunt an, und meine mütterliche Stewardeß lächelte mir zu. Ich hatte THE WORK mit einem klaren Motiv gemacht – und es hatte dennoch funktioniert. Denn – THE WORK sollte eigentlich ohne besondere Motivation gemacht werden.

Byron Katie sagt:

Wir beginnen mit einem Motiv, später machen wir es nur noch um der Wahrheit willen.

Dieser Tage habe ich eine sehr anstrengende und schwierige Arbeit an einem Multimediaprojekt abgeschlossen. Oft dachte ich: »Ich kann nicht mehr, ich breche zusammen. Man sollte mich nicht derartig mit Arbeit überhäufen. Ich brauche sofort Schlaf.«

Nichts davor war wahr, denn ich »konnte noch«, ich brach nicht zusammen, ich selbst hatte mich mit Arbeit überhäuft, weil ich das damit verbundene Geld verdienen wollte.

Ich hatte von meinen zwanghaften Gedanken nichts als

Streß, ich behandelte mich und meine Umwelt unwirsch, ungeduldig, bösartig, ich war abgelenkt von meiner Arbeit, konnte mich nicht mehr konzentrieren. Es gab keinerlei positiven Grund, das alles zu denken.

Wer wäre ich ohne diese Gedanken? Ich würde meine Arbeit ruhig, konzentriert, so gut wie möglich, eines nach dem anderen erledigen. Ohne zusätzlichen Streß durch mein Denken, ohne Ablenkung durch negative Glaubenssätze. Ich wäre liebevoll, entspannt, effektiv.

Meine Umkehrungen: »Mein Denken kann nicht mehr, es bricht zusammen. Mein Denken sollte mich nicht derartig mit Arbeit überhäufen. Mein Denken braucht sofort Schlaf.«

Ich rief meinem Denken innerlich zu: »Und dann halte doch jetzt mal endlich die Klappe, leg dich schlafen, dann hast du deine wohlverdiente Ruhe.«

Und mein Denken hörte auf. Ich arbeitete, bis ich schlief, und schlief, bis ich wieder arbeitete. Alles schön der Reihe nach. Ich war wie im Rausch, die Arbeit tat sich von selbst, und ich schaute zu.

Katie schreibt in ihrem »kleinen Büchlein« unter der Überschrift »Das Gesetz der Schöpfung – Denken, Fühlen, Handeln, Haben«:

Wir halten an einer Überzeugung fest, das verursacht ein Gefühl in uns. Wir denken also, erleben daraufhin das Gefühl und versuchen dieses dann zu ändern, indem wir etwas tun. Um Trost zu finden, greifen wir daher nach äußerlichen Dingen wie Beziehungen, Essen, Alkohol, Drogen.
Ich hingegen fühle etwas und mache dann THE WORK, indem ich mein Denken untersuche. Dann stelle ich fest, daß sich mein Gefühl ändert; Ordnung kehrt ein, wo vorher Chaos herrschte. Chaos

entspricht nicht meiner Natur – es entsteht nur, wenn ich an einem Konzept festhalte, das wahr erscheint, bevor ich es untersucht habe.
Wenn ich diese Untersuchung nicht durchführe, entstehen immer neue Glaubenssätze rund um die ursprüngliche Lüge. Wir wollen uns selbst den Wert dieser ursprünglichen Lüge beweisen, aber wir erhalten dadurch niemals Frieden oder eine Lösung.
Ich lade dich ein, unangenehme Gefühle geradezu willkommen zu heißen und Klarheit zu finden, indem du die Untersuchung (The Work) durchführst. Werde der Komponist deines eigenen Glücks! Warum willst du auf irgend etwas oder jemanden außerhalb von dir warten, um Harmonie und Erfüllung zu bekommen?
Verwirrung ist das einzige Leiden auf dieser Welt.

Der Fragebogen zu The Work *of Byron Katie*[sm]

Ich habe den Fragebogen, der in Byron Katies Workshops benutzt wird, fast unverändert übernommen. Beachten Sie bitte das »Schreibe zunächst nicht über dich selbst!« – zumindest bei Ihren ersten Versuchen mit sich selbst oder Freunden. Vielleicht sollten Sie sich zu Beginn auch lieber auf reale Personen beschränken, so lange, bis Sie einige Übung haben.

Beurteile deinen Nächsten, schreibe es auf.
Nimm eine vergangene oder gegenwärtige Situation deines Lebens, die du als ungelöst erlebst. Schreibe in Form einer Feststellung auf, was dich ärgert. **Schreibe zunächst nicht über dich selbst!** Verurteile hemmungslos, zensiere nicht, sei bewußt unfreundlich. Versuche nicht höflich oder spirituell zu

erscheinen. *Jahrelang hat man uns gelehrt, daß wir nicht über andere urteilen sollen, aber es ist immer noch das, was wir am besten beherrschen.* Gib deinem Ego die Gelegenheit, sich selbst schriftlich auszudrücken. **Schreib kurze, einfache Sätze.**

1. Wen oder was magst du nicht? Wer sollte auf dich hören? Wer oder was irritiert dich? Wer oder was macht dich traurig oder enttäuscht dich?
Ich mag ________ *nicht,* oder *ich bin ärgerlich* oder *traurig über* oder *enttäuscht von* ________, *weil*

2. Wie soll ________ sich ändern? Was soll ________ deiner Meinung nach machen?
Zähle auf, was du dir in dieser Situation wünschst.
Ich will, daß ________

3. Was sollte ________ tun oder nicht tun, sein, denken oder fühlen?
________ *sollte oder sollte nicht*

4. Brauchst du etwas von ________?
Was muß ________ dir geben oder tun, um dir zu gefallen?
*Ich habe das Bedürfnis, daß*________

5. Was denkst du über ________? Mache eine Liste.
________ *ist*

6. Was willst du mit dieser Person, dieser Sache oder in dieser Situation nicht wieder erleben?
Ich will nicht wieder erleben, oder *Ich weigere mich, jemals wieder zu erleben, daß*

Fragen und Antworten

Hier noch ein paar typische Fragen und Antworten, wie sie beim Ausfüllen des Fragebogens auftauchen (teilweise zitiert aus dem erwähnten »Kleinen Büchlein«):

Es fällt mir schwer, über andere zu schreiben. Ich weiß ja, daß ich das Problem bin. Warum soll ich nicht über mich selbst schreiben?

KATIE: Wenn wir THE WORK machen, schauen wir zunächst nach außen, weil alles um uns herum eine direkte Spiegelung unseres Denkens darstellt. Es dreht sich nur um uns. Wir sind, was wir im Außen wahrnehmen. Die meisten von uns haben jahrelang ihre Kritik und ihr Urteil gegen sich selbst gerichtet und es hat ihnen nichts gebracht. Wenn ich dich verurteile und mein Urteil umkehre, dann sind da immer Verständnis und Selbstverwirklichung.

Wir alle wissen, daß es falsch ist, andere zu verurteilen und daß es ein unfreundlicher Akt ist.

KATIE: Verurteilen ist das, was wir alle am besten können. Oft tun wir so, als wäre das anders. Viele schämen sich deshalb und fühlen sich beklemmt. Ich lade dich ein, dein Urteil schriftlich festzuhalten, es auszubauen und nicht zu zensieren. Hast du nicht bemerkt, wie leicht man bei anderen sehen kann, wie sie ihre Probleme lösen könnten und wie sie glücklicher wären? Dennoch kann es leicht passieren, daß du bei einem ähnlichen Problem völlig durcheinander bist und nicht weißt, wie es weitergehen soll. Das ist gut so! Verurteile deinen Nächsten, schreibe es auf, stelle vier Fragen und kehre es um. THE WORK ist eine Operation. Werde gesund.

Ich glaube nicht an Gott. Kann THE WORK *dennoch einen Nutzen für mich haben?*

KATIE: Ja. Ob Atheist, Agnostiker, Christ, Jude, Moslem, Buddhist, Hindu oder Heide – wir alle haben eines gemeinsam: Wir wollen Freiheit. Ich lade dich ein, THE WORK zu tun.

Was ist, wenn ich mit anderen Menschen keine Probleme habe? Kann ich auch über Dinge oder Institutionen schreiben?

KATIE: Ja. Wende THE WORK auf jedes Thema an, das dir Unbehagen bereitet. Wenn du vertrauter mit den Fragen und Umkehrungen bist, wirst du dich Dingen wie dem Körper, Krankheit, Karriere, »denen da« oder Gott zuwenden. Wenn du dann die Umkehrungen findest, setzt du jeweils »mein Denken« anstelle des betreffenden Themas ein, indem du den *Schlüssel zu THE WORK of Byron Katie* benutzt.
Beispiel: *Mein Körper sollte jung, gesund und flexibel sein.* Ist es wahr? Etc. Die Umkehrung: *Mein Denken sollte jung, gesund und flexibel sein.* Ist das nicht genau das, was ich *wirklich* will: einen flexiblen Geist voller Frieden? *Ich möchte, daß mein Körper gesund ist.* Er war mir immer zu dick, zu dünn, zu groß, zu klein, selbst wenn er gesund ist. Und selbst als ich gesund war, war ich

nicht glücklich. Umgekehrt lautet der Satz: *Ich möchte, daß mein Denken gesund ist.*
Ich sollte nicht krank sein. Ist das wahr? Der Arzt sagt, ich sei krank. Wessen Angelegenheit ist es, wenn ich krank bin? Es ist die Angelegenheit meines Arztes und Gottes. Meine einzige Angelegenheit ist es, mein Denken in diesem Moment zu heilen, meinen Arzt um Rat zu fragen und aufzuhören, mir selbst Angst einzujagen, was schließlich mein Immunsystem schwächen könnte.

Was tun, wenn einem nichts einfällt?
Genießen Sie Ihr Leben. Freuen Sie sich an allem, was Ihnen begegnet. Seien Sie glücklich! Falls Sie allerdings glauben, Sie sollten mit THE WORK ein wenig Spaß haben, schalten Sie den Fernseher ein oder lesen Sie Zeitung, dann haben Sie jede Menge Themen.

Nach meiner Erfahrung genügt es auch, sich einfach einen Kollegen, einen Mitbewohner, einen Freund, einen Verwandten vorzustellen und irgend etwas zu wählen, was mir an diesem Menschen nicht gefällt. Ich denke, es gibt niemanden unter uns, der nicht über irgend etwas urteilt, was seine Mitmenschen betrifft.

Lesen Sie sich evtl. die folgenden Beispiele durch, ich habe sie wahllos aus den Fragebögen auf meinem Schreibtisch zusammengestellt. Vielleicht werden Sie an etwas erinnert, das auch Sie über jemanden sagen könnten.

Ich mag M. nicht, weil sie nichts mehr von mir wissen will.
Ich mag A. nicht, weil er nichts für sich tut.
Ich mag B. nicht, weil er dauernd Probleme hat.
Ich ärgere mich, daß ich dauernd übersehen werde.
Ich mag meine Eltern nicht, weil sie mich nie loben.

Ich bin traurig, weil meine Beziehung zu D. nicht mehr so erotisch wie früher ist.
Ich mag G. nicht, weil er ständig an mir herumnörgelt.
Ich mag D.s Standesdünkel nicht.
Ich ärgere mich über Herrn K., weil er nicht auf meine Schreiben reagiert.
Ich ärgere mich über die ständige Werbung in meinem Briefkasten.
Ich ärgere mich über die Sportförderung, die Gesetzgebung, die Parteien, den Finanzminister, die Gesundheitsreform, die Verkehrsbehörde.
Ich ärgere mich über M., weil er eine andere Meinung als ich hat.
Ich ärgere mich über D., weil er sich nicht mehr meldet.
Ich ärgere mich über F., weil er sich dauernd mit dem Tod beschäftigt.
Ich ärgere mich, daß M. mich nicht mag.
Ich mag die Angepaßtheit von F. nicht.
Ich ärgere mich über das Laszive an H.
Ich ärgere mich über K., weil er behauptet, ich hätte keine Ahnung.
Ich mag W. nicht, weil er immer so unangenehm laut lacht.
Ich mag P. nicht, weil er immer so ein mieses Gesicht macht.
Ich mag Q. nicht, weil er am Telefon unfreundlich ist.
Ich mag mich nicht, weil ich zu dick bin.
Ich mag mich nicht, weil ich keine gute Ehefrau bin.
Ich hasse es, unter Streß zu arbeiten.
Ich hasse es, alt zu werden.
Ich mag das Leben nicht, weil es dauernd unerwartete Veränderungen bereithält.
Ich hasse Hausarbeit.
Ich hasse meinen Toaster, weil er falsch konstruiert ist.

Ich hasse Geräte, die sofort kaputtgehen.
Ich mag meine Ungeduld nicht.
Ich mag O. nicht, weil er sich über mich lustig gemacht hat.
Ich mag P. nicht, weil er seine Schulden nicht zurückzahlt.
Ich mag H. nicht, weil sie dauernd von ihrem Zipperlein erzählt.
Ich mag Gott nicht, weil er mich in dieser Gegend leben läßt, die ich gar nicht mag.
Ich mag Z. nicht, weil er mich betrogen und belogen hat.
Ich ärgere mich über die Kinder, weil sie dauernd streiten.
Ich hasse Leute, die dauernd dummes Zeug reden.
Ich mag I. nicht, weil sie mich der Lüge bezichtigt.
Ich mag den Krach draußen nicht.
Ich mag S. nicht, weil sie damals nicht zu mir gehalten hat.
Ich mag G. nicht, weil er mich beschimpft hat.
P. soll nicht soviel reden, sondern lieber handeln.
J. sollte mich besser verstehen.
H. sollte andere nicht mit ihren Problemen belästigen.
K. sollte seine Mitmenschen nicht ausnützen.
M. sollte mich nicht dauernd kritisieren.
O. sollte seinen Weg finden.
Ich mag B. nicht, weil er alles besser weiß.
Ich mag W. nicht, weil sie mich nicht in Ruhe läßt.

Falls Sie diese Liste noch immer nicht zu einer WORK anregen konnte, dann stellen Sie sich einmal eine der folgenden Fragen:
Wer hat mich belogen?
Wer hat mich betrogen?
Wer oder was hat mich verletzt?
Wer oder was hat mich unterdrückt?
Wer hat Geld von mir geliehen und nicht zurückgegeben?
Wer hat mir etwas versprochen und nicht gehalten?
Wer hat mir Hilfe verweigert?

Wer oder was hat mir Hoffnung genommen?
Wer oder was macht mir angst?
Wer oder was finde ich schlecht?
Worunter leide ich?
Wen oder was möchte ich vergessen?
An was kann ich nicht glauben?
Gegen was bin ich mißtrauisch?
Was soll mir niemals geschehen?
Was möchte ich nicht verlieren?
Was finde ich häßlich?
Wer hat mich bezichtigt?
Wer oder was läßt mich nicht in Ruhe?
Wer glaubt mir nicht?
Wer oder was hindert mich?
Gegen wen habe ich verloren?
Wer verweigert mir Anerkennung?
Wer respektiert mich nicht?
Wer will mir etwas wegnehmen?

Byron Katie schlägt in ihrem »Kleinen Büchlein« folgende Themen zur »Bearbeitung« vor:

Regierung	Rassismus
Geld	Umweltverschmutzung
Religion	Beziehungen
Ehe	Bürokratie
Mediziner	Gesellschaft
Sex	Familie
Sucht	Körper

Ich selbst benutze gerne:
»Die da«
»Die da oben«

»Die Leute«
Gott
Das Leben

Was ist der Unterschied zwischen Frage zwei und drei?
Es gibt keinen besonderen Unterschied. Die ein wenig unterschiedlichen Formulierungen sollen Sie nur anregen, weitere Aussagen zu dieser Sache ans Tageslicht zu fördern. Überhaupt haben die Fragen 1–5 nur den Zweck, weitere Aspekte einer Geschichte, die wir uns zurechtgebastelt haben, zu zeigen, um sie dann zu untersuchen.

Darf man unrealistisch sein?
Beispiele: *Meine Tochter sollte wieder lebendig sein.*
Mein Onkel sollte alle meine Schulden bezahlen.
Meine Frau soll mich immer und ewig lieben.
Ich habe damit gute Erfahrungen gemacht. Wir sollten den Fragebogen aus der Sicht eines Kindes ausfüllen, das seine Gedanken und Wünsche nicht zensiert. Ich selbst übertreibe manchmal maßlos:

Gott soll mir eine lebenslange Pension zur Verfügung stellen.
Meine Nachbarin sollte mich lieben und mich sehr freundlich grüßen.
Mein Chef sollte vor mir auf die Knie fallen und mich bitten, ich möge ihm verzeihen.
Alle Menschen sollten sich sofort in mich verlieben.
Je mehr ich übertreibe, um so klarer werden die Umkehrungen, die mich darauf hinweisen, was ich mir wirklich von mir selbst wünsche. Das kleine Kind in mir kommt auf diese Weise zu seinem Recht.

Kann man über weit zurückliegende Ereignisse und Personen, die nicht mehr leben, THE WORK *machen?*
Ja, es ist sehr gut, das zu tun. Füllen Sie den Fragebogen so aus, als seien Sie die Person von damals, und beantworten Sie die Fragen ebenso. Schreiben und antworten Sie aber so, als würde alles jetzt geschehen.

Muß ich THE WORK *schriftlich machen? Kann ich nicht einfach die Fragen stellen und die Umkehrungen finden, wenn ich ein Problem habe?*

KATIE: Die Gedanken bewegen sich schneller als der Blitz. Indem du niederschreibst, was für deinen Ärger oder deinen Groll verantwortlich ist, hältst du einen Teil deines Verstandes an. Nun kannst du diesen Teil in Ruhe untersuchen. Es mag sein, daß dies nach einiger Zeit von alleine geschieht, so daß du dich ohne Aufschreiben »auflöst«.

Der ausgefüllte Fragebogen ist eine Momentaufnahme unseres Geistes, die Untersuchung kann erst beginnen, wenn das zu Untersuchende auf dem Seziertisch liegt und der schweifende Geist immer wieder an den Punkt geführt werden kann, an dem er auszubüxen versuchte.

Wenn Sie mit einem Partner arbeiten, wird Ihnen manchmal auffallen, daß wir dazu neigen, immer wieder neue und andere Glaubenssätze aufs Tapet zu bringen, anstatt uns mit dem aufgeschriebenen Satz zu beschäftigen. Dieser Effekt kann eine vernünftige WORK zunichte machen, wenn man nicht zumindest versucht, immer wieder zum Aufgeschriebenen zurückzukehren.

Aus einem ähnlichen Grund sollte man THE WORK zumindest am Anfang mit einem Partner machen. Andernfalls ist es allzu leicht, sich in Gedanken oder Träume zu verlieren und den Finger aus der Wunde zu nehmen. Nach einiger Erfahrung wird man feststellen, daß es manchmal doch ganz ohne Fragebogen geht, aber dann geschieht THE WORK schon fast von selbst, sie ist zu einer Automatik geworden.

Der Schlüssel zu THE WORK *of Byron Katie*sm

(Zitiert aus dem »Kleinen Büchlein«)

Stelle vier Fragen, finde die Umkehrungen.
Wir laden dich jetzt ein, deine niedergeschriebenen Aussagen nacheinander einzeln anzuschauen und die vier Fragen und die Umkehrungen zu jeder Aussage zu erfahren.

1. Ist es wahr?

2. Kann ich wirklich wissen, daß das wahr ist?

3. Wie reagiere ich, wenn ich an dieser Überzeugung festhalte?
a) Gibt es einen Grund, diese Überzeugung loszulassen? *(Und ich werde nicht gebeten, sie loszulassen.)*
b) Gibt es einen Grund, der mir keinen Streß verursacht, an dieser Überzeugung festzuhalten?

4. Wer wäre ich, wie ginge es mir ohne diese Überzeugung?

Ich kehre meine Aussage folgendermaßen um.
Diese Arbeit ist eine Meditation. Gehe zurück zu den von dir

aufgeschriebenen Aussagen des Fragebogens, lies den ersten Satz und stelle jeweils die vier Fragen. Kehre sodann den Satz um. Dann nimmst du den nächsten aufgeschriebenen Satz und wiederholst diese Prozedur, bis alle deine Behauptungen mit Ausnahme der Nr. 6 nach dem gleichen Muster behandelt wurden. Nr. 6 wird am Schluß lediglich zweimal umgekehrt.

Laß den Verstand fragen und das Herz antworten.

Beispiel: Ich bin auf Paul wütend, weil er mich nicht versteht.

1. Ist es wahr? (Sei ganz still, warte, laß dein Herz antworten.)

2. Kann ich wirklich wissen, daß das wahr ist? Wie sieht die Realität aus? Versteht er mich? Ist es wahr, daß er mich verstehen *sollte*? (Prüfe wieder ganz sorgfältig.) Kann ich wirklich wissen, was letztendlich das Beste für ihn oder für mich ist? (Warte … lausche in dich hinein.)

3. Wie reagiere ich, wenn ich an dieser Überzeugung festhalte?

Was passiert, wenn ich denke: Paul sollte mich verstehen? Wie verhalte ich mich? Werde ich wütend und angespannt, weine ich, hasse ich ihn? Versuche ich ihn zu ändern, spreche ich jahrelang nicht mehr mit ihm?

Oder erhebe ich »nur« meine Stimme oder werfe ihm böse Blicke zu?

Wie fühle ich mich, wenn ich solche Reaktionen zeige? (Geh nach innen. Schließ die Augen und stell ihn dir vor. Wie ist es für ihn, wenn du ihn derartig behandelst, wenn du glaubst, er habe dir gefälligst zuzuhören. Wie fühlst du dich, während du es tust?)

a) Sehe ich einen Grund, den Glauben, er solle mir zuhören,

fallenzulassen? *Und ich bitte mich nicht darum, ihn fallenzulassen.*

b) Sehe ich einen Grund, an dieser Geschichte festzuhalten, der mir nicht nur Schmerz und Leiden bringt? (Wende dich nach innen, höre zu und erfahre deine innere Weisheit.)

4. Wer wäre ich, wie ginge es mir ohne diese Überzeugung?
Wie sähe meine Situation aus, wenn ich diesen Glauben nicht hätte? (Stell dir vor, du wärst in Gegenwart desjenigen, den du als Feind gesehen hast, der dich nicht versteht. Nun stell dir vor, du schaust diesen Menschen für einen Moment ohne die Überzeugung an, er sollte dich verstehen. Beobachte. Was siehst du?

Und jetzt sieh, wie er sich fühlt, wenn du deinen Glauben ausagierst, er solle dich verstehen. Solange du nicht mit ihm zusammensein und ihn als Freund ansehen kannst, auch wenn er dich nicht versteht, ist deine Arbeit nicht getan.)

Die Umkehrung:
Wenn mir ein Gedanke kommt, wie z. B.: »Ich bin wütend auf Paul, weil er mich nicht versteht«, lautet die Umkehrung »Ich bin wütend auf mich, weil ich Paul nicht verstehe.« Nochmals umgekehrt heißt es: »Ich bin wütend auf mich, weil ich mich (manchmal) nicht verstehe«.

Es kann sein, daß du manchmal mehr als zwei oder drei Umkehrungen findest, von denen jede einzelne wahr oder wahrer ist als das, was du ursprünglich geschrieben hast Dies trifft besonders dann zu, wenn du liebenswürdig genug bist, dich gedanklich nur um deine eigenen Angelegenheiten zu kümmern. Das ist Selbstliebe! (Meditiere ein wenig über jede Umkehrung – nimm dir Zeit.)

Berichtige jetzt dein Urteil über dich selbst; vielleicht weißt du nun auch, wann du dein Urteil über den, den du beschuldigt hast und den du ändern wolltest, zu berichtigen hast. Das ist Vollendung.

Die Nr. 6:
»Ich will nie mehr erleben, daß ich mich mit Paul streite« lautet in der Umkehrung: »Ich bin bereit, wieder zu erleben, daß ich mich mit Paul streite«, und abermals umgekehrt: »Ich freue mich darauf, wieder zu erleben, daß ich mich mit Paul streite.« (Es könnte schließlich wieder passieren, wenn auch vielleicht nur in Gedanken.) Mir steht ja jetzt die Macht dieser Untersuchung zu Gebote. Wenn ich erlebe, daß man mich ignoriert und es immer noch schmerzt – gut so! Ich freue mich darauf. Gefühle sind ein Geschenk. Sie sind ein eingebautes System zu meiner Weiterentwicklung und erscheinen stets im rechten Moment, um mich zu erinnern, daß ich verwirrt bin und THE WORK machen sollte. Wenn ein schlechtes Gefühl erscheint, so ist das kein Fehler. Laß mich mein Herz für meine Gefühle öffnen, denn sie sind meine Freunde, die mir sagen: »Mein Schatz, mach THE WORK zum Frühstück und habe einen schönen Tag.« Die Nr. 6 lehrt mich, mein Leben und Denken zu umarmen. Solange ich meinen Feind nicht als Freund sehen kann, ist meine Arbeit nicht getan. (Das heißt ja nicht, daß ich ihn gleich zum Essen einladen muß!)

»Laß mich das leben, was ich meinem Ehepartner vorgehalten habe. Laß mich jetzt damit anfangen! Laß mich Ohren haben, mir selbst zuzuhören, und den Mut, selbst zu leben, was ich ihm predige.«

Deine Umkehrungen sind deine Rezepte für Gesundheit, Frieden und Glück. Lebe die Medizin, die du uns verschrieben hast. Wir warten auf den einen Lehrer. Bist du es?

Soweit die Originalvorlage von Byron Katie, zu der man, wie ich denke, nicht viel hinzufügen muß. Allerdings habe ich bemerkt, daß viele Menschen mit der Nr. 6 Probleme haben, besonders, wenn es um ein heikles Thema geht. Sie müssen die Nr. 6 nicht unbedingt umkehren, aber hier noch ein paar Gedanken dazu:

Der große Witz – die »Nr. 6«

Im Umkreis von Byron Katie kann es leicht geschehen, daß man mal gefragt wird: »Warum *nummer sechst* du das nicht?«

Diese Art der Umkehrungen kann ich mit jedem Glaubenssatz machen, denn aus welchen Gründen auch immer – das, was ich nicht erleben will, könnte auch gegen meinen Willen und Wunsch wieder passieren. Ich bereite mich innerlich darauf vor. Ob es passiert oder nicht, es mag nicht in meiner Hand liegen. Ich heiße diese erneute Erfahrung, die offensichtlich für mich notwendig ist, willkommen. Die Erfahrung ist der »Wecker«, der mir sagt: »Du darfst an deiner Vervollkommnung arbeiten.«

Wenn man innerlich vorbereitet ist, wird es halb so schlimm sein. Man macht sich ein kleines Geschenk der Vergebung, der Nachsicht, die man mit sich selber haben sollte, indem man sagt: »Ich bin bereit für diese Erfahrung.«

Und wer dann sagt: »Ich freue mich darauf…«, für den mag großer Humor sichtbar werden, der sich in spontanem

Lachen entlädt. Mein guter Freund Frank sagt, daß die Nr. 6 für ihn das Beste an THE WORK ist.

THE WORK ist ein Lernprozeß, und Lernen kann und sollte Spaß machen. Dazu gehört der Mißerfolg, der erneute Versuch, der erneute Mißerfolg, bis man immer besser wird und das Ziel erreicht ist.

Die Nr. 6 hat auch mit Hingabe zu tun, mit der Erkenntnis, daß man nicht das Zentrum des Universums ist, daß es Dinge gibt, die man eben nicht in der Hand hat, in die man sich demzufolge besser ergibt. In der Hingabe liegt auch eine große Süße: Ich trage nicht alle Verantwortung und bin daher frei.

Ihnen sind sicher auch Fälle bekannt, bei denen bitteren Erfahrungen allein dadurch der Stachel genommen war, daß der Mensch sich in sein Schicksal fügte. Insofern kann allein die Nr. 6 manchen Menschen Erleichterung verschaffen.

Byron Katie fragt:

Was fühlt sich besser an? Diese Möglichkeit einer Erfahrung wegzustoßen oder die Arme weit zu öffnen und sie willkommen zu heißen?

Und:

Das Schlimmste, was passieren kann, ist oft nichts gegen die Schrecken, die wir uns auszumalen pflegen.

Die Nr. 6 führt uns also sanft zu THE WORK zurück. Wann immer wir uns in unseren alten Geschichten wiederfinden, haben wir die Möglichkeit, an uns zu arbeiten.

Wenn die Formulierung, die sich ergibt, Ihnen allzu radikal erscheint, können Sie hinzufügen: »in Gedanken« – also z. B.

sagen Sie dann: »Ich bin bereit, in meinen Gedanken wieder zu erleben, daß meine Tochter von einem Hochhaus springt.«

Es gibt Positivdenker, die Angst haben, sie könnten sich das Unerwünschte »einprogrammieren«, indem sie es willkommen heißen. Nun – niemand zwingt Sie zur Nr. 6. Niemand muß die Fragen beantworten, niemand muß irgend etwas umkehren.

– 2 –

Der Einstieg

Die Mieterhöhung – meine erste Sitzung mit Byron Katie

Hier das fast ungekürzte Transkript meiner ersten WORK mit Byron Katie. Ich bringe es sowohl als Beispiel für den vollen Ablauf einer Sitzung als auch, weil ich denke, daß viele Menschen sich mit der Thematik identifizieren können.

KATIE: Willst du die Wahrheit wirklich wissen?
Ja.
1. *Ich bin böse auf meinen Vermieter, weil er meine Miete erhöht, und zwar über das gesetzliche Maß hinaus.*
KATIE: So, die Leute sollen das Gesetz nicht brechen, ist das wahr?
Ja.
KATIE: Und – tun sie es?
Ja.
KATIE: Und – Menschen sollten die Miete nicht erhöhen? Ist das wahr?
Ja.
KATIE: Das ist das, was wir tun, wir erhöhen die Miete, und wir übertreten Gesetze. Du willst dein Geld behalten, und dein Vermieter will sein Geld behalten, das habt ihr miteinander gemein.

Was geschieht in dir, wenn du an der Lüge festhältst? Ich nenne es aus folgenden Grund eine Lüge: Wenn du dir die Realität anschaust, siehst du, daß du gegen den Wind kämpfst.
Ich fühle den Kampf in mir.
KATIE: Wenn du an der Lüge festhältst: »Ich will, daß Menschen nicht die Miete erhöhen« und gleichzeitig hast du es schwarz auf weiß: *Sie erhöhen die Miete*, dann befindest du dich in einer Tretmühle, aus der du nie wieder herauskommst. Aber wenn du dir die Realität anschaust, dann bemerkst du, daß wir alle Liebhaber dessen sind, was ist.
Wer wärst du ohne deine Geschichte?
Ich hätte mehr Zeit, mich mit anderen Dingen zu beschäftigen – ich würde mich freier fühlen.
KATIE: Also, du zahlst jetzt einen hohen Preis: Du erhöhst nämlich deine innere Miete.

2. *Ich will, daß mein Vermieter sich an das Gesetz hält.*
KATIE: Hoffnungslos. Das ist die Angelegenheit der Gerichte. Dreh's um!
Ich sollte mich an das Gesetz halten.
KATIE: Und, tust du es?
Nein.
KATIE: An welche Gesetze willst du dich nicht halten?
Die Straßenverkehrsordnung, Parkverbote, die Steuergesetze.
KATIE: Ist das wahr?
Ich will mich so durchschlängeln.
KATIE: Was bedeutet mehr inneren geistigen Aufwand: sich so durchzumogeln oder einfach die Parkgebühr zu bezahlen?
Am einfachsten wäre es, einfach zu tun, was man gesagt bekommt. Sehr einfach.
KATIE: Das Gesetz ist ein großartiger Guru. Es ist absolut klar.

Wenn du hier parkst, bekommst du ein Knöllchen, parkst du dort, bekommst du keines. Klar und einfach.
Beachte die Gesetze, und du lebst in Frieden. Wenn ich nicht mit dem Gesetz einverstanden bin, dann parke ich besser gar nicht – Frieden. Wenn ich parken will, zahle ich den Preis – Frieden.
Ich liebe die Gesetze. Mein Leben ist einfach dadurch. Mancher mag das erschreckend finden, aber wenn du innerlich frei bist, dann kann dir keine Regierung, keine Diktatur etwas anhaben.

3. Sie sollten nicht versuchen, mir durch fragwürdige Tricks Geld aus der Tasche zu ziehen.
KATIE: Ist es wahr: Sie sollten nicht versuchen, dein Geld zu bekommen?
Nein.
KATIE: Und wie fühlt sich das an: Sie versuchen, an mein Geld zu kommen?
Ich ärgere mich. Jeden Monat, wenn ich die Überweisung mache. Und noch viel öfter – jedesmal, wenn ich daran denke.
KATIE: Und wie lebst du dann?
Angespannt, unzufrieden.
KATIE: Wird hier nicht klar, daß das Festhalten an einer Lüge den einzigen Streß im Leben darstellt? Und dieser Streß ist ein Geschenk, denn er zeigt uns, daß unser Denken in diesem Augenblick nicht in Ordnung ist. Jedes Gefühl ist ein Geschenk. Und jetzt die Umkehrung.
Ich sollte nicht versuchen, mir *durch fragwürdige Tricks Geld aus der Tasche zu ziehen.*
KATIE: Ich sollte nicht versuchen, durch fragwürdige Tricks mein Geld zu behalten.
Ich denke, die erste Umkehrung stimmt auch. Wenn ich z. B.

vor Gericht gehe, so kann das für mich teurer werden, als wenn ich die Miete bezahle.
KATIE: Nicht schlecht. Man findet manchmal bis zu sechs Möglichkeiten, solche Umkehrungen zu bilden, die alle wahrer sind als das, was du ursprünglich geschrieben hast.

4. Ich habe das Bedürfnis, daß mein Vermieter meine Rechte respektiert.
KATIE: Kannst du wissen, ob er das tut oder nicht?
Nein.
KATIE: Und was hast du davon, daß du denkst, er würde deine Rechte nicht respektieren?
Ich fühle mich heimatlos.
KATIE: Ein heimatloses Opfer, das abhängig ist von der Gnade der Außenwelt. Das ist furchterregend, denn dieses Konzept kann sich auf alles und jedes um dich herum übertragen. Wie behandelst du die Welt, wenn du glaubst, sie sollte deine Rechte respektieren? Liebevoll? Und wie fühlt sich das an?
Nicht gut.
KATIE: Wer wärst du ohne diese Geschichte, daß wir dich auch nur ein einziges Mal respektieren sollten?
Sehr frei.
KATIE: Kannst du einen Nutzen darin sehen, an dieser Geschichte festzuhalten?
Nein.
KATIE: Dreh's um.
Ich habe das Bedürfnis, daß ich *meine Rechte respektiere.*
KATIE: Ich sehe, daß du das tust, wenn du vor Gericht gehst und es denen überläßt, zu entscheiden. Es ist deren Angelegenheit. Meine Angelegenheit ist es, über mein Denken zu berichten, und damit ist die Sache erledigt. Sie fällen einen Spruch, und ich mache THE WORK. Es gibt noch eine Umkehrung.

Ich habe das Bedürfnis, daß ich die Rechte meines Vermieters respektiere.
KATIE: Was denkst du über ihn?

5. *Er ist geldgierig, betrügerisch und sucht stets nach einer Hintertür, um andere übers Ohr zu hauen.*
KATIE: Wessen Angelegenheit ist das?
Seine Angelegenheit.
KATIE: Wie fühlt sich das an, wenn du dich mental in seine Angelegenheit begibst? Wie ein hilfloses Opfer? Kannst du einen Grund außer Schmerz und Leiden sehen, um dich gedanklich dort hineinzubegeben? Wer wärst du ohne deine Geschichte?
Ich würde tanzen, mich freuen, ein tanzender Derwisch.
KATIE: Ja, mein Engel.
Mit der Geschichte fühle ich mich wie ein Polizist, ohne die Geschichte bin ich ein fröhlicher Clown.
KATIE: Drehe es um.
Ich bin geldgierig, betrügerisch und suche Hintertüren, um andere übers Ohr zu hauen.
Das ist wahr.
KATIE: Vor allem in bezug auf deinen Vermieter.
Es ist, als ob du immer in deiner gedanklichen Hölle lebst.

6. *Ich bin bereit, wieder von Menschen oder Institutionen betrogen zu werden.*
KATIE: Der einzige wirkliche Betrug ist jener, bei dem dich dein Verstand um deine eigene Freiheit betrügt. Aber selbst das ist nur ein Mangel an Verständnis.
Ich freue mich darauf, wieder von Menschen oder Institutionen betrogen zu werden. Warum nicht?
KATIE: Wenn es weh tut, ist lediglich dein Denken ausge-

schaltet, das ist alles. Nach meiner Erfahrung gibt es hier keine Ausnahmen. Ich bin meine eigene Freiheit – absolut. Wenn jemand Verständnis für mich zeigt und sagt: »Ja, mein Lieber, du hast recht, es ist nicht fair, was dein Vermieter mit dir macht!« dann nennen wir ihn einen Freund. Aber ein sogenannter Feind sieht sehr klar, was du selbst an dir noch nicht entdeckt hast. Und dann stellt sich der scheinbare Feind als Freund heraus.

Soweit meine erste WORK mit Byron Katie.

Ich war damals im Auftrag der Zeitschrift »Connection« auf ihrem Seminar und habe das Ganze nicht besonders ernst genommen – es war für mich ein spielerischer Test, um auszuprobieren, worüber ich schreiben sollte. Dennoch hat diese Übung mein Leben nachhaltig verändert. Mir war danach schlagartig klar, wie sehr ich mich durch die nutzlosen Gedanken an die ungerechtfertigte Mieterhöhung vergiftet hatte, und gleichzeitig verschwanden diese Gedanken, ohne eine Spur zu hinterlassen. Inzwischen sind Monate vergangen, die Miete ist noch immer nicht erhöht (es handelte sich ja nur um eine Ankündigung!), und ich sehe der Erhöhung gelassen entgegen. Wenn sie kommt, werde ich geeignete Maßnahmen ergreifen. Ich fühle mich in meiner Wohnung jetzt sehr wohl, habe renoviert und einige Neuanschaffungen gemacht.

Erst jetzt wird mir klar, wie sehr ich tatsächlich »meine innere Miete erhöht hatte«, indem ich jeden Tag viele Minuten mit Groll und Frustration an das gedacht hatte, was ja noch nicht einmal eingetreten war. Außerdem hatte die Sitzung ein altes psychisches Muster in mir freigelegt, das mit Heimat, zu Hause und dem Gefühl der Geborgenheit zu tun hat.

Auch in anderer Hinsicht hat die Sitzung mein Leben verändert: Ich versuche, mich jetzt wirklich an alle Gesetze zu halten. Seit ich (fast) immer angeschnallt bin und (fast) nie zu schnell fahre, habe ich keinen Streß mehr beim Autofahren, mein Blutdruck hat sich seitdem normalisiert.

Früher habe ich mir oft mühsam irgendwelche seltsamen »Geheimparkplätze« gesucht und endlose innere Dialoge geführt, was ich an die Polizei schreiben werde, wenn ich an diesen Stellen doch ein Knöllchen kriegen sollte. Heute – wenn ich überhaupt mit dem Auto in die Stadt fahre – geht es schnurstracks ins Parkhaus. Kein Streß!

Inzwischen wurde mir klar, daß meine Glaubenssätze über meine Mieterhöhung Teil eines größeren Systems sind, in dem ich mich als Opfer höherer Mächte sehe, »derer da oben«, die mich mit Rechnungen, Abgaben, Steuern bombardieren, mit Lärm, Gesetzen, Umweltverschmutzung, Fernsehprogrammen, Werbung, Politik, Presseerzeugnissen, Produkten, Verpackungen, gentechnisch veränderten Lebensmitteln usw.

All dies erlebte ich bisher so, als sei ich dem hilflos ausgeliefert; ich litt, ich regte mich auf, ich hatte begonnen, diese Welt zu hassen. (Natürlich habe ich mich keinesfalls gesellschaftlich oder politisch engagiert, ich war nur ironisch, sarkastisch, desillusioniert, verbittert, einfach eklig und alt geworden.) Jetzt mache ich THE WORK über diese Dinge, immer wieder, immer wenn mir auffällt, daß ich leide.

Alles, worüber ich mich ärgere, geschieht, ist wahr. Manches kann ich gar nicht wissen. Was ich davon habe, daß ich Werbung, Fernsehen, Verpackungen, Steuern nicht mag? Ich leide eben. Ich bin angespannt. Ich gehe durch die Welt mit dem Gefühl der Hilflosigkeit, Ohnmacht, Machtlosigkeit, Kleinheit, Jämmerlichkeit. Ich hatte in meiner Jugend geglaubt, daß ich etwas ändern könnte, daß ich etwas bewirken würde. Inzwischen war Ernüchterung, ja Resignation eingetreten.

Hat mein Glaube an all das, was nicht sein sollte, bisher irgendeine Wirkung auf irgend jemand gehabt? Nur negative Wirkungen auf mich und die Leute, mit denen ich zu tun habe.

Haben diese Gedanken jemandem genützt? Nein. Sie haben mich lediglich an der vollen Wahrnehmung meiner Realität gehindert.

Gibt es einen Grund, daran festzuhalten? Ich sehe keinen. Wer wäre ich ohne dieses ganze System? Aufrecht, frei, fröhlich, positiv, liebevoll, entspannt, locker und noch immer voller Kraft, mich zu engagieren, wenn ich das möchte.

Die Umkehrungen:

Ich sollte *mir* keine Rechnungen, Abgaben, Steuern auferlegen (in Form von Leiden und Streß).

Ich sollte *mich* nicht mit Lärm, Werbung, Fernsehprogrammen, Presseerzeugnissen nerven (in Form meiner ständig ratternden, lärmenden, negativen Gedanken).

Ich sollte *mich* nicht mit meinen eigenen harten Gesetzen (meinen Glaubenssätzen), meiner inneren Umweltverschmutzung, meiner verfehlten Lebenspolitik, den Produkten meiner negativen Gedanken, den Verpackungen, in denen ich meine wahren Gefühle verstecke, meinen gentechnisch veränderten (resignierenden) Lebensphilosophien strafen.

Glaubenssysteme

Wenn ich einer Überzeugung anhänge, die ich mir selbst dauernd wiederholen muß, werde ich neuerdings mißtrauisch. Ist das wahr, was ich da immer wieder herunterbete? Warum muß ich es mir dauernd wiederholen, wenn es wahr ist?

Während ich im Sonnenschein spazierengehe, muß ich mir nicht dauernd selbst sagen: »Die Sonne scheint!« Ich muß mir auch nicht wiederholen, daß ich kerngesund bin, daß ich atme, daß mir nichts weh tut. All dies ist offensichtlich. Was ich in mir wiederholen muß, um es aufrechtzuerhalten, sind die unwahren Überzeugungen, die Lügen.

Wenn ich z. B. denke »Zu Hause ist nicht aufgeräumt«, so bin ich für einen Moment gedanklich ganz woanders. Wenn sich daran nun weitere Gedanken reihen: »Die Post ist auch nicht erledigt – der Keller müßte ausgemistet werden – ich bin ein unordentlicher Mensch – meine Ehe ist auch nicht in Ordnung – ich kann meiner Familie nicht genug bieten – ich habe versagt etc.«, so katapultiere ich mich in die Angst, den Schmerz und damit in die Unbewußtheit. Ich kann dann nicht wissen, wie gut es mir eigentlich geht.

Ich nehme dann auch die wunderbare Natur um mich her nicht mehr wahr, ich genieße mich und meine Bewegung in dieser Natur nicht mehr.

Katie nennt diese Kaskaden von sich vervielfältigenden Gedanken manchmal »the rabbit family«, eine Familie von Karnickeln, die sich rasend schnell vergrößert.

Und ahnen Sie, wer in mir spricht, wenn es heißt: »Ich sollte aufräumen?« Wahrscheinlich meine Eltern. Deshalb sagt Byron Katie, daß Überzeugungen meist nicht unsere eigenen sind, wir erben sie, wir haben sie mit unseren Mitmenschen gemein.

In welcher Form besitzen Glaubenssätze Energie? Sie sind mit einem Gefühl verbunden. Was fühlen Sie, wenn Sie sich sagen: »Ich sollte aufräumen!«? Eine Unzufriedenheit? Wie äußert sich das im Körper? Eine kleine Anspannung im Gesicht, ein schnellerer Gang?

Je öfter Sie The Work praktizieren, um so mehr werden Sie lernen, auf die kleinen Veränderungen in Ihrer Befindlichkeit zu achten!

Wenn ich mir nun die Fragen stelle: »Wer wäre ich, wenn ich diesen Glaubenssatz fallenließe? Wie ginge es mir dann?«, folgt augenblicklich eine innere Weitung, eine Streckung, ein Zurücklehnen, ein tiefes Atmen, eine Entspannung meiner Gesichtsmuskulatur, ein Lächeln. Gleiches oder Ähnliches habe ich bei vielen Freunden beobachtet. Hauptsächlich durch diese Veränderung spüre ich die Anspannung, die vorher war und die mir nicht bewußt war – vielleicht weil ich mich so daran gewöhnt hatte.

Sicher können Sie ganz gut nachvollziehen, wie ein kleiner unschuldiger Gedanke einen ganzen Rattenschwanz von schmerzvollen Erinnerungen und Glaubenssätzen in uns hervorzaubern kann. Dieser simple Mechanismus ist es, der die Vergangenheit, die nicht mehr wirklich existiert, in uns erzeugt. Und auf die gleiche Weise schaffen wir in uns eine Zukunft, die ja offensichtlich ebenfalls noch nicht existiert.

Wenn Sie Menschen fragen, warum sie Fallschirm springen, Rennen fahren, Bungee springen, klettern, Ski fahren oder auf dem Jahrmarkt in einer Achterbahn herumsausen, stellt sich ganz nebenbei heraus, daß der Kick solcher Aktivitäten stets auch darin besteht, daß das Denken in solchen Situationen aufhört.

Der Sog in die Spannung des Augenblicks hinein ist auch der Kick des Zuschauers solcher Sportarten, auch und besonders, wenn sich das im Fußballstadion oder Tenniscourt abspielt. Auch hier ist ganz klar, daß man während eines spannenden Matchs nicht an seine Alltagsprobleme denkt und daß das Hochgefühl, das eine solche Veranstaltung auslösen kann, wahrscheinlich weitgehend auf der Abschaltung der »geschichtenerzeugenden« Denkfunktion beruht. Bei Massenveranstaltungen kommt noch hinzu, daß diese das Ego des einzelnen zeitweise auflösen können – daher sind für manche Menschen in einer solchen Situation extreme Glücksgefühle möglich.

Denken Sie in diesem Zusammenhang auch an große Musikveranstaltungen, laute Musik, Diskos mit Lichteffekten, spannende Filme, Theateraufführungen, Oper, Begegnungen mit berühmten Persönlichkeiten, Massenveranstaltungen, Fernsehstudios, eigene Auftritte oder Reden vor Publikum und dergleichen. All das kann seelische Ausnahmezustände erzeugen und tut dies auch regelmäßig. Was ist all diesen Spielarten gemeinsam? Die Tatsache, daß ich nicht an Vergangenheit und Zukunft denke, daß ich im Hier und Jetzt bin.

Aber natürlich geht jede Veranstaltung, jeder Wettkampf, jede aufregende Tätigkeit irgendwann zu Ende, und der Alltag umfängt uns wieder. Insofern sind diese Aktivitäten nur wie bewußtseinserweiternde Drogen. Sie zeigen uns für eine Weile ein Stück vom Himmel.

Dennoch ist festzuhalten, daß alles, was existiert, hier und jetzt existiert, nirgendwo anders: der Körper, die Welt, das Ich, das Selbst, das Denken. Um das zu realisieren, braucht das Bewußtsein sich nur auf sich selbst zu richten: eine simple Drehung! Machen Sie sie einmal, für einen Moment!

THE WORK führt mich jedenfalls immer wieder an diesen Punkt. Ob ich sie allein mache oder mit anderen oder ob ich anderen helfe, sie zu machen – die Untersuchung jedes beliebigen Glaubenssatzes führt mich immer wieder genau dorthin. Als ob all das nur inszeniert würde, um mich ins Hier und Jetzt und damit zur Wahrheit zu führen, an den Platz, den ich niemals verlassen hatte, ja, den ich gar nicht verlassen kann.

Das alles umschließende Prinzip: Liebe

Wenn wir einmal untersuchen, was wir im Leben eigentlich wollen, so finden wir stets am Ende, daß wir Liebe, Glück, Erfüllung suchen. Sie wollen eine schöne Wohnung? Wozu? Weil sie sich darin wohl fühlen wollen. Was ist dieses Gefühl, wenn Sie sich zu Hause wohl fühlen, so richtig geborgen und gemütlich – Glück, Liebe.

Sie wollen Erfolg im Beruf? Wozu? Um Anerkennung der Fachwelt, der Kollegen, des Publikums zu bekommen oder Ihre eigene Anerkennung? Was ist das für ein Gefühl, wenn Sie es haben? Glück und Liebe!

Sie können jedes menschliche Handeln ganz einfach auf diese Motivation zurückführen, Sie brauchen nur lange genug zu fragen: Wozu?

Natürlich haben manche Menschen andere Worte für das Gefühl, das sie letztendlich anstreben, mancher sagt dazu Paradies, Verschmelzung, Einssein, Gott, Orgasmus, Rückkehr in den Mutterleib, Nirwana, Himmel oder eben auch einfach LIEBE.

Byron Katie sagt:

Für Liebe würde ich alles tun. Ich bin mir ohne jeden Zweifel sicher, daß alle Menschen mich lieben. Ich weiß aber auch, daß viele sich dessen nicht bewußt sind.
Ich weiß, wie es ist, wenn man dieses Bewußtsein nicht hat. Du bist Liebe, Wahrheit und Reinheit, und du kannst gar nichts dagegen tun. Du liebst deinen Nachbarn – immer. Aber du benutzt Überzeugungen, die dich davon abhalten, das als Realität wahrzunehmen.

Die erste Aussage in diesem Abschnitt, daß wir nämlich im Grunde nur Glücklichsein, Liebe wollen, können die meisten Menschen leicht nachvollziehen, die zweite Aussage, daß wir bereits Liebe sind, bleibt hypothetisch, wenn wir vom Verstand aus herangehen. Wer jedoch tief in sich selbst hineinhorcht, hineinfühlt, kann wissen, daß es die Wahrheit ist.

Wenn Sie nichts denken, nichts analysieren, nichts mit Ihrem Verstand benennen, wenn Sie einfach nur da sind und spüren, wie Sie eingebettet sind in die Umgebung, in der Sie sich gerade befinden, wenn Sie sich vergegenwärtigen, daß in diesem Moment, jetzt, in dieser Sekunde, hundertprozentig für Sie gesorgt ist, daß Sie im Hier und Jetzt genau in Ihrer Zeit leben und an Ihrem Ort sind, dann können Sie eine Ahnung davon haben.

Wenn Sie sich umschauen – ganz gleich, wo Sie sich jetzt befinden – und ohne jedes Urteil auf die Formen und Farben schauen, von denen Sie umgeben sind, dann können Sie vielleicht sehen, daß dies Schönheit ist und daß es wunderbar ist, diese Schönheit wahrnehmen zu dürfen. Wenn Sie mit Ihren Fingern fühlen, was gerade zu fühlen ist, wenn Sie spüren, wie Ihr Körper getragen wird von dem, was sich unter diesem Körper befindet – der Stuhl, der Sessel, die Liege, das Haus, der Boden, die Erde, die Welt –, dann wissen Sie, wie geborgen Sie sind.

Oder wenn Sie sich vorstellen, Sie schauten von einem fernen, fremden Stern auf diese unsere Welt und sähen sich selbst in dieser Ihrer Umgebung, dann würden Sie noch deutlicher spüren, wie perfekt Sie eingepaßt sind in Ihren ganz persönlichen Raum, wie sehr Sie eins sind mit Ihrer Welt.

Sie können sich nicht wirklich aus dieser Existenz entfernen, nichts und niemand kann das, aber Sie können Ihre Bewußtheit benutzen, um von einer anderen Existenz zu träumen und nicht mehr zu wissen, daß Sie immer noch Teil der einzig realen Existenz sind.

Es scheint, als ob die uns umgebende Existenz unseren Verstand zu sich ruft – schließlich ist er aus ihr geboren und geht in sie zurück. Doch sie möchte vielleicht auch, daß wir bewußt eins mit ihr sind, jetzt und für immer. Und wenn Sie eins sind, wissen Sie, fühlen Sie, daß Sie ALLES sind. Sie sind es selbst, die Realität, das All. Und das ist es wohl, was jene, die sich dessen bewußt sind, bewegt, dieses Urgefühl LIEBE zu nennen.

Liebe zu allem, was existiert, ist Liebe zu sich selbst – Dasein, das sich seiner selbst bewußt ist. Unsere großen Religionsstifter, Heiligen und Weisen haben es mit verschiedenen Namen bedacht, als sie davon berichteten, aber – man kann das spüren – die Erfahrung, die sie hatten, war immer dieselbe.

Sitzungen anderer Menschen verfolgen

Dieses Buch möchte Sie mit THE WORK vertraut machen, damit Sie sie selbst praktizieren können. Für mich war die wertvollste Erfahrung – nach meinen eigenen Sitzungen – das aufmerksame Verfolgen der Sitzungen von anderen Menschen. Offensichtlich geht das vielen so, anders ist nicht zu erklären, daß die Teilnehmer in den Workshops über Stunden und Tage gebannt den anscheinend immer gleichen Fragen und Antworten lauschen.

Es gab nur wenige Themen, mit denen ich mich nicht sofort identifizieren konnte – immer saß auch ich dort auf dem »heißen Stuhl«.

Natürlich geht nichts über das wirkliche Dabeisein, ein Buch kann niemals den inneren Kampf spiegeln, wenn jemand beginnt, die Verantwortung für das zu übernehmen, was ihm geschehen ist, oder das plötzliche Lächeln zeigen, wenn ein Mensch seine Umkehrung gefunden hat und versteht, daß dies sein Weg ist, oder die Entspannung und Schönheit, wenn er die immense innere Freiheit entdeckt, die darin liegt, einen hinderlichen Glaubenssatz einfach fallenzulassen.

Ich kann nur hoffen, daß in den (gekürzten) Transkripten der Sitzungen auch davon noch etwas zu spüren ist.

Eine Anmerkung sei allerdings gestattet:

Byron Katie hält sich fast nie an den genauen Ablauf, wie er sich durch ihren Fragebogen ergibt. Das liegt an ihrer Spontaneität, ihrer Intuition für den Augenblick und für den Menschen, mit dem sie gerade arbeitet. Und natürlich lehrt sie in diesen Sitzungen gleichzeitig THE WORK und das Leben, sie erteilt Rat, macht Vorschläge und wendet sich an die Zuhörer.

Mein Vater schlug mich

KATIE: Willst du die Wahrheit wirklich wissen?

Ja.

KATIE: Du scheinst wirklich schwanger zu sein mit dieser Sache.

Ich saß vorhin unter einem Baum und zitterte, und ich sagte mir: Ich werde heute nicht davonlaufen! Und ich bat um Hilfe.

KATIE: Mut sieht nicht so aus, als würde man in die Schlacht ziehen, Mut sieht aus wie du! Mut ist die Erfahrung von De-

mut, nicht von Gewalt. Danke für diese Lehre. Schauen wir uns deinen ersten Satz an.
Ich mag meinen Vater nicht, weil er mich zwang, Dinge zu tun, die ich nicht mochte. Zum Beispiel mußte ich den Rasen mähen, wenn ich eigentlich spielen wollte.
KATIE: Er zwang dich, ist das wahr? Wie hat er das getan?
Er drohte, mich zu schlagen.
KATIE: Also, wie zwang er dich?
Ich hatte solche Angst vor ihm.
KATIE: Du hast ihm gehorcht, damit du nicht geschlagen wurdest. Das scheint mir liebevoll dir selbst gegenüber. Das ist Selbstliebe. Was würdest du heute tun, wenn dir jemand drohen würde: »Ich werde dich schlagen« und er viel stärker wäre als du?
Ich würde dasselbe tun.
KATIE: Genau. Du bist ja nicht verrückt. Und du würdest den Rasen mit Freude mähen, denn du hast die richtige Wahl getroffen. Kleine Jungen denken, sie haben keine Wahl. Sie sehen nicht das Wohlwollen sich selbst gegenüber. Sie glauben zu wissen, was der Vater denkt, also ist da Schmerz. Aber der Vater ist einfach das, was ist. Also wer traf die Wahl?
Ich traf die Wahl.
KATIE: Also, kleiner Junge, wie fühlt es sich an, wenn du an der Geschichte haftest: »Er zwang mich, den Rasen zu mähen!«?
Es fühlt sich an, als würde man mich würgen.
KATIE: Und wie behandelst du ihn, wenn du denkst, du wirst gezwungen?
Ich wußte auch, daß ich es ihm niemals recht machen konnte.
KATIE: »Wenn du den Rasen nicht mähen würdest, dann würde er dich schlagen« – kannst du wirklich wissen, daß das wahr ist?

Nein. Tatsache ist, daß er mir meistens nur sehr nahe kam und dann innehielt. Aber ich habe immer geglaubt, daß er es tun würde.

KATIE: Deshalb frage ich den kleinen Jungen.

Ich denke, er würde es tun.

KATIE: Und kannst du es wirklich wissen? Ganz sicher?

Nein, ich kann es nicht wissen.

KATIE: Also, kleiner Junge, wie fühlt es sich an, wenn du an diesem Glauben haftest?

Es fühlt sich an, als hätte ich keinen Vater, der mich beschützt oder der sich um mich kümmert.

KATIE: Kannst du einen Grund sehen, diese Geschichte fallenzulassen?

Mhm.

KATIE: Kleiner Junge, wer wärst du, wenn du den Rasen mähen würdest, ohne in einer Geschichte hierüber zu sein?

Ich könnte es einfach tun, denn es ist gut für den Rasen, wenn er gemäht wird.

KATIE: Laß uns den nächsten Satz anschauen.

Ich will, daß mein Vater aufhört zu trinken, denn er wurde gewalttätig, wenn er trank.

KATIE: »Dein Leben wäre heute viel besser, wenn er nicht getrunken hätte, als du klein warst« – kannst du wirklich wissen, ob das wahr ist?

Meine Mutter wäre dann auch glücklicher.

KATIE: Auf lange Sicht – kannst du wirklich wissen, daß das wahr ist?

Auf lange Sicht – das weiß ich nicht.

KATIE: Wie fühlt es sich in dir an, wenn du den Gedanken hast: »Meine Mutter sollte glücklich sein«?

Da gibt es sehr viel Spannung. Traurigkeit. Enttäuschung über mich selbst, denn sie sagte, ich wäre der eigentliche

Grund dafür, daß sie nicht glücklich ist. Ich war der Grund für den Ärger meines Vaters, mein Vater war deshalb böse auf sie, also war sie böse auf mich.

KATIE: Deine Eltern wären glücklich, wenn du anders wärst?

Vielleicht.

KATIE: Kannst du wirklich wissen, daß das wahr ist?

Nein. Nicht wirklich.

KATIE: »Wenn du nie geboren wärst, wären deine Eltern viel glücklicher gewesen« – kannst du wirklich wissen, daß das wahr ist?

Nein.

KATIE: Was passiert in dir, wenn du an diesem Glauben haftest?

Eine unglaubliche Spannung, ein sehr starker Wunsch, meinen Eltern zu gefallen. Ein Wille, sie und andere glücklich zu sehen.

KATIE: Wie fühlt sich das an, wenn du versuchst, für deine Eltern eine Quelle der Freude zu sein?

Frustrierend.

KATIE: Nach meiner Erfahrung ist das eine Untertreibung.

Ich fühle Wut. Ich fühle, daß ich kein eigenes Leben habe.

KATIE: Kannst du einen Grund sehen, an dem Gedanken festzuhalten: »Meine Eltern wären glücklicher, wenn ich nie geboren worden wäre«?

Ja. Später waren sie auch oft sehr glücklich – weil ich gelernt hatte, wie ich ihnen gefallen kann.

KATIE: Ist das wahr? Kannst du das wissen? Mit dir oder ohne dich, deine Eltern tun, was sie tun. Wer wärst du ohne diese Geschichte, kleiner Junge, der aufwächst?

Kleine Jungen kennen diese Untersuchung nicht. Aber Erwachsene stecken hier fest. Es gibt kein wirkliches Erwachsenwerden, solange wir diese Dinge nicht untersuchen. In

Wirklichkeit gibt es nicht so etwas wie Zeit oder Erwachsenwerden. Es ist eine Illusion, daß der Körper sich verändert. Das ist ein Konzept, Zeit ist ein Konzept. Nur weil wir in unserer Geschichte festsitzen, haben wir die Illusion der Zeit. Wenn wir THE WORK tun, verlieren wir unsere Vergangenheit. Solange das nicht der Fall ist, fahren wir mit der Untersuchung fort.

Wenn du diesen Zusammenhang siehst, wirst du bemerken, daß man keine Zukunft haben kann. Nur die Geschichte von einer Vergangenheit kann auch eine Projektion in die Zukunft erzeugen. Das ist auch der Grund, warum der normale Mensch nicht im Jetzt leben kann, er kann nur so tun, als ob. Erst ohne Vergangenheit wird es möglich, wirklich hier und jetzt zu sein. Erst ohne Vergangenheit wird offenbar, was du wirklich bist: ein wunderbarer Mann, der auf einer Couch sitzt und mit seiner Familie zusammen ist. Die Erfahrung des Atmens, Freiheit. Und es ist liebevoll, weil es nicht all diesen Ballast mit sich herumschleppt.

Ja, ich bin einer Zukunft hinterhergejagt, ich kann das jetzt sehen.

KATIE: Wer wärst du ohne Geschichte?

Ich wäre sehr glücklich mit mir selbst.

KATIE: Und wie sähe die Umkehrung aus?

Ich wäre sehr glücklich mit mir selbst, wenn ich nicht diese Vorstellungen mit mir herumtragen würde.

KATIE: Du wärst viel glücklicher ohne deine Eltern, die du in deinem Kopf herumträgst! Sie leben in deinem Kopf und zahlen nicht mal Miete! »Väter sollten nicht trinken und gewalttätig sein« – ist das wahr? Sie trinken.

Und es scheint ihnen dabei ja auch ganz gutzugehen.

Katie: Wie fühlt es sich an, wenn du an dem Glaubenssatz festhältst?

Totale Spannung.
KATIE: Siehst du einen Grund, den Glaubenssatz fallenzulassen?
Ja.
KATIE: Wie wärst du ohne ihn?
Sehr frei, sehr locker.
KATIE: Dreh es um.
Ich sollte nicht trinken und gewalttätig sein – vor allem nicht mir selbst gegenüber.
KATIE: Es ist deine Lebensphilosophie. Du solltest nicht trinken und gewalttätig sein.
Aber ich trinke gar nicht.
KATIE: Dann setze mal das Wort Denken an dieser Stelle ein. Er war betrunken von seinem Trinken, du bist betrunken von deinem Denken.
Das stimmt. Ich sollte mich nicht mit meinem Denken betrinken und ich sollte nicht gewalttätig gegen mich selbst sein.
KATIE: Also immer, wenn du einen inneren Krieg gegen dich selbst erlebst, denk an deinen Vater. Du wolltest, daß er mit der Gewalt aufhört – versuche du, damit aufzuhören. Wenn du denkst, daß es so einfach ist... Es könnte sein, daß du sehr demütig wirst in Gegenwart deines Vaters. Und wenn du wieder Gewalt in dir erlebst, schreib es auf! Krieg gehört aufs Papier.
Stell dir vor, alle Generäle dieser Welt würden in einem Raum zusammenkommen und alle Urteile aufschreiben und diese untersuchen und die Umkehrungen finden.
Das wäre schön.
KATIE: Es fängt mit dir an. Es ist gut, daß du gewalttätig bist. Schreib es auf, nimm es mit in den Generalstab und zu den Friedensgesprächen. Die Nato weiß nicht, wie man das macht. Ihr habt auf diesem Workshop eine Menge Glaubenssätze

gehört! War ein einziger neuer Glaubenssatz dabei? Nicht einer. Sie werden immer wieder recycelt. Nichts Neues. Diese Verwirrung tragen sie in die Generalstäbe. Und natürlich muß es Krieg geben.

Es hat mich sehr berührt, als du einmal sagtest: »Laß THE WORK *deine Mutter sein.«*

KATIE: Ja, THE WORK ist die Mutter. Diese Mutter ist immer da, du kannst dich auf sie verlassen. Sie ist makellos und ehrlich. Sie wird dich halten.

Was ist dein nächster Glaubenssatz?

Mein Vater sollte nicht »du Idiot« zu mir sagen.

KATIE: Ist das wahr? Schließlich denkst du, er würde dich zwingen, das Gras zu mähen, obwohl du selbst das getan hast. Wenn mich jemand einen Idioten nennt, dann gehe ich nach innen und werde ganz ruhig und nach spätestens drei Sekunden habe ich es gefunden.

Das glaube ich dir.

(Lachen)

KATIE: Und du hattest recht. Mein Mann nennt mich einen Idioten – jetzt haben wir beide den gleichen Wissensstand. Er sagt: »Kate, du bist dumm!« Ich gehe nach innen, und ich kann es finden. Warum sollte ich nach außen gehen und versuchen, etwas zu verteidigen, was nicht stimmt? Krieg ist gewalttätig – und ich verliere immer. Das fiel mir auf. Also gehe ich nach innen. Ich sage zu ihm: »O ja, Liebster, ich habe es gefunden! Du hattest recht.« Er liebt es über alles, recht zu haben. Er hat recht; ich bin glücklich.

Gibt es irgend etwas, das nicht auf mich zutrifft? Unsere scheinbaren Feinde sagen uns, was wir nicht wissen, und es stellt sich heraus, daß sie unsere Geliebten sind, die uns geben, was wir wirklich wollen, was wir wirklich brauchen. Das ist das, wofür Väter da sind. Das ist das, wofür Ehefrauen und

-männer da sind. Das habe ich jedenfalls bemerkt. Darin besteht die Reise. Das ist die Wahrheit, die mich befreite. Wogegen auch immer du dich verteidigst, ist das, wonach du wirklich suchst. Die Leute sagen: Du bist dies oder das; und du verteidigst dich und führst Krieg dagegen. Geh statt dessen nach innen und finde den Schatz, der dort auf dich wartet. Niemand hat jemals unrecht. Wenn du Krieg führst, dann hat das mit THE WORK nichts zu tun. Ich bringe den Krieg aufs Papier. Ich bin die Wahrheit, auf die ich gewartet habe. Ich bin du. Wir sind gleich.

Mein Vater sollte mich nicht schlagen.

KATIE: Ist das wahr? Wie sah die Realität aus?

Er tat es.

KATIE: Also ist der Gedanke »Mein Vater sollte mich nicht schlagen« eine Lüge. Woher wissen wir, daß er es tun sollte? Er tat es. Das ist es, was er tut. Wie fühlt es sich an, wenn du diesen Gedanken hast?

Er darf es nicht tun. Auf gewisse Weise nehme ich Rache an ihm.

KATIE: Nicht auf gewisse Weise. Du *hast* Rache genommen. Wie sah das aus? Was war deine Methode?

Ich schloß ihn aus.

KATIE: Wie fühlte sich das an?

Ich wollte mit ihm sprechen, aber ich konnte nicht.

KATIE: Kannst du einen Grund sehen, den Glaubenssatz fallenzulassen?

Ja.

KATIE: Kannst du einen Grund sehen, den Glaubenssatz zu behalten?

Nein.

Katie: Wer wärest du ohne diese Geschichte? Wer wärest du ohne diese Geschichte im Haus deiner Eltern?

Ich wäre frei. Ich könnte mich frei bewegen in diesem Haus, in der ganzen Welt.

KATIE: Ja. Es gibt also zwei Arten, geschlagen zu werden. Die eine bedeutet Schmerz, und die andere bedeutet Schmerz obendrauf. Die eine bedeutet Schmerz einmal, die andere bedeutet Schmerz immer wieder und das ein Leben lang.

Ich kann sehen, wie ich mich selbst immer wieder geschlagen habe. Die Hiebe meines Vaters sind nichts gegen die Tortur, die ich mir selbst zufügte, indem ich diese Geschichte solange mit mir herumtrug.

KATIE: Das ist endloser Schrecken. Er hat dich nur gehauen, du hast dir diesen Alptraum zugefügt. Weil du nicht wußtest, wie man diese Sache untersucht. Die Zeit war noch nicht reif. Wie oft hat er dich geschlagen?

Jeden Tag ein paarmal.

KATIE: Wie oft hast du dich geschlagen, indem du diese Geschichte hattest? Wie viele Jahre? Noch immer?

Ich habe am nächsten Tag mit diesem Mann gesprochen, und er machte auf mich den Eindruck eines Suchers, der endlich Frieden gefunden hat. Er sagte: »Ich habe immer das vage Gefühl gehabt, ich müßte es mit der ganzen Welt aufnehmen, ich müßte den Beifall der Welt finden. Ich stand immer unter Spannung, es war, als suchte ich nach Negativität. Ich hatte alles Positive in die Zukunft verlegt; die Zukunft würde das Wissen bringen, den richtigen Lehrer, das Verständnis.

Jetzt fühle ich Frieden und Ruhe in mir; und eine unglaubliche Liebe für meinen Vater. Und ich kann diese Liebe in diesem Moment auch für alle Menschen um mich herum spüren. Ich war acht Jahre bei einem indischen Guru, aber es scheint, als hätte ich erst jetzt gefunden, was ich suchte.«

Auch mit der Frau aus dem nächsten Transkript hatte ich eine lange Unterhaltung. Erst hierbei erfuhr ich, daß ihre Tochter sich gerade vier Wochen vor ihrer WORK umgebracht hatte. Inzwischen ist mehr als ein halbes Jahr vergangen. Margot (Name geändert) scheint jetzt in sich zu ruhen; ihre Fröhlichkeit hat etwas Verhaltenes, einen meditativen Ernst. Als ich sie frage, ob sie mit mir über den Selbstmord ihrer Tochter und die WORK hierüber sprechen wolle, merke ich, daß ihr das Thema sehr wichtig ist, ich spüre bei ihr so etwas wie eine heilige Scheu, eine Ehrfurcht – aber keine Trauer oder Traurigkeit. Das Gefühl, das sie mir vermittelt, ist so ganz anders, als ich es bisher bei Schicksalsschlägen oder Trauerfällen erlebt habe.

Margot: »Meine Tochter ist mir jetzt manchmal näher, als sie es jemals in ihrem Leben war. Ich weiß jetzt, daß ich meine Tochter sehe, wenn ich bewußt andere Menschen anschaue, und ich weiß gleichzeitig, daß ich das bin.

Mir wurde klar, daß ich genauso süchtig wie meine Tochter bin, sie nahm Drogen, aber ich bin süchtig nach Erleuchtung, und das war das, wonach auch sie letztendlich suchte. Sie war mein Spiegel. Es ist auch meine Geschichte.

Nach der WORK mit Katie war aller Druck weg, sie hat mich befreit – nein, ich habe mich befreit. Sie hat mir ja nur die Fragen gestellt. Und ich konnte sehen, daß ich keine Schuld habe, daß passiert ist, was passieren sollte.

Jedesmal, wenn ich mich in die Geschichte begebe und sie in meinem Kopf hin und her drehe, entferne ich mich von meinem wahren Wesen – das weckt mich dann auf und bringt mich immer wieder zurück zu mir selbst.«

Meine Tochter beging Selbstmord

KATIE: Willst du die Wahrheit wirklich wissen?
Ja. Ich bin traurig darüber, daß meine Tochter tot ist.
KATIE: Ja. Ja. Ja. Laß uns hinschauen. Danke, daß du das hier mit uns teilst.
Ich bin traurig, daß sie von einem Hochhaus gesprungen ist. Sie wollte nicht mehr leben.
KATIE: Ja. Ja. Laß uns beginnen. Es wäre besser, wenn sie lebendig wäre? Kannst du wirklich wissen, daß das wahr ist?
Nein.
KATIE: Kannst du wissen, daß dein Leben besser wäre, wenn sie hier wäre?
Nein. Aber ich möchte sie umarmen.
KATIE: Ich verstehe. Wenn du sie umarmst, erzählst du die Geschichte darüber, daß sie deine Tochter ist. Wer wärst du, wenn du deine Tochter ohne deine Geschichte umarmen würdest?
Nichts.
KATIE: ... das sich selbst umarmt. Empfangend. Ich empfange meine Tochter, wo auch immer ich bin. Immer wenn du mich berührst, empfange ich meine Tochter. Es ist genau die gleiche Berührung. Es gibt keine Trennung, außer in deiner Geschichte. Niemand lebt, niemand stirbt. Das einzige, was lebt, ist die Geschichte. Das einzige, was dich verläßt, ist die Geschichte. Menschen sind eine Metapher für Konzepte. Sie kommen, um zu gehen, und nicht, um zu bleiben. So wie ein Atemzug, der ein- und ausgeht. Ein, aus.
Ich weiß. Aber wenn ich an sie denke, bin ich traurig. Es schmerzt.
KATIE: Wessen Angelegenheit ist ihr Tod?

Ihre Angelegenheit.

KATIE: Und wie fühlt sich das an, wenn du dich mit deinen Gedanken in ihre Angelegenheit und in Gottes Angelegenheit begibst?

Schlecht.

KATIE: Einsamkeit, Kummer. Laß uns das umdrehen.

Ich bin traurig darüber, daß ich tot bin.

KATIE: Ja. Jedesmal, wenn du dich gedanklich in ihre Angelegenheit begibst, stirbst du. Es ist der Tod deiner Bewußtheit. Kannst du einen Vorteil darin sehen, an dieser Geschichte festzuhalten: »Ich bin traurig, daß meine Tochter tot ist«?

Nein.

KATIE: Kannst du einen Vorteil darin sehen, die Geschichte fallenzulassen – und ich bitte dich nicht darum, sie fallenzulassen.

Ich kann es loslassen, aber es kommt immer wieder.

KATIE: Gut. Es *soll* immer wiederkommen, bis es geheilt ist. Die Untersuchung deines eigenen Todes soll damit aufrechterhalten werden.

Ich bin traurig, daß ich vom Hochhaus gesprungen bin.

KATIE: Wie oft bist du im Geist vom Hochhaus gesprungen?

Viele Male.

KATIE: Wie schaust du auf deinen Tod?

Jeder ist ein potentieller Selbstmörder. Jeder schafft sich Geschichten, um seine Bewußtheit zu töten, und Bewußtheit ist das, was ihr seid. Diese selbstmörderischen Konzepte, wenn sie nicht verstanden werden, sind so schmerzhaft, daß wir versuchen, sie »wegzumeditieren«, sie mit Medikamenten zu betäuben, sie wegzubekommen mit Kindern, Kreditkarten, Sex – aber all das funktioniert nicht. Es gibt andere Wege: vom Hochhaus springen, sich eine Kugel in den Kopf jagen oder die ganze Sache untersuchen. Das ist der Sinn des Todes

unserer Töchter: Alles ist eine Hilfe. Alles ist für dich, alles. Wie viele Gebäude gibt es, von denen man springen kann, bis du verstehst?
Wir beginnen jetzt. Solange du nicht siehst, was für ein Geschenk du bekommen hast, ist deine Arbeit nicht getan, jedenfalls in meiner Erfahrung.
Ich will, daß sie lebt, ich will, daß sie sich von mir leiten läßt.
KATIE: Hoffnungslos, wie du weißt.
Ich will, daß ich lebe, ich will, daß ich mich von mir leiten lasse.
KATIE: Du bist diejenige. Deine Tochter brauchte und braucht deine Führung nicht. Sie ist deine Spiegelung, deine Projektion. Heile deinen Verstand, und die Tochter wird folgen. Wenn sie dich besucht, wird es eine Liebesgeschichte werden. Und wenn der Mensch dort zu dir kommt, wird es eine Liebesgeschichte werden.
Meine Tochter sollte mich nicht beschuldigen und mich nicht für ihr Leben verantwortlich machen. Sie sollte mit sich in Frieden leben. Sie sollte keine Schmerzen haben.
KATIE: Hat sie dich beschuldigt?
Ja.
KATIE: »Sie sollte dich nicht beschuldigen«, ist das wahr? Wessen Angelegenheit ist es, wen sie beschuldigt?
Ihre.
KATIE: Wie reagierst du, wenn du glaubst, sie sollte sich so verhalten, wie du es möchtest? Fühle es. Wie behandelst du sie dann?
Hart!
KATIE: Ich liebe es, wenn meine Kinder mich beschuldigen. Ich lausche ihrem Denken, ich höre ihre Geschichte, was hat das mit mir zu tun?
Hast du schon mal jemanden beschuldigt?

Ja. Ich habe sie beschuldigt.

KATIE: Ja. Ich beschuldigte sie dessen, daß sie mich beschuldigen. Wer wärst du ohne die Geschichte, daß sie dich nicht beschuldigen sollte? Schließe deine Augen und schaue sie an ohne deine Geschichte. Schau, wie sie dich beschuldigt und mit dem Finger auf dich zeigt.

Ich habe nichts damit zu tun.

KATIE: Was hat sie gesagt, wenn sie dich beschuldigte?

Ich hätte nicht genug Zeit für sie.

KATIE: Du hattest genau die richtige Menge Zeit für sie. Was ist, ist. Wir fangen jetzt an. »Wenn du ihr viel mehr Zeit gegeben hättest, wäre sie nicht vom Hochhaus gesprungen« – kannst du wirklich wissen, daß das wahr ist?

Nein.

KATIE: Wessen hat sie dich noch beschuldigt?

Ich habe sie zu meiner Mutter gegeben.

KATIE: »Wenn du sie nicht weggegeben hättest, würde sie heute leben« – kannst du das wissen? Wie reagierst du, wenn du an diesem Glauben festhältst?

Mit Schmerzen.

KATIE: Kannst du einen Vorteil darin sehen, ihn aufzugeben?

Ja.

KATIE: Was wirst du tun, wenn du diesen Glaubenssatz nicht mehr benutzen kannst, um dein Leiden aufrechtzuerhalten?

Ich werde glücklich sein.

KATIE: Genau das ist meine Erfahrung.

Meine Tochter sollte keine Drogen nehmen.

KATIE: »Unsere Kinder sollten keine Drogen nehmen«, ist das wahr? Wie ist die Realität? »Sie sollten keine Drogen nehmen und sterben«, ist das wahr?

Das ist es, was sie tun. »Unsere Kinder sollten keine Drogen nehmen.« Tun sie es? Es ist unsere Natur, es ist wie Wolken, wie Regen, wie die Sonne. Es ist das, was ist. Kein Glaubenssatz kann das ändern.

Wie fühlt es sich an, wenn du daran festhältst: »Sie sollte keine Drogen nehmen«? Wie fühlt es sich an, wenn du dich mit der Realität anlegst?

Ich sage nicht, daß es in Ordnung ist, Drogen zu nehmen. Ich sage gar nichts. Ich frage dich einfach, wie fühlt es sich an, wenn du an dem Glauben festhältst? Ist das nicht der Punkt, an dem dieser Kummer anfängt?

Es beginnt mit dieser Lüge, mit dieser ersten Lüge. Wenn du beginnst, diesen Kummer zu fühlen, mache THE WORK. Du mußt es fühlen oder es durch THE WORK auflösen, eine dritte Möglichkeit gibt es nicht. Kannst du einen Vorteil darin sehen, die Geschichte loszulassen?

Dreh es um.

Ich sollte keine Drogen nehmen.

KATIE: Das Festhalten an dem Glauben: »Wenn sie keine Drogen genommen hätte, wäre sie lebendig« ist deine Droge. Du betäubst dich damit. Meine Erfahrung ist: Wenn ich von einem Hochhaus springe, gibt es nichts, was ich tun kann, um zu springen oder nicht zu springen. Was ist, ist.

Du erzählst die Geschichte von meinem Tod, und du erlebst Kummer und Schmerz, oder – du erzählst die Geschichte von meinem Tod, und du erlebst Freude. Wer wärst du ohne deine Geschichte? Eine Liebhaberin dessen, was ist. Das ist natürlich ein Angriff auf unsere Identifikation mit dem Körper.

Der Verstand ist frei, unendlich – bis er sich mit dem Körper identifiziert. Und sobald er das tut, gibt es eine Trennung. Jetzt haben wir ein Ich und ein Du. Und wenn du dann scheinbar stirbst, dann ist dein gesamtes System bedroht.

Wenn Menschen wirklich wissen, daß sie sterben werden, dann leiden sie nicht mehr. Man muß keine Entscheidungen

mehr treffen, daher hört die Verwirrung auf. Dies ist eine Art herauszufinden, daß wir alle lieben, was ist. Das Ende der Verwirrung ist das Ende der Hölle.
Für mich ist offensichtlich, was ich will: Ich will auf diesem Stuhl sitzen. Ich kenne meine Zukunft – hier ist sie: Ich sitze auf diesem Stuhl. Ich weiß, was ich zu tun habe: Ich sitze auf diesem Stuhl. Das ist meine Vergangenheit, meine Zukunft, absolut offensichtlich. Ich habe mein ganzes Leben mit all diesen Plänen und Vorhaben verbracht – um auf diesem Stuhl zu sitzen. Und ich bin du. Dorthin führt das Ganze. Du sitzt, gehst, liegst, du ißt – das ist so ziemlich alles. Und abgesehen von deiner Geschichte ist dies hier das Schlimmste, was passieren kann. Selbst wenn du Schmerzen leidest.
Wir sitzen auf diesem Stuhl, und abgesehen von deiner Geschichte ist alles das gleiche. Glückseligkeit, Glückseligkeit. Und nur eine Geschichte, an die du dich klammerst, kann dich davon abhalten, dessen gewahr zu sein.
Zeig mir ein Problem, das nicht als Illusion gelten kann.

Die Angst vor der Zukunft

Ich mag meine Gedanken nicht, weil sie mir sagen, ich sollte erst einen materiellen Beweis haben, bevor ich darauf vertrauen kann, daß Dinge auch von alleine passieren können.
KATIE: Du hast kein Vertrauen, daß Dinge auch von alleine passieren können, ist das wahr? Führst du Diskussionen mit Blumen, bevor sie blühen?
Nicht mit Blumen …
KATIE: Sie wachsen und blühen ohne dein Vertrauen. Hast du Vertrauen, daß diese wundervollen Bäume dort auch sein

werden, bevor du hinschaust? Oder wenn du in deinen Garten gehst? Vertraust du, daß die Sonne aufgehen wird oder der Mond? Ist es wahr, daß du kein Vertrauen hast?
Nein. Ich habe eine Menge Vertrauen, aber ich habe Angst, daß ich die Raten für mein Haus nicht bezahlen kann.
KATIE: »Du wirst die Raten für dein Haus nicht bezahlen können« – kannst du wirklich wissen, daß das wahr ist?
In diesem Moment weiß ich, daß ich das kann, aber für die Zukunft kann ich es nicht wissen!
KATIE: Und kannst du wirklich wissen, daß das wahr ist: »In der Zukunft kannst du die Raten für dein Haus nicht bezahlen«?
Nein, das kann ich nicht wirklich wissen.
KATIE: Fühle das. Manchen von uns macht es wirklich angst, diese einfache Frage zu beantworten. Wir denken, wir müßten solche angstbesetzten Glaubenssätze haben, um zu handeln. Wir tun so, als ob wir uns fürchten müßten, um konstruktiv zu sein. Aber das entspricht nicht meiner Erfahrung der letzten 13 Jahre, seit ich THE WORK fand.
Wie fühlt es sich an, einen solchen Gedanken zu haben: »Ich werde nicht fähig sein, in der Zukunft meine Raten zu bezahlen«?
Ich fühle mich sehr unsicher.
KATIE: Und wie fühlt sich das an?
Ich erlaube mir selbst diesen Streß. Ja, ich denke, das macht mich aktiv, damit ich in der Zukunft sicher sein kann.
KATIE: Und ich spreche einfach nur über diesen Gedanken: »Ich werde nicht fähig sein, meine Raten zu bezahlen.« Ich höre, daß dir das Streß verursacht? Und ich bitte dich nicht, den Gedanken fallenzulassen. Das geht gar nicht. Etwas loslassen zu wollen ist ein Konzept, das niemals funktioniert hat. Ich lasse einen Gedanken nicht fallen – er läßt mich fallen. Der

Gedanke verläßt mich, wenn ich ihn untersuche. Und wir haben die ganze Zeit versucht, es andersherum zu machen. Deswegen sage ich: Wir sollten nicht Krieg führen mit unserem Denken. Laßt uns den Gedanken verstehen. Die einfache Frage ist: Kannst du einen Grund sehen, um diesen Gedanken fallenzulassen?

Ja, einen Grund kann ich sehen.

KATIE: Weil dieser Gedanke vielen von uns angst machen kann. Wenn ich mein Haus verliere, verliere ich meine Frau. Ich verliere mein Auto und ende auf der Straße. Dieser Gedanke ist die Hölle. Aber wir können ihn verstehen.

Kannst du einen Grund sehen, an diesem Gedanken festzuhalten – einen Grund, der dir keinen Streß verursacht?

Der Gedanke selbst ist Streß.

KATIE: Wer wärst du ohne den Gedanken? Ein Gedanke, von dem du nicht einmal sicher weißt, daß er wahr ist. Wie wäre dein Leben, wenn du nie wieder denken würdest: »Ich werde meine Raten nicht bezahlen können«?

Ein sehr freier Mann.

KATIE: Ja. Und ein Mann, der so frei ist, kann seine Raten nicht bezahlen? Kannst du wirklich wissen, daß das wahr ist? Wahrlich, ich sage dir: Meine Raten werden bezahlt.

Ich gratuliere.

KATIE: Ich brauche keine Furcht, um meine Raten zu bezahlen. Ich habe statt dessen Klarheit. Geistige Gesundheit. Ein gesunder Verstand leidet niemals! Er ist klar, er weiß, wohin man zu gehen hat, wann und wie.

Ein Geldproblem

KATIE: Willst du die Wahrheit wirklich wissen?
Ja.
1. Ich bin wütend auf meinen Onkel Joe, weil er mir faule Börsentips gab, die mich mein ganzes Vermögen gekostet haben.
KATIE: Er gab dir diese Tips. Ich gebe dir diese Tasse hier, du mußt sie nicht nehmen. »Onkel sollten ihren Neffen keine Börsentips geben«, ist das wahr?
Er wollte, daß ich Geld damit verdiene.
KATIE: Was ist die Realität?
Er gab sie mir, ich nahm sie, und es hat mich meinen Arsch gekostet.
KATIE: »Onkel sollten ihren Neffen keine faulen Börsentips geben«, ist das wahr?
Mein Onkel gab mir einen faulen Tip, von dem er nicht mal zugeben will, daß es ein fauler Tip war.
KATIE: O. K. Onkels sollten ihre Irrtümer zugeben. Wie sieht die Realität aus? Wie ist deine Erfahrung?
Er schiebt mir die ganze Verantwortung zu.
KATIE: Also ist deine Erfahrung: »Nein!« Sollten Onkel ihre Irrtümer zugeben?
Alle Menschen sollten ihre Irrtümer zugeben!
KATIE: Auf welchem Planeten tun sie das? Ich frage nach Wahrheit, nicht nach Moral.
Ich bin wirklich bereit, meine Irrtümer zuzugeben.
KATIE: Ich auch. Ich mag mich, wenn ich es tue. Aber ist es wahr, daß die Welt ihre Irrtümer zugeben sollte?
Nein.
KATIE: Woher weiß ich, daß sie es nicht tun sollte? Sie tut es nicht. Das ist so einfach, aber seit Jahrhunderten ist es uns

verborgen geblieben. Und doch ist es die Wahrheit, die mich frei gemacht hat. Kämpfe gegen die Realität, und du verlierst. Ich liebe die Wahrheit, nicht weil ich ein spirituelles Wesen bin, sondern weil ich verliere, wenn ich es nicht tue. Ich verliere den Kontakt mit mir selbst. Ich verliere den Kontakt, der meine Heimat ist.

Was passiert in dir, wenn du an dem Glauben festhältst, er sollte seine Irrtümer zugeben?

Ich fühle mich als Opfer. Ich fühle Schmerz, Traurigkeit, Wut, Angst.

KATIE: Wie lebst du, wenn du an diesem Glauben festhältst? Wie lebst du mit uns? Wenn man dich anruft, wie sprichst du dann, wenn du diesen Glauben hast?

Wenn ich z. B. glaube, mein Mann sollte seine Irrtümer zugeben, und du rufst mich an, dann bin ich nicht mehr hundertprozentig für dich da. Es kann sogar sein, daß ich zu dir über meinen Mann spreche, er hat dies getan, er hat jenes getan, oder ich sage sogar, ich bin sehr wütend, ich kann jetzt nicht mit dir sprechen.

Es ist wahr, die Querelen mit meinem Onkel nehmen einen Teil meiner Aufmerksamkeit in Anspruch.

KATIE: Der Grund ist, daß du dich inmitten eines Glaubens bewegst, der eine Lüge ist. »Er sollte seine Irrtümer zugeben« ist nicht wahr. Noch nicht. Wäre es zu deinem absoluten Besten, wäre es wirklich dein höchstes Gut, wenn er seine Irrtümer zugeben würde und dir dein Geld zurückgäbe? Kannst du das wirklich wissen? Ja oder nein?

Ich weiß nicht.

KATIE: Das entspricht auch meiner Erfahrung.

Das beste wäre, wenn wir uns wie zwei erwachsene Menschen zusammensetzen und darüber sprechen würden. Schließlich habe ich auch Fehler gemacht.

KATIE: »Er sollte sich mit dir zusammensetzen«, ist das wahr? Wie reagierst du, wenn du das glaubst?
Ich fühle mich im Recht, und ich fühle mich wie ein Stück Scheiße.
KATIE: Genau. Das ist es, was du bekommst. Was weh tut, ist nicht die Tatsache, daß er sich nicht mit dir zusammensetzt, sondern dein Glaube, daß er das tun sollte. Fühle das einmal. Wer wärst du, wenn du diese Geschichte fallenlassen würdest?
Ich weiß, daß ich dann keinerlei Erwartungen mehr an ihn hätte. Aber das ist nur mein Denken. Ich weiß nicht, wie ich mich dann fühlen würde.
KATIE: Wir sind so von unseren Überzeugungen hypnotisiert, daß wir nicht mehr wissen, wie es wäre, völlig frei zu leben. Manche von uns lernen es, weil der Schmerz zu groß wird. Ich liebe die Wahrheit, weil es ein wunderbarer Platz ist, an dem man sich aufhalten kann; ich nenne diesen Platz »bedingungslose Liebe«.
Lies mal die Umkehrung deines ersten Satzes.
Ich bin wütend auf mich selbst, weil ich *diese faulen Börsentips* nahm, *die mich mein gesamtes Vermögen gekostet haben. Das ist schwer zu schlucken.*
KATIE: Es gibt etwas, was viel härter zu schlucken ist, und das ist die Art, wie du bisher gelebt hast.

2. *Onkel Joe sollte Kaution für mich stellen und meine Schulden bezahlen.*
KATIE: »Onkel Joe sollte deine Schulden bezahlen«, ist das wahr?
Wenn er eine Ehre im Leib hätte, ja.
KATIE: Wirklich? Du hast *dein* Geld aufgrund der Tatsache verloren, daß du *deinen* Börsentips folgtest. Was hat er damit zu tun?

Nichts.

KATIE: Wie reagierst du, wenn du glaubst, er sollte deine Schulden bezahlen? Was hast du davon, wenn du sogar denkst, es sei zu deinem allerhöchsten Besten, wenn er das täte?

Ich fühle mich im Recht.

KATIE: Wie fühlst du dich in dir selbst, in deinem Innern?

Ich fühle Schrecken und Angst und all die Sachen, die ich nicht haben will.

KATIE: Indem du dich auf diese Dinge konzentrierst, brauchst du deine Schulden nicht zu bezahlen. Er ist verantwortlich, du bist im Recht und du kannst nie gewinnen.

Er soll deine Schulden nicht bezahlen, denn er hat dein Geld nicht angelegt. Du hast das getan. Wenn du dich nur auf ihn konzentrierst, so verhindert das dein eigenes Glück. Es gibt nichts Schöneres, als die eigenen Schulden zu bezahlen.

Für ihn wäre es nicht viel mehr als ein Trinkgeld.

KATIE: Wessen Angelegenheit ist sein Geld?

Seine.

KATIE: Wenn ich mich gedanklich in seine oder deine Angelegenheit begebe, dann bekomme ich Streß, Bluthochdruck, Magengeschwüre, Krebs, all diese Sachen. Und wenn ich die erste Lüge aufrechterhalte, dann bildet sich ein ganzes System von Überzeugungen darum herum.

Ein Beziehungsproblem

KATIE: Willst du die Wahrheit wirklich wissen?

Ja.

1. Ich bin traurig und enttäuscht über Jessica, weil sie immer wieder wütend wird und mich dann auch oft anschreit.

KATIE: Hast du versucht, sie zu ändern?
Ich tue mein Bestes.
KATIE: Und hattest du Erfolg damit? (Lachen.) Gut, daß du das bemerkt hast. Was ist, ist. Der eine beklagt sich, der andere nicht. Sie tut, was sie tut. Eine Blume sieht so aus, eine andere Blume sieht anders aus.
Was fühlst du in deinem Innersten, wie behandelst du sie, wenn du denkst, sie sollte anders sein, als sie ist? Wie behandelst du dich selbst?
Ich behandle mich und sie nicht gut.
KATIE: Und wie fühlst du dich dann?
Nicht gut.
KATIE: Wie würdest du ohne diese Geschichte mit ihr leben?
Glücklicher.
KATIE: Es ist nicht ihr Schimpfen, was dich verletzt.
Aber etwas verletzt mich.
KATIE: Ist es nicht zunächst das Festhalten an deiner Geschichte: »Sie sollte nicht schimpfen!«, was dir weh tut?
Ich verstehe das vom Verstand her schon. Aber wenn es wirklich geschieht, dann fühle ich es im Herzen und im Magen – ich fühle mich wie ein Opfer.
KATIE: Gut. Das wollen wir auch nicht ändern. THE WORK ist nicht dazu da, um das zu ändern.
Schließe mal deine Augen.
Sieh deine Freundin, wie sie sehr wütend ist, und betrachte sie für einen Augenblick ohne deine Geschichte. Sieh ihr Gesicht, ihre Körperhaltung. Was siehst du?
Ich sehe ein verzweifeltes Kind.
KATIE: Genau. Kannst du einen Grund sehen, an dieser Geschichte festzuhalten?
Ich kann mich als Opfer fühlen, wenn ich an dieser Geschichte festhalte.

KATIE: Wie würdest du ohne *das* leben?
Ich würde viel freier leben.
KATIE: Müßtest du dann glücklich sein? Fröhlicher? Kannst du einen Grund sehen, außer deinem Leiden, um an der Geschichte festzuhalten?
Für mich bedeutet die Geschichte auch, recht zu haben.
KATIE: Wie fühlt es sich an, recht zu haben?
Gut.
KATIE: Mach noch mal die Augen zu, und schau dir ihr Gesicht an, wenn du recht hast und sie nicht. Wie sieht sie aus, nachdem du gewonnen hast?
Sie fühlt sich schuldig.
KATIE: Wie ist es für dich, wenn du dich schuldig fühlst?
Ein schlechtes Gefühl.
KATIE: Ist es das, was du ihr wirklich wünschst?
Niemand will wirklich gewinnen. Es braucht immer einen Krieg, um zu gewinnen. Gewinnen wollen hat immer etwas mit Gewalt zu tun, und Krieg und Gewalt sind nicht das, was du wirklich bist. Es gibt nichts Schöneres, als die Geschichte von Sieg und Niederlage loszulassen.
Ich liebe es, meinen Mann gewinnen zu lassen. Das ist wie Weihnachten, den ganzen Tag, das ganze Jahr. Was kann es Schöneres geben? Und es ist so einfach!
Kannst du einen Grund sehen, an dieser Geschichte festzuhalten?
Nur das Gewinnenwollen, über das wir gerade sprechen.
KATIE: Das ist der einzige Grund. Und er bedeutet in Wirklichkeit Verlieren und Trennung.
THE WORK hat einen erstaunlichen Effekt. Ihr untersucht eure Geschichte, indem ihr die Fragen stellt und nach innen lauscht, um die Antworten zu finden. Wenn diese Sache dann erneut in eurem Leben auftaucht, werdet ihr eine andere Er-

fahrung haben. Zu keinem Zeitpunkt werdet ihr gebeten, eure Geschichte zu ändern oder fallenzulassen.

Es ist so ähnlich wie bei einem Kind, das sich die Hand an einer Flamme verbrannt hat – es fühlt den Schmerz. Und wenn es wieder mit dieser Situation konfrontiert ist, muß es nicht denken: »Ich hoffe, ich werde da nicht wieder hinfassen!«, sondern es faßt ganz einfach nicht mehr hin.

THE WORK zeigt euch – den Kindern – ganz einfach, wo die Flamme ist, die euch verbrennt. THE WORK enträtselt das menschliche Leiden, sie zeigt euch, daß nichts und niemand euch jemals weh tun kann, sie zeigt euch, daß ihr euer eigener Himmel oder eure eigene Hölle seid. Es gibt niemanden außerhalb von euch, auf den ihr mit dem Finger zeigen könnt – eure Erlösung, eure Freiheit wartet in euch selbst.

Es ist nicht falsch, mit der Hand eine Flamme zu berühren. Es tut einfach nur weh. Ursache und Wirkung. Das gleiche gilt für jedes Konzept, das ihr habt.

Laß uns den ersten Satz umdrehen.

Ich bin traurig und enttäuscht über mich, weil ich immer wieder wütend werde und schimpfe ... aber das tue ich meistens nicht.

KATIE: Sie tut es tausendmal, du tust es nur einmal, Schmerz ist Schmerz. Und tust du es nicht in deinem Inneren? Wirst du nicht dort wütend und schimpfst?

Ja.

KATIE: Also – sie ist ehrlicher, sie sagt es laut.

Das ist wahr.

KATIE: Du versteckst es, damit du gewinnen kannst. »Schau mich an, ich bin besser als du!« Aber das fühlt sich nicht nach wirklichem Gewinnen an.

Ich will, daß sie Kritik oder Wünsche, insbesondere Änderungswünsche, freundlich, sachlich, ruhig, liebevoll mitteilt.

KATIE: Hoffnungslos?
Manchmal passiert es schon.
KATIE: Aber nur dann, wenn *sie* es so will. Was ist, ist. Die Dinge sind im Gleichgewicht. Wo finden wir die perfekte Anleitung für Gleichgewicht? In dem, was ist.
Wie fühlt es sich an, wenn du an deiner Geschichte festhältst?
Schrecklich.
KATIE: Kannst du einen Grund sehen, daran festzuhalten? Außer Schmerz und Leiden?
Gewohnheit.
KATIE: Kannst du einen Grund sehen, an der Gewohnheit festzuhalten? Außer Schmerz und Leiden?
Es scheint mir einfacher, daß meine Partnerin sich ändert, als daß ich mich ändere. Aber das ist unmöglich.
KATIE: Sie *sollte* sich nicht ändern. Wie ich die Dinge sehe, ist deine Jessica Gott, der dir alles gibt, was du brauchst. Solange du das nicht verstehst, ist die Sache hoffnungslos. Wenn du dich änderst, wird alles andere dir folgen. Wenn du den Schmerz wirklich wahrnimmst, wirst du ganz automatisch frei reagieren. Und dann werden wir dir folgen. Wir werden uns ändern. Das muß so sein, weil wir du sind. Meine Erfahrung ist: »Gott ist alles.« Nur Jessica nicht, wenn sie zornig ist? Nein, Gott ist alles.
Kannst du einen Grund sehen, die Geschichte fallenzulassen?
Ja.

2. *Jessica sollte sich nicht so über Kleinigkeiten ärgern.*
KATIE: Ist das wahr, daß sie sich nicht ärgern sollte? Ihr Leben wäre besser, wenn sie sich nicht ärgern würde. Kannst du das wirklich wissen?
Nein. Ich stelle mir das so vor.
KATIE: Mein Mann liebt es, sich zu ärgern. Es ist das, was er

am besten kann. Er ärgert sich dauernd. Ohne seine Geschichte verliert er seine Welt. Er liebt seine Welt, er hält sie ganz fest. Das tut er pausenlos. Es wäre ein sehr unfreundlicher Akt, zu versuchen, einem Menschen seine Welt wegzunehmen. Ich sehe sein ärgerliches Gesicht, und ich höre seine ärgerlichen Worte, und ich sehe ein wunderbares, unwissendes Kind. Niemand hat jemals falsch gehandelt. Da ist immer nur die Unschuld eines Kindes, das nicht weiß, daß es nicht die Flamme ist, an der man sich verbrannte, sondern daß man es selber tat, indem man die Hand nach ihr ausstreckte.
Mein Mann sollte sich ändern? Nein! Was ist, ist – das ist das höchste Gesetz. Mein Mann lebt den Teil der Vollkommenheit, der uns beide zu dem wunderbaren Einen macht, das wir alle sind.
Wer wärst du ohne deine Geschichte, daß sie ihr Leben anzuhalten hätte, indem sie aufhört, sich zu ärgern? Wie würdest du dich in ihrer Gegenwart fühlen ohne diese Geschichte?
Ich wäre gegenwärtiger, ich würde mich nicht zurückziehen.
KATIE: Wenn mein Mann wütend ist, ist er wie ein Hurrikan – ohne Geschichte ist er Gott für mich. Aber jetzt wollen wir mal sehen, für wen dies alles wirklich ist.
Ich sollte mich nicht so über Kleinigkeiten ärgern. Ich sollte toleranter sein…
KATIE: …besonders Jessica gegenüber…
Ich sollte eher bitten als Vorwürfe machen.
KATIE: Besonders in deinem Denken. Du könntest dich selbst darum bitten, THE WORK zu tun, anstatt ihr innerlich Vorwürfe zu machen. Vergiß einfach, was sowieso hoffnungslos ist und finde deine eigene innere Freiheit. Es gibt nichts, was mehr Spaß macht, als nach innen zu gehen. Da liegt der Gewinn, was auch immer du darunter verstehst.
Was du ursprünglich geschrieben hast…

Jessica sollte sich nicht so über Kleinigkeiten ärgern, sie sollte toleranter sein, sie sollte eher bitten als Vorwürfe machen...
KATIE: ...ist hoffnungslos. Aber wenn du es umdrehst, wird es zu einer Möglichkeit.
Wenn ich von meinem Mann erwarte, er solle sich ändern, dann bin ich wie ein allein gelassenes Kind, das wütend ist und sich fragt, wie das Leben nur so grausam sein kann. Es ist, als begebe ich mich in die Hände eines zornigen Gottes, der ein unglückliches Schicksal für mich bereithält. Ich werde zu einem Agnostiker, der sagt: »Wenn es einen Gott gibt, so mag er mich offensichtlich nicht besonders gern. Ich wüßte jedenfalls, wie er es besser machen könnte. Ich werde ihm jetzt mal zeigen, wie man mit Jessica umgehen muß.« Und wenn dieser Gott nicht auf mich hört, dann werde ich noch selbstgerechter, indem ich sage: »Wenn Gott es nicht selber tut, dann muß ich eben seine Arbeit tun.« Das ist eine gewaltige Bürde, die ich mir da auflade.
Aber wenn ich glaube, ich müßte die göttliche Ordnung selber herstellen, dann werde ich in Wirklichkeit zum Atheisten, dann gibt es gar keinen Gott – außer mir selbst. Das ist eine sehr einsame Erfahrung, die mit großen Schmerzen verbunden ist.
Wenn ich jedoch keine Geschichte mehr habe, dann empfinde ich die Welt immer als perfekt. Dann ist alles in perfekter Ordnung. Und ich erkenne, daß dies schon immer die höchste Gnade Gottes war. Ich war nur zu verwirrt, um es zu erkennen.

THE WORK *und Gott?*

THE WORK besteht aus vier Fragen und einer Umkehrung. Die Antworten, die Sie persönlich finden, haben mit THE WORK nichts mehr zu tun, es sind eben Ihre persönlichen Antworten. Nun taucht spätestens bei der Diskussion der »Angelegenheiten« das Wort »Gott« auf. Byron Katie wiederholt immer wieder, daß wir an dieser Stelle den »Gott unseres Verständnisses« einsetzen sollen.

Als ich meinen eigenen Gottesbegriff untersuchte, fand ich heraus, daß alle Aussagen, die ich über ihn machte, im Grunde Glaubenssätze waren. »Gott ist allmächtig!« Ich vermute das, weiß es aber nicht. Laut dem etymologischen Wörterbuch des Duden hat »glauben« heute die Bedeutung »für wahr halten«, »vermuten« und wurde schon zu germanischen Zeiten für »das freundschaftliche Vertrauen in die Gottheit« gebraucht.

Wenn ich etwas »vermute« oder »für wahr halten« muß, so heißt das, daß ich es nicht wissen kann, ja, daß ich geradezu immer wieder darauf gestoßen werde, daß vielleicht auch unwahr sein könnte, was ich da glaube.

Ich muß also jeden Glauben mühsam durch ständige Wiederholung aufrechterhalten, weil der gegenteilige Glaube stets darunter oder dahinter lauert. (Ich spreche hier nicht von einem tiefen religiösen Glauben, den mancher vielleicht für sich selbst mit »innerem Wissen« gleichsetzt.) Insofern spiegelt mein Glaubenssystem lediglich mein duales Denken.

Byron Katie benutzt zwar häufig das Wort »Gott«, aber wenn ich sie recht verstehe, sollte der nichtgläubige Leser bzw. Zuhörer ein eigenes Wort hierfür einsetzen, wie z. B. »Allmacht«, »Natur«, »göttliche Kraft« o. ä. Für mich persönlich ist Gott »Alles, was existiert«, er ist nondual, er ist greifbar, er ist wahr, denn ich sehe ihn. Ich muß nicht an diesen Gott glauben, denn ich bestehe aus ihm, ich bin von ihm umgeben, er ist evident aus sich selbst heraus. Es gibt kein Gegenteil von diesem Gott, keinen Antagonisten.

Für mich ist das sehr attraktiv, da es keinerlei Anstrengung erfordert; keine Beweise sind nötig, da ich das ganze Problem im Grunde durch eine Definition erledigt habe. Ich brauche eigentlich gar keinen Begriff von Gott, da er ja ALLES ist. Es stellt sich heraus, daß jeder innere Kampf aufhört, wenn ich einen Gott akzeptiere, der ALLES ist. Für mich ist es nicht zufällig so, daß nur Religionen, die an einen von der Schöpfung getrennten Gott glauben, diesen auch mit Waffengewalt verteidigen mußten.

Wenn ich einen Gott annehme, der einen Gegenspieler hat, den Teufel oder wen auch immer, dann bin ich stets in dem Konflikt, nicht zu wissen, ob das, was mir gerade begegnet oder geschieht, nicht dem Gegenspieler zuzuordnen ist. Ich hadere dann mit Gott, er erscheint mir genauso ohnmächtig, wie ich selbst es bin, andernfalls würde er ja das, was da gerade geschieht, nicht zulassen. Ich habe Gott im Grunde auf meine eigene Stufe herabgezogen – kein Wunder, daß er von kindlichen Gemütern einfach nur als alter Mann dargestellt und empfunden wurde, ein Wesen, das zwar aufgrund seiner langen Erfahrung und der Möglichkeit, die ganze Welt zu überblicken, etwas weiser ist als ich, aber auch nicht viel mehr.

Erlaube ich nur eine einzige Sache auf der Welt, von der ich annehme, daß sie nicht göttlich, nicht von Gott gewollt, nicht Teil Gottes ist, dann ist dieser Gott entmachtet. Ich bin dann allein gelassen, den dunklen Mächten preisgegeben. Ich habe zwar einen verbündeten Gott, aber ich weiß nie, ob dieser Gott die Macht oder den Willen besitzt, mich den teuflischen

Mächten zu entreißen. Und wird er sich morgen noch an unser Bündnis halten? Habe ich etwas getan, das ihm mißfällt?

Wenn ich hingegen einen Gott annehme, der ALLES ist, dann fühle ich mich augenblicklich geborgen. Ich brauche nichts mehr zu tun, um »in den Himmel zu kommen«. Ich bin bereits dort, ich bin zu Hause. Dieses Universum ist meine Heimat, niemand kann mich daraus vertreiben. Ich bin unsterblich. Das Paradies ist hier und jetzt.

Meister Eckhart sagt: »Manche einfältigen Leute wähnen, sie sollten Gott sehen, als stünde er dort und sie hier. Dem ist nicht so. Gott und ich, wir sind *eins.*« Und: »Schmeckte dir nun der Wille Gottes, so fühltest du dich recht wie im Himmelreich; was immer dir widerführe oder nicht widerführe.«*

Die Mystiker aller Zeiten haben seit jeher verkündet, daß das Himmelreich Gottes bereits da sei – sie sagen, daß nur mein Denken, mein Ego mich hindert, das wahrzunehmen. Die biblische Geschichte von der Vertreibung aus dem Paradies könnte so zu deuten sein, daß der Mensch lediglich durch die Schaffung des (dualen) Denkens (»der Baum der Erkenntnis«) aus dem Paradies vertrieben wurde. Schaffe ich das duale Denken ab, bin ich auch wieder im Paradies. Dort, wo alle Lebewesen sich aufhalten.

Meine Religiosität besteht dann nicht mehr darin, daß ich meine Religion studiere und mit ihr argumentiere und versuche, ihr gemäß zu denken und zu handeln, sondern darin, daß ich die Erfahrung des Göttlichen suche. Erst dies ist das Ende des Leidens. Was für einen tieferen Sinn hätte wirkliche Religion außer diesem?

---

* »Deutsche Predigten und Traktate«, München 1963, Predigt Nr. 7 und Nr. 46

In der folgenden WORK geht es um den Gott, den die junge Frau sich vorstellt, aber auch um Kreativität und Berufung.

Ich bin wütend auf Gott

KATIE: Willst du die Wahrheit wirklich wissen?
Ja. Ich bin wütend auf Gott, weil er nicht auf meine Gebete antwortet und mir nicht erlaubt, meine neue Aufgabe zu erfüllen und erfolgreich zu sein.
KATIE: »Gott sollte deine Gebete beantworten« – kannst du wissen, daß das wahr ist? Kannst du wissen, daß es besser für dich wäre, wenn er das täte?
Ich bin sehr verwirrt über diese Sache.
KATIE: Ja oder nein? Hat er deine Gebete beantwortet?
Manchmal.
KATIE: O. K. Hat er in dieser speziellen Sache geantwortet?
Nein.
KATIE: Woher wissen wir, daß er dieses Gebet nicht beantworten sollte? Er hat es nicht getan. Was bekommst du, wenn du an dem Glauben festhältst, er sollte dein Gebet beantworten? Wir haben deine Tränen gesehen, Traurigkeit, Hoffnungslosigkeit, vielleicht ein wenig Frustration …
Eine Menge Frustration.
KATIE: Wie fühlt sich das an?
Es fühlt sich an, als würde ich sterben.
KATIE: Ja. Du stirbst. Wenn du mit Gott streitest, verlierst du. Es ist ein Kampf auf Leben und Tod.
Kannst du einen Grund sehen, diese Geschichte fallenzulassen: Daß er antworten sollte, daß du mehr weißt als er?

Ich bin wohl an einem Punkt, an dem ich nicht mehr anders kann.
KATIE: Kannst du einen Grund sehen, an der Geschichte festzuhalten, daß du Gott irgendwelche Vorwürfe machen kannst?
Nein.
KATIE: Wie verhalten wir uns, wenn wir glauben, daß Gott unsere Gebete beantworten sollte? Wir versuchen »gut« zu sein, aber das funktioniert nicht. Also hören wir auf damit. Dann versuchen wir es mit Demut. Wir geben Geld. Wir dienen.
Wer wärst du ohne diese Geschichte, daß Gott deine Gebete beantworten sollte?
Vielleicht eine fähige Person?
KATIE: Selbstverantwortlich.
Ja.
KATIE: Laß es uns umdrehen. Laß uns sehen, ob sich das dann wahrer anhört.
Ich bin wütend auf mich, weil ich nicht auf meine Gebete antworte und mir nicht erlaube, meine neue Aufgabe zu erfüllen und erfolgreich zu sein.
KATIE: Ist das nicht ebenso wahr oder wahrer?
O ja, sehr viel wahrer.
KATIE: O. K. Also – lassen wir doch Gott aus dem Spiel. Jetzt haben wir eine Chance. Dein nächster Satz.
Gott sollte mich führen, so daß ich meine Arbeit so tun kann, wie er sie getan haben möchte.
KATIE: Hoffnungslos. Dreh es um.
Ich sollte mich führen, so daß ich meine Arbeit so tun kann, wie ich sie getan haben möchte.
KATIE: Das wird funktionieren. Ich weiß, was Gottes Wille ist: nämlich hier mit dir zu sitzen.
Ich bin verwirrt, weil ich bisher das getan habe, von dem ich

dachte, daß ich es tun sollte. Ich habe Gott außen vor gelassen, aber es hat nicht funktioniert.
KATIE: Hör auf, darüber nachzudenken, was du denken sollst, was du deiner Meinung nach tun solltest.
Ich bin mir vollkommen darüber im klaren, was ich tun sollte: hier mit dir sitzen. Bis ich gehe. Und ich weiß, was ich dann will: Ich will gehen. Und wenn es Zeit zum Essen ist, dann weiß ich auch wieder, was ich tun will: Ich will essen, also esse ich.
Es gibt nichts, das dich davon abhalten kann, zu wissen, was du zu tun hast: Du tust es. Aber wenn du denkst, du solltest etwas anderes tun als das, was du tust, dann kommt der Schmerz. Du kannst nichts tun, um die Welt zu retten oder nicht zu retten. Du kannst nur die Geschichte erzählen, die du darum herum gesponnen hast.
Laß uns das weiter betrachten. Was für eine neue Aufgabe ist das, die du zu erfüllen hast?
Ich möchte eine Gesellschaft gründen, die Filme produziert, Bücher und Musik herausbringt, Produkte, die andere Menschen inspirieren und fröhlich machen.
KATIE: Die Menschen brauchen Inspiration und Fröhlichkeit: Kannst du wissen, daß das wahr ist? Denkst du, wir haben Mangelerscheinungen, wir brauchen deine Inspiration? Wir brauchen dich – kannst du wissen, daß das wirklich wahr ist?
Nein.
KATIE: Das ist auch meine Erfahrung. Wenn ich denken würde, du brauchtest mich, dann würde ich THE WORK machen. Ich würde auf deinem Stuhl sitzen.
Was hast du davon, daß du denkst, wir brauchten dich, um uns zu inspirieren?
Ich weiß nicht. Ich weiß nur eines: Da ist etwas, das raus will.
KATIE: Ja, mein Engel. Mein Gedanke ist, daß du diese Ge-

sellschaft gründen und dich selbst inspirieren kannst. Wenn du nur eine CD oder nur ein Buch rausbringst, dann ist es das wert. Und wenn es dich inspiriert, dann folgen wir dir vielleicht. Dann kann es wachsen. Aber wenn du denkst wir bräuchten deine Inspiration, dann bist du auf einem sehr schmerzhaften Weg. Dann ist es, als hättest du plötzlich die ganze Welt auf deinen Schultern.
Ich brauche nicht deine, sondern meine Inspiration.
Das leuchtet mir ein. Die Sachen, die ich in der Vergangenheit gemacht habe, waren sehr erfolgreich, weil sie mir solche Freude bereitet haben.
KATIE: Siehst du? Du kannst es nur für dich tun. Viele große Stars, die tolle Sachen gemacht haben, sagen ganz ehrlich, daß sie es nur für sich taten. Sie sagen nicht, ich tue das nur für euch, sie sagen: »Ich liebe ganz einfach, was ich tue.« Folge deinem Herzen, es ist dein Weg. Folge deiner eigenen Glückseligkeit. Auf diese Weise erhältst du deine eigene Integrität. Dein nächster Satz?
Gott sollte mir erlauben, meine wundervollen kreativen Talente zu benutzen, um andere durch Phantasie und Lachen zu inspirieren und zu unterhalten.
KATIE: Laß es uns umdrehen.
Ich sollte mir erlauben, meine wundervollen kreativen Talente zu benutzen, um mich durch Phantasie und Lachen zu inspirieren und zu unterhalten.
KATIE: Du hast verstanden. Ist das nicht wunderbar?

– 3 –

Das höchste Gebot: Realität

Realität ist das höchste Gesetz: Was ist, ist

So drückt Byron Katie es aus. In ihrem »Kleinen Büchlein« schreibt sie:

Ich habe einfach aufgehört, mich mit der Realität anzulegen. Woher weiß ich, daß der Wind wehen sollte? Er weht. Woher weiß ich, daß dies das höchste Gebot ist? Es ist das, was geschieht. Wenn ich mich mit »dem, was ist« streite, dann ist das, als versuchte ich einer Katze das Bellen beizubringen. Das ist hoffnungslos. Sage ich einem Baum, wie er wachsen soll? Ich bin nicht mehr verwirrt. Ich weiß, daß die Realität gut ist, wie sie ist, denn wenn ich mich mit ihr anlege, erlebe ich Anspannung und Frustration. Das fühlt sich nicht natürlich und ausgeglichen an.

Im Zen-Gedicht *Hsin-hsin-ming* (jap. *Shinjinmei*) heißt es: »Wenn sich kein Geist erhebt, sind die zehntausend Erscheinungen ohne Fehler.«

Wir können die Perfektion der Schöpfung sehr wohl in der Natur, im Tierreich, im uns umgebenden Raum, in den Naturgesetzen erkennen, neigen aber dazu, diese in unserem persönlichen Erleben zu leugnen. Wir sehen die Logik und Schönheit der Naturgesetze, die Perfektion des Ineinandergreifens von

Ursache und Wirkung, von Chaos und Ordnung, von Jahreszeiten, Zyklen, sogar von Naturkatastrophen. Wir denken aber, daß einige dieser Gesetze für uns Menschen nicht mehr gelten sollen.

Dies ist insbesondere insofern erstaunlich, als die Kleinheit und Bedeutungslosigkeit des Menschen angesichts der Größe des uns umgebenden Raumes und der Unendlichkeit der unsere kurze Geschichte quasi umgebenden Zeiträume offensichtlich ist.

Ein schwerer Autounfall zerstört das Leben dreier junger Menschen. Er ist die logische und unabwendbare Folge des Ineinandergreifens von Ursachen und Wirkungen. Er erfüllt das Schicksal dreier Menschen endgültig. Er ist auf seine Weise ebenso schön und göttlich wie der Ausbruch eines Vulkans oder einer Supernova.

Das alles bedeutet nicht, daß Sie *dafür* sein müßten, daß Unfälle stattfinden, es bedeutet nicht, daß Sie nicht alles tun sollten, um Unfälle abzuwenden oder unmöglich zu machen. Und es bedeutet selbstverständlich auch nicht, daß Sie nicht eingreifen sollten, wenn Sie einen Unfall, ein Verbrechen, eine Ungerechtigkeit bemerken. Im Gegenteil! Wenn Sie mit sich und der Welt im reinen sind, können Sie spontan, effektiv, intuitiv helfen, wo es nötig ist! Ohne nachzudenken, ohne zu zweifeln.

Menschen, die die Köpfe schütteln über die »Ungerechtigkeit des Schicksals«, die sich voller Schaudern an schreckliche Ereignisse erinnern und den Schmerz hierüber wieder und wieder in sich hervorrufen, bis es sie innerlich zerfrißt, sind die gleichen, die als Gaffer die Rettungseinsätze der professionellen Helfer behindern. Der Weise hilft, wo er helfen kann, ohne zu zaudern – ansonsten kümmert er sich um seine eigenen Angelegenheiten.

Wenn Sie Schmerz über einen Unfall, ein Verbrechen, eine Ungerechtigkeit spüren, dann wissen Sie, etwas in Ihnen liegt mit dem Leben im Streit. Wenn Sie den Schmerz weiter fühlen wollen – gut. Wenn Sie ihn nicht weiter fühlen wollen – das heißt, daß Sie sich bewußt mit der Natur eins fühlen wollen –, tun Sie The Work. So lange, bis Sie eins sind. Vielleicht haben Sie dann auch Kraft und Motivation, etwas gegen den Mißstand, der Ihnen zu schaffen machte, zu tun. Sie sind kein Opfer mehr, sondern haben Freiheit gewonnen.

Vor einigen Tagen stellte ich mir vor dem Einschlafen vor, es gäbe einen persönlichen Gott und ich sei das selbst. Ich sah und hörte die Millionen von Menschen, die ihre Lottoscheine ausgefüllt hatten und sich nun wünschten und beteten, sie möchten doch diejenigen sein, deren Zahlen am nächsten Samstag gezogen werden würden.

Wie sollte ich ihnen allen helfen? Am liebsten würde ich sie alle gewinnen lassen, so wie ich das ja schon getan hatte, als sie gezeugt wurden. Sie hatten damals alle als einzige das Rennen gemacht, als sie unter Millionen von konkurrierenden Spermien diejenigen waren, die in die jeweilige Eizelle eindringen durften.

Hätte ich allen die gleichen Zahlen eingeben sollen? Das würde nichts helfen, denn dann würde keiner gewinnen. Wen also sollte ich wählen? Welche Zahlen auch immer ich als die sechs Richtigen nahm, es gab eine Gruppe von guten Leuten, die gewinnen würden. Welche Gruppe sollte ich wählen? Und ich sah, daß der Zufall genau das Gesetz war, das die Gewinne am gerechtesten verteilte.

Dann stellte ich mir die Mörder vor, die Kriege, Hunger und Not, Krankheiten und Schmerzen. Und ich fragte mich, wie ich die Opfer schützen könnte. Sollte ich dem Mörder das

Messer aus der Hand fallen lassen? Dazu hätte ich die Naturgesetze, das Gesetz von Ursache und Wirkung zeitweise außer Kraft setzen müssen, und ich hätte dem Menschen vor allem seine Freiheit, im Rahmen dieser Gesetze zu handeln, nehmen müssen.

Das war dann nicht mehr die Welt, die ich geschaffen hatte. Das war eine Welt, in der es einen Gott gab, der willkürlich eingriff und damit wieder nahm, was er gegeben hatte. Es war die Welt eines Kindes, das einige Zeit mit Bauklötzen spielt, aber nicht die Welt eines erwachsenen Gottes. Und ich sah, daß die Freiheit des Menschen das war, das ihm die höchste Lust schenken konnte, aber auch das tiefste Leid. Die Möglichkeit, das eine zu haben, war nicht ohne das andere möglich.

Oder sollte ich dem Menschen die Gene nehmen, die seine Aggressionen steuerten, die ihn überleben ließen, die ihm den Fortpflanzungstrieb, ja die Liebe schenkten, die ihm aber auch erlaubten, zu quälen, zu vergewaltigen, zu töten, grausam zu sein? Was wäre die Folge? Ich würde ihm seine Entwicklungsgeschichte nehmen. Er wäre ein künstlicher Roboter, kein Wesen mehr, das sich aus sich selbst entwickelt hatte.

Und was würden dann die Folgen sein? Genau die Kraft, die die besten und stärksten Spermien zur Eizelle steuerte, die das Kind sich zu einem Menschen entwickeln ließ, der sich behauptete, der sich selbst ernähren konnte, der Selbstbewußtsein hatte, müßte ich ihm nehmen. Die Freude, den besten und schönsten Partner zu finden und ihn zu lieben, kam aus dem gleichen Erbe, wie die Möglichkeit, zu zerstören. Wer Leben schaffen konnte, mußte auch zerstören können. Liebe und Haß waren Seiten der gleichen Münze.

Natürlich schien es grausam, wenn ich die Welt mit den Augen des Opfers betrachtete, aber da war auch das Verstehen tief innen, daß wir alle eine Einheit sind und daß jeder Teil des Ganzen seine Aufgabe zu erfüllen, seine persönliche Geschichte hatte. Und litt der Mörder nicht auch? War es nicht ein schreckliches Gefühl, zu töten, Mörder zu sein, geächtet zu sein von der übrigen Menschheit?

Ich wußte, wenn ich zu wählen hätte, ob ich als Opfer oder Mörder geboren werden wollte – ich würde das Opfer wählen. Der Mörder nahm die Schuld auf sich, er diente als Projektionsfläche, er war der Lehrer, der den anderen zeigte, was sie zu tun hatten: »Ich sollte nicht morden.«

Und ich sah, daß diese Welt genauso sein mußte, wie sie war. Die kleinste Änderung würde den Zusammenbruch alles Bestehenden und der Geschichte von Anbeginn bedeuten. Der Mensch wiederholte in seiner persönlichen Geschichte die Entwicklungsgeschichte der Rasse – die einzige Alternative hierzu wäre ein künstlicher Roboter, willkürlich geschaffen von einem kindlichen Gott, der ein Spielzeug brauchte. Dieser Gott wollte ich nicht sein, denn in dieser künstlichen Welt gab es keine Gefühle, keine Freiheit, kein Bewußtsein und keine Liebe.

Wenn ich Gott wäre, würde ich genau der Gott sein, der genau diese Welt geschaffen hatte, in der ich lebte. Ich sah jetzt das wunderbare feine Zusammenspiel all dessen, was existierte. Ich war Teil davon, und ich wußte, was ich zu tun hatte.

Als ich anfing, dieses Buch zu schreiben, hatte ich die Idee, daß viele Menschen meiner Umgebung sich zu ihrem Vorteil würden ändern können, sobald sie nur die hier beschriebene Methode lernten. (Ich hatte sicherlich hierbei auch den Hintergedanken, daß ich es dann leichter mit ihnen hätte.) Während dieser Phase dachte ich oft: Wenn die ganze Welt THE

WORK anwenden würde, dann wäre das Leben auf unserem Planeten leichter.

Ich sah die in letzter Zeit so beliebten Fernsehsendungen, in denen Menschen, die unterschiedlicher Meinung sind, geradezu aufeinandergehetzt werden, und ich dachte: Sie müßten alle THE WORK machen! Zur Erinnerung: Byron Katie sagt: »Solange du denkst, andere sollten THE WORK machen, bist du derjenige, der sie machen sollte!« Das hat sich für mich als wahr herausgestellt. Diese Menschen sind, wie sie sind, und offensichtlich haben sie großen Spaß daran, ihre Spiele zu spielen – ganz zu schweigen vom Publikum, das diese Sendungen offensichtlich sehr liebt.

Ich gebe zu, daß ich mich nicht immer in einem geistigen Zustand befinde, in dem ich wirklich alles, was ist, hundertprozentig akzeptieren kann. Aber ein solcher Zustand erscheint mir zunehmend attraktiver. Es ist der Zustand des Nichtschmerzes, das spüre ich. Ich beginne also, mein Nichtakzeptieren zu akzeptieren. Jede WORK bringt mich dem näher.

Eine schwere Krankheit

Ich mag meinen Körper nicht, weil er mir große Schmerzen bereitet. Ich habe multiple Sklerose.

KATIE: Sehr aufregend! Also, meine Süße, du solltest keine multiple Sklerose haben! Ist das wahr?

Ja.

KATIE: Ah! Hast du es?

Der Arzt sagt, ich hätte es.

KATIE: Nimmst du Medikamente dafür?

Nein. Mein Problem ist, ich kann immer noch kaum laufen, und ich habe immer noch Beschwerden.

KATIE: Dein Weg wäre also viel besser ohne MS, kannst du das sicher behaupten?

Nein.

KATIE: Wie fühlt sich das an, wenn du denkst: Ich will das nicht!

Ich fühle Angst, sehr viel Angst.

KATIE: Wer wärst du ohne deine Geschichte, daß Menschen nicht leiden sollten? Ich bitte dich nicht darum, deine wundervolle Geschichte aufzugeben; ich frage nur: Wer wärst du ohne das »Ich sollte nicht körperlich leiden«?

Wenn ich physisch leide *mit* der Geschichte »Ich sollte nicht leiden«, dann fühlt es sich so an. (Sie ballt die Fäuste.) Ohne die Geschichte leide ich einfach nur, und zwar so! (Sie öffnet die erhobenen Hände, als ob sie etwas empfangen würde.) Ich werde auf diesem Planeten leiden – das ist das, was wir hier tun! Ich kann also so leiden – oder so. Auf die eine Art zieht sich der Körper zusammen, er schaltet ab. Das Blut fließt nicht. Auf die andere Art gibt es ein Fließen, eine Flexibilität, die etwas zuläßt. Das hat nichts mit richtig oder falsch zu tun, es ist nur eine simple Untersuchung.

Ich mag mein Denken nicht, weil es mir Schmerzen bereitet.

KATIE: Ist das nicht ebenso wahr oder noch wahrer? Du bist jemand, dem man trauen kann. Du bist eine Expertin des Schmerzes, und ich respektiere dein Urteil und deine Wahrheit und deinen Weg. Es ist ein Geschenk, in deiner Gegenwart zu sein.

Ich bin traurig über meine Beine, weil ich nur kurze Strecken laufen kann.

KATIE: Du solltest längere Strecken laufen können, ist das wahr? Wie sieht die Realität aus?

Ich bekomme fürchterliche Schmerzen, ein Ziehen in den Beinen.
KATIE: Und du kannst keine längeren Strecken laufen.
Aber ich will.
KATIE: Ich verstehe das. Und wie fühlt sich das an – eine Lüge zu wollen? Du möchtest längere Strecken laufen, um was zu tun?
Ich will mich nicht dauernd hinsetzen.
KATIE: Ich verstehe das. Und wenn du läufst, was bekommst du?
Ich kann leben wie andere Leute auch. Ich bin nicht von den anderen getrennt.
KATIE: Du solltest leben wie andere Leute, ist das wahr? Wie sieht die Realität aus? Wir laufen längere Strecken und du nicht. Was ist, ist. Mit der Realität zu hadern bedeutet Leiden. Wie fühlt es sich an in dir, wenn du die Geschichte erzählst: »Ich will längere Strecken laufen wie andere Menschen«?
Wie Stein.
KATIE: Und wie lebst du dann?
Nicht gut.
KATIE: Engel, wer wärest du ohne die Geschichte, daß du gesund sein und laufen können solltest?
Ein glücklicher freier Mensch.
KATIE: Und genau das ist es, was man Gesundheit nennt. Eine Gesundheit, die wertvoller ist als die Gesundheit eines Läufers, der die Olympischen Spiele gewinnt. Ein glücklicher freier Mensch, das ist das, was jeder sucht. Leute, die nicht laufen können, werden nicht innerlich frei – ist das wahr?
Nein.
KATIE: Wir sind nicht frei, wenn wir gesund oder geschieden sind, wir werden frei, wenn wir innerlich frei sind – jetzt.
Ich will, daß meine Fähigkeit zu laufen, sich stetig verbessert.

KATIE: Es sollte sich bessern. Kannst du wissen, daß das wahr ist?

Nein.

KATIE: Wie lebst du, wenn du an dem Glauben festhältst: »Es sollte sich bessern!«? Wie lebst du dann mit dir selbst?

Während des letzten Jahres hat es mir sehr geholfen, daß ich das gedacht habe.

KATIE: Und wie fühlt es sich an, wenn du denkst, es sollte sich bessern, und dann wachst du auf und bist sehr müde?

Ich merke, wie ich es zu verdrängen suche.

KATIE: Wer wärst du ohne deine Geschichte?

Ich wäre vielleicht glücklicher.

KATIE: Ist es nicht so, daß du dir Gesundheit genau dafür wünschst?

Ja.

KATIE: Du sagst: »Ich will jetzt glücklich sein, aber ich warte damit, bis ich besser laufen kann.« Ich hingegen sage: »Vergiß das Laufen und sei jetzt glücklich.«

Mein Körper, meine Schultern, meine Arme sollten sich entspannt, schmerzfrei und leicht anfühlen, ohne jede Last.

KATIE: Ist das wahr?

Nein.

KATIE: Ah, du bist so gut! Woher wissen wir, daß es nicht wahr ist? Es ist nicht die Realität. Ich sehe, daß du eine Liebhaberin der Wahrheit bist. Wie fühlt es sich an, wenn du dagegen kämpfst? Werden sie nicht noch verspannter?

Manchmal hilft es mir, wenn ich Übungen mache.

KATIE: Ich verstehe das. Ich denke, das ist wundervoll. Und wie fühlt es sich an, wenn du an dem Glauben festhältst, daß deine Arme entspannter sein sollten?

Sie erinnern mich immer daran, daß sich irgend etwas in mir lösen muß.

KATIE: Ich liebe es, wie du die Frage nicht beantwortest.
Ich möchte es nicht fühlen.
KATIE: Ich verstehe das. Und hier kommt das Gefühl wieder. Die Menschen denken, daß eine Sache schlimmer wird, wenn man sich von einem damit verbundenen Glaubenssatz löst. Und ich sage dazu: Kannst du wirklich wissen, daß das wahr ist? Du denkst, du mußt alles unter Kontrolle behalten, andernfalls wird es nicht besser werden. Daraus folgert: Du glaubst, du wärst diejenige, die dafür verantwortlich ist, daß du die Krankheit überhaupt bekommen hast.
Meine Erfahrung ist hingegen: Ich bin nicht der Veranstalter dieser Show. Ich habe diese Blume hier nicht gemacht. Ich habe meinen Schmerz nicht gemacht. Was ist, ist, und ich kann lernen, dieser Tatsache mit einem gewissen Verständnis zu begegnen.
Mein Schmerz ist genauso schön wie diese Blume, er ist ein Geschenk. Wenn ich an den Glaubenssätzen festhalte, über die wir hier sprechen, so halten diese mich davon ab, das zu erkennen. Und ich sage niemals: »Gebt eure Glaubenssätze auf«, ich frage immer nur: »Wie fühlt ihr euch mit ihnen, und wie würdet ihr euch ohne sie fühlen?«
Für diejenigen, die Liebhaber der Wahrheit sind: Der Rest wird für sie erledigt. Die Wahrnehmung dessen bedeutet Heilung.
Wer wärst du ohne die Geschichte: »Mein Körper sollte sich entspannt, schmerzfrei und leicht anfühlen!«, wie wäre es, wenn du diesen Gedanken nie wieder hättest?
Ein freier und glücklicher Mensch.
KATIE: Eine freie und glückliche Frau, die außerdem noch wundervolle Übungen macht, die so weit läuft, wie sie kann – in Frieden. Fließend.
Laß uns deinen Satz umdrehen.

Mein Denken sollte sich entspannt, schmerzfrei und leicht anfühlen, ohne jede Last.
KATIE: Ist das nicht ebenso wahr oder noch wahrer? Mein Körper weiß nicht, sorgt sich nicht, fühlt nicht.
Ich habe folgende Erfahrung gemacht: Wenn ich mich auf etwas außerhalb von mir konzentriere – und der Körper ist solch eine äußere Quelle –, dann hindert mich das ganz einfach an der Erkenntnis dessen, was ich wirklich bin: unbegrenzt, unendlich, formlos, frei. Aber ich identifiziere mich mit einem Körper, um mich von dieser Erkenntnis abzuhalten. Könnt ihr irgendeinen Grund sehen, an diesen Glaubenssätzen über den Körper festzuhalten?
Wenn du keine Glaubenssätze über den Körper hast, gibt es keinen Körper. Und ich bitte euch nicht, diese Identifikation aufzugeben! Ich möchte euch nur darauf aufmerksam machen, daß eure Konzentration auf euren Körper euch auch auf diesen begrenzt. Natürlich nur so lange, wie ihr lebt. Und wenn ihr eure Glaubenssätze über euren Körper umdreht und »mein Denken« an dieselbe Stelle setzt, dann wird alles möglich. Grenzenlos.
Du könntest eine Menge Spaß haben. »Mein Körper sollte fließen« wird zu »Mein Denken sollte fließen – und nicht anhaften an diesem kleinen Etwas, dem Körper. Körper werden niemals völlig gesund! Du hast den perfekten Körper – und dann sagt der Arzt, du hast Krebs. Leute, die perfekt essen und Übungen machen und die sich nur um ihre Gesundheit kümmern, werden plötzlich von einem Lastwagen überfahren. Hoffnungslos. Gesundheit ist innen – das ist der einzige Ort, wo ich sie finden kann.
Aber wir sollten doch eins sein mit unserem Körper.
KATIE: Drehe es um: Wir sollten eins sein mit unserem Denken. Du kannst nicht eins sein mit deinem Körper, er wird sterben.

Ich bin eine Frau ohne Zukunft. Ich habe den vollkommenen Körper, absolut vollkommen. Ob er nun krank ist oder gesund. Es ist vollkommen, hier mit dir zusammenzusein. Ich bin stark genug, das zu tun. Ich habe das vollkommene Alter, die vollkommene Gesundheit, das vollkommene Geschlecht, ich erscheine in diesem Moment als das hier, was ist. Woher weiß ich, daß es vollkommen ist? Hier ist es! So einfach! Dies ist die Zukunft. Alles, wofür du bisher gelebt hast, mündet in die Tatsache, daß du nun auf diesem Stuhl sitzt, das ist alles. Nach meiner Erfahrung gibt es nichts, was dich davon abhalten könnte, jetzt hier zu sein. Aber wir haben den Glaubenssatz, daß wir damit etwas zu tun hätten. Wir trafen die Entscheidung zu kommen, und hier sind wir.

Es gibt nichts, was wir tun können, um gesund zu sein oder nicht gesund zu sein. Ich arbeite an meinem Denken, und ich erfahre Freude. Fokussiere dich auf deinen Körper, und du erfährst die Hölle. Er ist zu jung, zu alt, zu häßlich, zu schön, zu groß, zu klein. Wenn du wissen willst, wer du nicht bist – schau in den Spiegel, und erfahre deine Geschichte. Viel Glück!

Wenn du in den Spiegel schaust und eine gesunde, wunderschöne, weit laufende Frau siehst, könnte es sein, daß sie mehr Schmerz erfährt als du. Ihre Geschichte, deine Geschichte, ist entweder der Himmel oder die Hölle, und die augenblickliche Realität hat nichts damit zu tun. Die augenblickliche Realität bleibt immer vollkommen. Es ist die Geschichte, die dich davon abhält, dies zu sehen. Die nicht untersuchte Geschichte.

Mein Körper ist schnell müde, überlastet, gereizt. Umkehrung: Mein Denken ist schnell müde, überlastet, gereizt. Mein Körper muß gut funktionieren, ich will ihn toll finden.

KATIE: Dein Körper soll gut funktionieren – er tut es. Er funktioniert so, wie er sollte, nicht wie du denkst, er sollte. Er folgt

nicht deinen Anweisungen, sondern macht statt dessen, was er sollte. Er weiß genau, was er zu tun hat, und er tut es. Wenn du nicht in deiner Geschichte wärest, wüßtest du das.
Ich weigere mich, wieder schwer krank zu werden – ich bin bereit, wieder schwer krank zu werden.
KATIE: Ja, meine Süße. Die einzige Art von Krankheit, die ich kenne, ist das Festhalten an Glaubenssätzen, die das wahre Leben von mir nehmen, Glaubenssätze, die dir angst machen, die dich aber daran erinnern, daß du dich an die Arbeit machen kannst. Durch THE WORK kannst du Gesundheit, Glück und unbegrenztes Leben finden.
Ich freue mich darauf…
(stöhnt)
Mit der Geschichte – Krankheit. Ohne Geschichte – Gesundheit. Und der Körper lebt sein Leben, es ist nicht meine Angelegenheit. Mein Denken ist meine Angelegenheit. Wer wäre ich ohne meine Geschichte? Keine Angst vor Ärzten, keine Angst vor Medikamenten, keine Angst vor *keinen* Medikamenten. Klarheit und geistige Gesundheit wissen, wohin man zu gehen hat: frei, ohne Angst.
So, meine Süße, wenn du denkst, es wäre hilfreich, willkommen bei THE WORK. Multiple Sklerose ist toll. Ohne eine Geschichte: Gott. Laß die Geschichte jetzt los. Nur für einen Moment. Wer wärst du ohne eine Geschichte? Ich liebe es, diese Arbeit zu leben, so daß ich mich total mit dir verbinden kann. Löse es auf, oder nicht.

Der Verlust der Aufmerksamkeit

Welchen Preis zahlen wir für unsere Angewohnheit, Glaubenssätze zu benutzen? Das Denken beansprucht unsere Aufmerksamkeit. Jeder Gedanke zieht Energie von uns ab.

Wir gehen in einer wundervollen Landschaft spazieren, wir genießen die Luft, die Sonne, das Grün der Pflanzen, das Blau des Himmels, die Berge, die Wolken. Schon wenn wir denken: »Was für ein wundervolles Blau!«, dann spüren wir, daß ein klein wenig von unserer Aufmerksamkeit sich in unseren Kopf verlagert hat.

Wenn wir aber an die morgen zu fertigende Steuererklärung denken, so mag die Außenwelt für einige Zeit völlig für uns verschwinden. Vielleicht erst, wenn irgend etwas Unvorhergesehenes passiert, wir durch einen im Weg liegenden Stein oder ein lästiges Insekt »geweckt« werden, erscheint sie wieder.

Wenn Sie öfter mit einem guten Freund oder einer Freundin spazierengehen, kennen Sie sicher diese Erfahrung: Man weist sich zwar gelegentlich gegenseitig auf die schöne Landschaft hin, aber dann kommen immer wieder Phasen einer intensiven Unterhaltung, die sämtliche Wahrnehmung der Außenwelt fast ganz verblassen lassen – zumindest für unser Denken, für unsere Aufmerksamkeit. Wenn ich persönlich eine Landschaft, einen Spaziergang wirklich intensiv genießen will, gehe ich allein!

Viele unserer Gedanken sind mit einem Gefühl verbunden, das mehr oder minder stark sein kann. Nach Byron Katies Theorie füge ich mir mit jedem unwahren Glaubenssatz Schmerz zu und sei dieser noch so subtil. Dies nimmt einen Teil meiner Aufmerksamkeit in Anspruch; ich konzentriere mich auf die Geschichte und den mit ihr verbundenen Schmerz. Wenn ich aber auf meine Schmerzen konzentriert bin, kann ich mir nicht meiner wahren Natur bewußt sein.

Mir erschien es lange Zeit seltsam, daß diese so etwas überhaupt zuläßt – warum weckt sie mich nicht, warum ruft sie mir nicht zu: »Hallo, du bist perfekt wie du bist, was sorgst du dich?« Aber inzwischen ist mir klar, daß es ja genau das ist, was geschieht, der Schmerz *ist* der Ruf des Göttlichen.

Warum spricht Gott dann nicht laut zu mir, warum erscheint er mir nicht als brennender Busch oder als Jesus? Aber genau das tut er ja pausenlos! Er erscheint als Nachbar, als Ehemann, als böser Onkel, als Mörder.

Es kann sogar sein, daß Gott lange Zeit versuchte, zu mir ganz normal, verbal zu sprechen – in Form meiner inneren Stimme, meines Gewissens. Und ist nicht die Bibel das Wort Gottes? Und gibt es nicht Hunderte, ja Tausende von Büchern, in denen er sich geoffenbart hat?

Aber ich hörte ja nicht. So mußte das Göttliche in mir eben ein wenig stärker anklopfen. Und da es nur das Hier und Jetzt gibt, bleibt dem Göttlichen gar keine andere Wahl, als mich *jetzt* zu pieksen, wenn ich nicht höre, und stärker zu pieksen, wenn ich immer noch nicht höre.

Wohlgemerkt – mein Körper ruht fest im Göttlichen, im Hier und Jetzt, alles was mich umgibt, tut das, jedes Atom, jedes Molekül. Wer da aufmerksam gemacht werden soll, ist nur der Verstand! Ihn gilt es zu wecken. Gibt es denn eine bessere Methode als eben genau das, was gerade passiert? Was auch immer es ist?

Wenn Sie die Untersuchung machen, die sich THE WORK nennt, werden Sie das Wirken des Göttlichen sehr schnell spüren und verstehen, daß es so und nicht anders handeln muß. Nun könnte man denken, das Göttliche sei von Ihnen getrennt und müßte Ihnen etwas klarmachen. Aber Sie sind es ja selbst! Sie sind ja das Göttliche. Ist das nicht wunderbar?

THE WORK kann das Tor zum Hier und Jetzt werden. Sie untersuchen Ihr Denken und schaffen damit die Distanz zu dem, was Sie nicht sind. Die falsche Identifikation mit Ihrem Ego löst sich im Licht der Wahrheit auf. Sie kreieren den Zeugen in sich, den unbewegten Beobachter. Vergangenheit und Zukunft werden als pure Gedankenkonstruktionen entlarvt, und was bleibt, ist das unwandelbare, ewige SEIN im Hier und Jetzt. Das ist das Ende des Leidens.

Ich habe ein Problem mit meiner Geschäftspartnerin

Ich möchte, daß Ingrid sich bei mir entschuldigt, daß sie mir Raum gibt, daß sie bescheidener ist.
KATIE: Du willst, daß sie lügt. Hat sie sich entschuldigt?
Nein, sie wartet darauf, daß ich mich bei ihr entschuldige.
KATIE: Woher wissen wir, daß es nicht wahr ist, daß sie sich zu entschuldigen hat? Sie hat sich nicht entschuldigt. Was ist, ist. Sie soll sich entschuldigen – das ist ein Kindertraum! Wir wollen die Natur verändern. Sie soll sich so lange nicht entschuldigen, bis sie es tut! Kannst du eine Rose zum Blühen bringen, bevor die Zeit reif ist?
Wenn ich sage: »Mein Mann soll sich bei mir entschuldigen!« dann bin ich ganz einfach verrückt!
Schau, wie du mit Ingrid lebst, während du versuchst, sie davon zu überzeugen, daß sie sich zu entschuldigen hat. Schau, was du tust, um sie zu manipulieren. Schau, welche Mittel du anwendest, um sie zu der Einsicht zu bringen, daß du recht hast!

Ich be- und verurteile sie.
KATIE: Und wie behandelst du sie?
Unfreundlich, negativ.
KATIE: Kein Wunder, daß sie sich nicht entschuldigt! Es ist gut, daß sie sich nicht entschuldigt! Es ist gut, daß sie nicht lügt und so tut, als ob! Einer von euch beiden muß bei der Wahrheit bleiben!
Ich entschuldige mich, wenn ich mich entschuldige. Keinen Atemzug früher als nötig. Was ist, ist.
Kannst du dir einen guten Grund vorstellen, den Glauben fallenzulassen, sie solle sich entschuldigen?
Ich kann den Glauben fallenlassen, aber dann werde ich meinem eigenen Weg folgen.
KATIE: Gut. Das tut sie ja auch.
Unter dieser Bedingung ist es sehr zweifelhaft, daß wir weiterhin geschäftlich zusammenarbeiten werden.
KATIE: »Es ist viel besser, wenn ihr Partner bleibt« – kannst du wissen, daß das wahr ist?
Unsere Partnerschaft fühlt sich neuerdings nicht besonders gut an.
KATIE: Wie reagierst du, daß du glaubst, sie sollte dein Geschäftspartner sein? Schau, wie du lebst, wenn du an dieser Überzeugung festhältst, daß sie der einzig mögliche Partner für dieses Geschäft ist!
Schlecht. Ich habe das Gefühl, daß ich mich von meiner eigenen Wahrheit entferne, daß ich nicht das tue, was ich wirklich tun will.
KATIE: Es ist wie Prostitution.
Genau.
KATIE: Darum fühlst du dich schlecht. Es hat nichts damit zu tun, was sie sagt oder tut. Es ist dein Glaube, daß du sie und die Realität verändern und manipulieren mußt. Drehe es um.

Ich möchte, daß ich mich bei ihr entschuldige, daß ich ihr Raum gebe, daß ich bescheidener bin?

KATIE: Genau. Was hältst du davon, das zu leben, was du von ihr verlangst? Es wirklich zu leben.

Das würde sich viel besser anfühlen.

KATIE: Es gibt eine weitere Umkehrung.

Ich möchte, daß ich mich bei mir entschuldige, daß ich mir Raum gebe.

KATIE: Jedesmal, wenn du denkst, sie sollte sich entschuldigen, entschuldige dich bei dir selbst! Denn es ist gar nicht sie, mit der du auf Kriegsfuß stehst – du bist selbst derjenige, der sich weh tut. Du hast doch festgestellt, daß sie sich sowieso nicht ändert.

Ich habe alles versucht.

KATIE: Ziemlich hoffnungslos. Darum liebe ich es so, einen Ehemann zu haben, Kinder zu haben und mit Leuten zusammenzuarbeiten. Wenn du auch nur in Gedanken versuchst, deren Realität zu ändern, dann bist du gewalttätig, dann hast du Krieg.

Das Schlimmste, was jemals passieren kann, passiert ja schon in dir – wenn du z. B. Angst hast, daß die Welt zugrunde gehen könnte, dann richtest du dich selbst innerlich zugrunde. Jede Art von Frieden beginnt in dir. Es gibt keinen Frieden außerhalb, er ist immer in dir. Solange du dich nicht mit der Realität anfreundest, kannst du den Frieden um dich herum nicht erkennen.

Ingrid sollte nicht mit dem Finger auf die anderen zeigen.

KATIE: Woher wissen wir, daß sie nicht mit dem Finger auf andere zeigen sollte?

Sie tut es. Aber das Problem ist, daß ich es anders haben möchte.

KATIE: Lebe es selbst. Lebe es vor! Was passiert in dir, wenn

du glaubst, sie müsse aufhören damit? Wie fühlt sich das an?
Unangenehm.
KATIE: Wie behandelst du sie dann?
Als wäre sie weniger wert als ich.
KATIE: Schließe die Augen, stell dir vor, wie du sie behandelst. Schau, was du mit deinem Körper tust, mit deinem Gesicht, mit deinen Schultern – wenn du glaubst, sie sollte nicht mit dem Finger auf andere zeigen.
Es mag sein, daß du ihr allen Grund für ihr Verhalten gibst. Wer wärst du ohne diese Geschichte? Schau sie an, ohne diese Geschichte, daß sie aufhören sollte, auf andere zu zeigen.
Es ist lustig, sie anzuschauen.
KATIE: Das sieht mir mehr nach Partnerschaft aus. Ist es nicht das, was du dir wünschst?
Ja, sie so zu sehen ist in Ordnung, aber ich habe einfach einen anderen Weg, mit den Dingen umzugehen, und es fühlt sich nicht gut an, daß sie das nicht so macht wie ich.
KATIE: Vielleicht hast du einen Herzenspartner in ihr, aber nicht einen Geschäftspartner.
Laß uns das umdrehen.
Ich sollte nicht mit dem Finger auf die anderen zeigen.
KATIE: Besonders nicht auf sie.
Sie ist sehr gut darin, mich dazu zu bringen, daß ich andere verurteile.
KATIE: Dreh's um!
Ich bin sehr gut darin, sie dazu zu bringen, daß sie mich verurteilt.
KATIE: Es gibt noch eine Umkehrung.
Ich bin sehr gut darin, mich dazu zu bringen, daß ich sie verurteile.
Lies dein nächstes Urteil vor.

Sie sollte sich selbst erkennen.

KATIE: Ist das wahr? Kannst du wirklich wissen, daß das wahr ist?

Sie tut es offensichtlich nicht, aber...

KATIE: Du kannst ihren Weg kennen? Besser als sie selbst, besser als Gott? »Sie sollte sich selbst erkennen!« spricht der große Guru. Dreh's mal um!

Ich sollte mich selbst erkennen!

KATIE: Das könnte schon eher funktionieren. Das ist das beste, was du tun kannst – alles andere ist hoffnungslos. »Sie sollte sich selbst erkennen!« Hat diese Überzeugung jemals jemanden dazu gebracht, sich selbst zu erkennen?

Man kann doch mal eine Anregung geben. Manchmal funktioniert das doch!

KATIE: Wirklich?

Es scheint mir so.

KATIE: Ja, vielleicht sagt man: »Danke für die Anregung«, weil man etwas von dir will. Du kannst die anderen nicht durchschauen. Jemand mag sagen: »Ja, ich muß da wirklich etwas tun, danke.« Aber diese Person hat die Entscheidung selbst getroffen. Du kannst niemanden heilen, du kannst nur dich selbst heilen.

Manchmal denke ich, es wäre doch möglich.

KATIE: Hat es je funktioniert?

Nein.

KATIE: Das ist auch meine Erfahrung. Ich mußte damit aufhören, Gott sein zu wollen, um Gott zu erfahren. Solange ich denke, ich wüßte, was das Beste für dich ist – hoffnungslos. Nach meiner Erfahrung. Du spielst dieses Spiel, um dich daran zu hindern, bei dir selbst zu sein. Diese Überzeugungen: »Der andere soll sich selbst erkennen!« sind so alt, so uralt, sie sind die Munition, mit der du auf dich selbst schießt. Es ist ein uraltes Gift, das du benutzt, um ohne Hoffnung zu bleiben.

Wessen Angelegenheit ist es, wer sich entschuldigt? Wessen Angelegenheit ist es, wer sich selbst erkennt? Als erstes mußt du mal dein eigenes Universum erkennen. Solange ich nicht weiß, wer ich bin, kann ich nicht sehen, daß alles um mich herum mein Inneres ist. Also laß uns erst mal auf unsere eigene Realität schauen.

Ingrid soll das tun, was ich will.

KATIE: Ist das wahr?

Um meine eigene Freiheit zu erfahren – ja.

KATIE: Was kann sie dir geben?

Wertschätzung – sie könnte anerkennen, daß es wahr ist, was ich sage.

KATIE: Hoffnungslos. Nur du kannst dich anerkennen und wertschätzen. Du bittest sie, das zu tun, was eigentlich deine Aufgabe ist.

Wenn ich ein Gebet hätte, dann würde es so lauten: »Gott helfe mir, nicht von der Wertschätzung und Liebe der anderen abhängig zu sein.« Schau wie du lebst, wenn du ihre Wertschätzung suchst!

Ich tue dasselbe, was sie tut.

KATIE: Du tust das, was deine Projektion dessen ist, was sie tut.

Was ist der Unterschied zwischen Wahrnehmung und Projektion?

KATIE: Projektion tut weh. Wahrnehmung ist klar. Wahrnehmung ist die letzte Projektion, eine hübsche Geschichte von einem Paradies. Projektion ist die Geschichte deines Selbst, das noch nicht geheilt ist, deines Ego. Die Spiegelung der Dinge, die du bisher in dir nicht sehen wolltest. Laß uns dein Urteil umdrehen.

Ich soll das tun, was Ingrid will. – Das tut weh.
KATIE: Fühle es. Geh nach innen. Was ist das Schlimmste, was passieren kann?
Ich könnte die Fähigkeit verlieren, über mich selbst zu bestimmen – ich könnte ihr Opfer werden.
KATIE: Und kannst du wirklich wissen, daß das wahr ist?
Ich habe das nie ausprobiert, aber so fühlt es sich an.
KATIE: Kannst du es wissen?
Ich muß es wohl ausprobieren. Aber ich habe eine extreme Abneigung dagegen.
KATIE: Ich weiß. Das nennt man Krieg. Es könnte sein, daß du ein wirklicher Partner, ein Freund wirst. Das ist das Schlimmste, was passieren kann! Wenn du dich dann als Opfer fühlst, kannst du es immer noch rückgängig machen!
Mein Freund Shaun erzählt die Geschichte von dem Hund, der so durstig ist und immer wieder zum Wasser rennt und sein eigenes Gesicht sieht und sich erschreckt und wegläuft. Aber er ist so furchtbar durstig und am Schluß springt er einfach rein und hat all das Wasser, das er sich wünscht.
Ich soll also nicht dem folgen, was mein Gefühl ist?
KATIE: Das ist doch das, worüber wir sprechen. Mit der Überzeugung – Hölle; ohne Überzeugung – Frieden.
Willst du denn nicht Frieden, Freiheit und Glück? Du betreibst doch deine Geschäfte, damit du genau das bekommst, oder? Du kannst Frieden, Freiheit und Glück jetzt haben. Aber wir stellen das immer zurück. Was auch immer du willst – es ist hier und jetzt.
Ingrid ist nicht gewillt, zu kooperieren.
KATIE: Kannst du das wissen?
Ja. Sie kooperiert nicht.
KATIE: Perfekt. Ich höre dich. Sie soll also kooperieren, ist das wahr? Wie sehen die Tatsachen aus?

Es ist nicht wahr.

KATIE: Wie reagierst du, wenn du an dieser Lüge festhältst: »Sie sollte kooperieren!«? Schau, wie du lebst, wenn du meinst, daß die Leute zu kooperieren haben, und sie tun es nicht! Wie behandelst du sie, wie sprichst du mit ihnen, wie lebst du mit ihnen?

Ich manipuliere sie.

KATIE: Es ist wie ein Dressurakt. Wenn du sie zur Kooperation bringen willst, dann lebst du nicht das, was du bist. Und du fragst mich: »Soll ich denn nicht meinem Gefühl folgen?« Ja, das sollen wir, um frei zu werden. Wir lassen nicht unseren Geschäftspartner fallen – wir lassen die Überzeugung fallen, er solle kooperieren. Dieses Konzept ist eine Lüge, soweit ich dich verstehe. Wer wärst du ohne diese Überzeugung, wenn du mit ihr zusammen bist?

Sie würde mich kreuzigen.

KATIE: Drehe es um. Du würdest dich kreuzigen.
Schließe deine Augen, sieh sie ohne die Überzeugung, sie habe zu kooperieren. Sieht es wirklich wie eine Kreuzigung aus oder wie eine Frau, die versucht, sie selbst zu sein? Du kreuzigst dich, wenn du versuchst, »ja« zu sagen, obwohl deine wirkliche Antwort »nein« ist. Niemand hat dich je gekreuzigt, du tust es, wenn du nicht ehrlich bist.

Ich habe Angst davor.

KATIE: Es macht Angst, eine einfache Wahrheit auszusprechen. Wir verbringen unser ganzes Leben in Furcht davor, ehrlich »ja« oder »nein« zu sagen. Eine solche klare Aussage ließe uns nackt erscheinen. Das hat eine solche Reinheit...
Mein Mann fragt mich: »Liebst du mich?« Und ich schaue in meinen Körper, überall – ich meine, wo soll ich sonst schauen? Und ich sage: »Nein. Ich kann es nirgendwo finden, ich habe überall nachgeschaut.« Und fünf Minuten später habe ich so

ein Gefühl, und ich sage mir, das muß es sein! Also sage ich zu ihm. »Ich liebe dich jetzt!«
Er hat eine einfache Frage gestellt – kann ich sie beantworten? Das Ganze ist doch nur ein Test meiner Integrität!
Gut, ich habe Angst, daß sie mich zwingen wird, konsequent zu sein. Sie sagt: »Gestern hast du dies gesagt, heute sagst du jenes ...« Ich ändere dauernd meine Meinung.
KATIE: Was ist das Schlimmste, was sie sagen kann?
Daß ich manipuliere, daß ich inkonsequent bin, daß man nicht weiß, wofür ich stehe ...
KATIE: Und stimmt das nicht alles? Du könntest zu ihr sagen: »Ja, du hast recht. Was schlägst du nun vor?« Es kann sein, daß sie dann die Partnerschaft beendet, es könnte aber auch sein, daß sie ein paar kreative Ideen hat. Solange wir uns nicht mit uns selbst beschäftigen, können wir noch so großen geschäftlichen Erfolg haben, aber wir haben nichts gewonnen. Wirklicher geschäftlicher Erfolg besteht in innerer Klarheit, Freiheit, innerem Reichtum. Nach meiner Erfahrung kann man nichts tun, um reich oder arm zu sein. Ich mache THE WORK, dann bin ich immer reich – das hat nichts mit Geld zu tun.
Und wenn du verhungerst?
KATIE: Bist du jemals verhungert? Kennst du jemanden, der verhungert ist? Interessant. Das ist ein nettes Konzept, um sich darum herumzudrücken, sich selbst zu erkennen. Ist es nicht erstaunlich, daß man den Glauben ans Verhungern nährt, obwohl man nicht ein einziges Mal jemanden erlebt hat, der verhungert wäre?
Ich habe mal 27 Tage lang gefastet und nicht ein einziges Mal Hunger verspürt. Ich habe mein Denken erfahren und das Denken sagte: »Dieses Gefühl muß Hunger sein!« Aber als ich fragte: »Kannst du wirklich wissen, daß das wahr ist?« da gab

es keinen Hunger. Es war, was es war. Essen oder Nichtessen ist das gleiche, wenn man keine Überzeugung hat. Alles ist eine Geschichte, die dich von dir selbst fernhält.

Ingrid ist mißtrauisch.

KATIE: Dreh's um.

Ich bin mißtrauisch.

KATIE: Ist das nicht ebenso wahr oder wahrer? Diese Frau ist nicht mal hier im Raum, und doch kennen wir sie, du bist es! Gib mal ein Beispiel, wie sie mißtrauisch ist.

Sie kontrolliert alles, sie fragt immer wieder: »Wofür stehst du eigentlich?«

KATIE: Phantastisch – antworte ihr doch einfach, damit du es selber weißt. Auf diese Weise erfährst du, wofür du stehst!

Aber das ändert sich immer wieder.

KATIE: Dann erzähle ihr das! Immer wieder. Sie wird bleiben oder gehen, und du weißt, wofür du in diesem Moment stehst, und du bist frei.

Für mich ist alles Gott, für mich ist alles Natur. Mein Mann fragt mich immer wieder: »Liebst du mich?« Und ich sage: »Ja, nein, ja, ja, nein.« Auf diese Weise erfahre ich, ob ich ihn liebe. Wir beide erfahren es. Sie fragt dich so oft, wie du selbst es hören mußt. Sie ist Gott. Kannst du die Frage beantworten? Du brauchst sie, denn du bist ein schwieriger Fall.

Das ist absolut wahr.

KATIE: Wir bräuchten diese WORK eigentlich nicht, denn die Leute, mit denen wir zusammen sind, stellen uns alle Fragen, die zu unserer Selbstverwirklichung nötig sind. Aber du begibst dich in Abwehrhaltung, damit du nicht hinzuschauen brauchst. Es ist, als ob du zu deiner Selbstverwirklichung, zu deiner Freiheit nein sagst und diese dunklen Seiten in dir zu verbergen suchst. Bis du eines Tages Krebs bekommst.

Es ist eine simple Frage: »Wofür stehst du eigentlich?« Mein

Mann pflegt zu sagen: »Was zur Hölle machst du da, Kate?« Und ich gehe nach innen und frage mich selbst »Was zur Hölle mache ich da?« Auf diese Weise erfahren wir beide, was ich tue.

Manipuliere ich dich gerade? Versuche ich deine Meinung zu ändern? Versuche ich dir beizubringen, bei wem du dich zu entschuldigen hast und wann du dich zu entschuldigen hast? Versuche ich, dein Denken zu vergewaltigen und zu beherrschen? Das zur Hölle tue ich, aber nur mein Leben lang!

Wenn ich meinem Mann also antworte, kommt heraus, was ich gerade tue, und ich muß nicht an dieser Krankheit in mir sterben. Ich bin ein Freund, ich gebe dir alles, ich verrate dir jedes Geheimnis, das ich in mir hüte, denn es ist das Gegenteil meiner wahren Natur. Meine wahre Natur ist Geben. Frage mich etwas, das mir angst macht, und ich gebe dir, was ich habe. Das ist der Sinn dieser WORK.

Die Funktion des Leidens

Ich lege meine Hand auf die heiße Herdplatte und es tut weh – ich nehme die Hand weg und weiß in Zukunft, was gut für mich ist. Der Schmerz hat den Sinn, mich vor lebensbedrohlichen Situationen zu warnen, er schützt mich, er zeigt mir, wie ich mich zu verhalten habe. Schmerz ist also etwas Gutes, ohne das ich längst tot wäre.

Wenn mir etwas weh tut, dann weiß ich, ich sollte mein Verhalten ändern, ich sollte die Hand von der Herdplatte nehmen. Aber was machen viele von uns? Sie schimpfen auf die Herdplatte, sie sagen, die Herdplatte sollte nicht heiß sein. Tatsache ist aber, es ist der Job der Herdplatte, heiß zu sein.

Warum können wir das ganze Leben nicht so betrachten? Kinder *müssen* Unordnung machen, Krach, Schmutz – das ist ihr Job im Leben. Ehepartner *müssen* fremdgehen, Autos *müssen* kaputtgehen, Wirbelstürme *müssen* unsere Häuser zerstören, das ist das Leben! Es ist nicht unsere Aufgabe, das Leben verändern zu wollen, zu schimpfen auf das Leben, uns zu ärgern über das Leben – unsere Aufgabe ist es, zu fließen mit dem Leben, uns intelligent einzufügen. Das Auto ist kaputt – wir reparieren es. Wir stolpern über das Spielzeug unserer Kinder, wir räumen es weg. Unser Partner geht fremd – es ist seine Angelegenheit. Es tut uns weh, wir machen THE WORK.

Wer sich mit dem Leben anlegt, wer die Wirklichkeit nicht akzeptiert, wie sie ist, der wird Schiffbruch erleiden. Das heißt nicht, daß man die Wirklichkeit nicht verändern könnte, aber Tatsache ist, daß es leichter ist, sie zu verändern, wenn wir positiv herangehen. Wir schauen uns die Fakten an, wir fragen uns, was wir erreichen wollen, wir entwerfen eine Strategie, wir packen es an. Das kann man nur, wenn man cool bleibt, wenn man einen klaren und fröhlichen Kopf behält.

Da wir in Wirklichkeit eins mit dem Leben sind, haben wir tief in uns auch das Wissen, daß alles gut ist, wie es ist, daß alles so ist, wie es zu sein hat. Dieses Wissen gerät aber in Konflikt mit unserem Verstand; jetzt wollen wir zwei sich widersprechende Dinge gleichzeitig – und das ist Verwirrung. Diese Verwirrung erzeugt Schmerz. Der Schmerz ist der Indikator, daß es den Widerspruch in uns gibt. Geben wir unseren Glaubenssatz nicht auf, dann bleibt der Schmerz – akzeptieren wir die Realität, das Sosein, verschwindet er. So einfach ist das.

»Meine Tochter sollte lebendig sein!« sagt der Verstand, und das Herz weiß, daß das eine Lüge ist. Sie ist tot, so wollte es die Realität, so wollte es das EINE, so wollte es Gott. »Aber ich kann doch nicht den Tod meines geliebten Kindes akzeptieren!« sagt der Verstand. Deshalb müssen wir leiden, nicht weil es den Tod gibt, sondern weil wir im Widerspruch mit der Realität stehen, die gleichzeitig wir selbst sind.

Wenn Sie ohne jeden Glaubenssatz auf die Realität schauen, dann ist das so, als ob Sie mitten in einem spannenden Krimi »erwachen« und feststellen, daß die Bilder auf der Leinwand nur aus tanzenden Lichtpünktchen bestehen. Auch diese haben eine eigene Schönheit, einen eigenen Realitätscharakter – aber das Tanzen ist im Prinzip immer das gleiche, ob der Film nun schön oder schrecklich ist. Daher sagte KATIE: Alle Gedanken sind gleich.

Mißstände auf diesem Planeten

Es wird vielleicht Leute geben, die THE WORK vorwerfen, sie kümmere sich nicht um die Mißstände auf der Welt. Aber wie gehen wir normalerweise mit diesen Dingen um? Ich lese Zeitung, sehe fern, ich informiere mich über Katastrophen, Kriege, Hunger, Vernichtung. Ich bin von Wut und Trauer erfüllt, von Abscheu und Mitleid. Ich habe Überzeugungen wie: »Menschen sollten einander nicht umbringen. Kein Kind sollte verhungern. Die Menschheit ist böse.«

Die Dinge, über die ich lese, geschehen pausenlos irgendwo auf der Welt, aber ich sage mir immer wieder: »Sie sollten nicht geschehen.« In mir ist die Lüge, ich habe mich getrennt von der Realität. Darüber hinaus leide ich mit, ich sehe das tägliche Elend, ich stelle es mir immer wieder vor. Es wird in mir abgebildet. Ich *bin* das Leiden.

Wohlgemerkt: Kein hungerndes Kind wird satt, keine Landmine wird vernichtet, kein Krieg wird verhindert durch

Überzeugungen. Ich verschwende meine Zeit mit Gedanken an diese Dinge und gebe ihnen noch Energie, indem ich sie in mir reproduziere. In dieser Zeit engagiere ich mich *nicht* in einer pazifistischen Gruppe, sammle *nicht* für Hungernde, übernehme kein Ehrenamt – hierfür habe ich keine Kraft, denn ich verbrauche meine Energie, bin mißmutig, negativ, sorgenzerfressen und wäre auch nicht von Nutzen, selbst wenn ich die Gelegenheit hätte, anzupacken und an der Beseitigung von Mißständen mitzuarbeiten.

THE WORK sagt ja nicht, ich könne oder solle mich nicht engagieren. THE WORK fragt nur: »Wie reagiere ich, wenn ich glaube, es solle keine Kriege mehr geben?« Wenn mein innerer Krieg aufgehört hat, kann ich losziehen und mich engagieren!

Den folgenden Abschnitt aus einer WORK mit Byron Katie habe ich auch ausgewählt, weil mir die Umkehrungen äußerst signifikant scheinen.

Ich bin wütend und traurig, weil Mörder Menschen töten und glauben, sie hätten ein Recht hierzu ... weil sie Haß praktizieren ... weil sie Menschen aus dem Kreis ihrer Lieben reißen.

KATIE: Menschen sollten nicht andere Menschen töten, ist das wahr? Morden Menschen auf diesem Planeten? Jeden Tag – auf der ganzen Welt! Sogar in dieser Stadt! Wie sieht die Realität aus?

Sie tun es.

KATIE: Das ist die Wahrheit. Seit Jahrhunderten schlagen wir uns damit herum. Seit wir denken können. Was passiert in dir, wenn du die Zeitungen liest und da sind diese Morde beschrieben, und du sagst: Das ist nicht richtig!

Ich fühle mich als Opfer. Ich bin wütend. Ich lege die Zeitung weg.
KATIE: Du legst die Zeitung weg, um dich vor der Realität zu schützen. Und wird trotzdem gemordet? Bilde eine Regierung, damit das aufhört! Sie soll die Mörder morden, damit das Morden aufhört. Das ist hoffnungslos! Die Menschen morden trotzdem. Bist du je auf ein Insekt getreten? Natur!
Ich gehe spazieren, ich trete aus Versehen in einen Ameisenhaufen und töte einige Tiere. Am nächsten Tag mache ich einen Bogen um diese Stelle. Ich mag mich, wenn ich mich so verhalte. Jemand könnte sagen, es war Mord. Ich sage, es ist Natur.
Wer wärst du ohne die Geschichte: »Menschen sollten nicht morden«? Du brauchst sie nicht aufzugeben, ich frage nur, wer wärst du, wenn du dich nicht mit der Realität anlegen würdest?
Ich würde mich mehr im Hier und Jetzt fühlen.
KATIE: Du wärst frei, du hättest keine Furcht, du könntest jede Zeitung lesen. Es fühlt sich weniger nach Selbst-Mord an, denn du mordest deinen inneren Frieden, wenn du glaubst, andere sollten nicht morden. Gibt es Gründe, diesen Glauben fallenzulassen? Wozu brauchst du diesen Glauben? Denkst du, er würde das Morden auf dieser Welt beenden? Denkst du, du weißt mehr als die Natur, als Gott?
Woher weiß ich, daß Menschen morden sollten? Sie tun es. Das ist die Realität, und sie ist perfekt, wie sie ist. Ob wir uns aufregen oder nicht. Wir werden weiter morden. THE WORK will den Mörder nicht entschuldigen, sie stellt einfach nur fest, wie die Realität aussieht. Also kehre es um und finde heraus, wie du leben solltest.
Ich sollte nicht morden.
KATIE: Du solltest nicht das Bewußtsein dessen, was du bist,

morden. Du solltest dieses Bewußtsein nicht eintauschen gegen einen sinnlosen Kampf mit der Realität. Du solltest nicht morden – das ist einfach, es ist deine Angelegenheit, um die du dich kümmerst. Wenn du dich jedoch gedanklich in unsre oder Gottes Angelegenheit begibst, so sind augenblickliche Trennung, Alleinsein und Furcht die Folge.

Als mir vor zwölf Jahren diese Dinge bewußt wurden, sah ich, daß ich mich niemals um meine eigenen Angelegenheiten gekümmert hatte. Ich hatte mental nur in den Angelegenheiten meines Mannes, meiner Kinder, der ganzen Welt gelebt. Ich war niemals wirklich bei mir selbst gewesen.

Erst als mir das auffiel, begann ich, mein eigenes Leben zu leben. Erst dann konnte ich mir selbst gegenüber genauso freundlich sein, wie ich es dir gegenüber bin. Und dann fand ich heraus, daß ich gar keine Angelegenheiten habe. Das Leben ist sehr einfach seitdem. Eine Frau sitzt im Sessel, von Freunden umgeben.

Drehe mal alles um.

Ich bin wütend und traurig über mich, weil ich Menschen töte.

KATIE: Wir tun es, indem wir die Mörder gedanklich auf den elektrischen Stuhl schicken. Wir wollen sie eliminieren.

Ich bin wütend und traurig über mich, weil ich Haß praktiziere.

KATIE: Ich praktiziere Haß, indem ich sage: Sie sollten nicht Haß praktizieren.

Ich bin wütend und traurig über mich, weil ich Menschen aus dem Kreis ihrer Lieben reiße.

KATIE: Auf welche Weise tust du es? Ich mag den Freund meiner Tochter nicht und verbiete ihr jeden Umgang mit ihm. Ich will nicht, daß mein Mann in den Armen einer anderen Frau liegt. Ich bin es, die Menschen aus dem Kreis ihrer Lieben reißt, aber es ist viel bequemer, mit dem Finger auf den Mörder zu zeigen.

Ich hasse meine Mutter

Ich hasse dich, Mutter, weil du mich wie Dreck behandelt hast. Ich bin empört, weil du mich glauben gemacht hast, daß ich ein Stück Dreck bin. Ich bin wütend, weil ich durch dich meinen Vater verloren habe. Es schmerzt mich unendlich, daß du nie zugehört hast, wenn mir etwas weh tat. Ich bin wütend, weil du mich dazu gebracht hast, daß ich meinen Vater hasse, wie du es getan hast.

KATIE: Du machst das sehr gut. Atme ein paarmal tief ein und aus.

Ich bin wütend, weil du mir nie geglaubt hast. Ich bin wütend, weil du gesagt hast, ich würde lügen, obwohl ich die Wahrheit sagte. Ich bin wütend, weil du mir nicht erlaubt hast, das zu tun, was ich liebe – nämlich Designerin zu werden. Ich bin wütend, weil ich mein Leben damit verschwendet habe, zu beweisen, daß ich keine Lügnerin bin, keine Hure, häßlich, unglaubwürdig, eine Versagerin, schlecht, zerstörerisch. Ich bin traurig, weil du gesagt hast, daß mein Vater wegen mir gestorben ist. Ich bin böse, weil du gesagt hast, daß mein Vater mich abtreiben wollte. Ich bin wütend, weil du eine Fremde für mich warst. Ich bin wütend, weil du mich dazu gebracht hast, mich selbst zu hassen. Ich hasse dich, weil du daran schuld bist, daß mein Leben ein großer Haufen Mist ist. Ich bin traurig, weil du meine Liebe nicht gefühlt hast.

Ich will, daß meine Mutter weiß, wer ich bin. Ich will, daß meine Mutter mich hört und sieht. Ich will, daß meine Mut-

ter für mich sorgt. Ich will, daß meine Mutter mich liebt, daß sie sich mir zeigt. Ich will, daß du weich und sanft bist, daß du mir glaubst, daß du aufhörst, mir weh zu tun, daß du aufhörst, dir selbst weh zu tun. Ich möchte, daß du fähig wirst zu fühlen.

Meine Mutter sollte mich trösten, wenn etwas weh tut, mich bewundern, mit mir spielen. Sie sollte stolz auf mich sein. Sie sollte meine Talente erkennen und nicht blockieren. Sie sollte nicht den Umgang mit meinen Freunden verbieten. Ich brauche meine Mutter, um mir etwas beizubringen. Ich brauche Mutter, um mich zu loben, mit mir zu lachen, für mich zu sorgen.

Meine Mutter ist unheimlich, hinterhältig, unfair, häßlich, hart, eine Schlampe, unberechenbar, furchterregend, unsensibel, kalt, berechnend, aggressiv, verwirrt, wütend, traurig, verletzend, allein, verletzt.

Ich will nie wieder eine solche Mutter haben. Ich will nie wieder erleben, daß mir etwas so weh tut. Ich will mich nie wieder so ungeliebt fühlen. Ich will mich nie wieder so allein und zurückgestoßen fühlen.

KATIE: Gut. Gute Arbeit.

Das alles war in mir.

KATIE: Ich liebe es, daß du so gründlich warst. Gibt es hier jemand, der keine Beziehung hierzu hat? Weißt du, THE WORK gibt dem Ego Gelegenheit, sich hervorzuwagen und zu spielen. Wir haben es geleugnet, wir haben alles getan, um es zum Schweigen zu bringen. Das Ego ist ein Kind, laß es raus! Du lehrst uns, wie man das tut. Es ist ein wundervoller Exorzismus.

Ja. Und ich lebe immer noch! Ich dachte, es würde mich umbringen.

KATIE: Das Gegenteil ist der Fall. Wenn wir es zurückhalten, bringt es uns um. Jetzt ist es raus, der Geist ist aus der Flasche! Jetzt laß uns mal mit dem wundervollen Ego spielen, laß uns die Sache untersuchen. Das Ego liebt die Untersuchung, denn es ist auch göttlich.

Wirklich?

KATIE: Das Ego ist Liebe. Darum fühlt es sich gut an, es rauszulassen!

Wollen wir es denn nicht ganz loswerden?

KATIE: Nein, mein Engel. Willst du denn dein Kind loswerden? Nein. Nein. Ich bin soweit gekommen, daß ich es lieben kann. Ich bin Liebe.

Du bist doch auch Mutter; haßt du mich jetzt nicht dafür, was ich geschrieben habe?

KATIE: Was du geschrieben hast, ist über mich! Meine Tochter hätte das auch schreiben können! Ist das nicht interessant? Ich habe ihr alles beigebracht, was ich wußte, und ich habe dieselben Sachen über meine Mutter geschrieben. Und davor ihre Mutter. Viele Leute auf der ganzen Welt haben das geschrieben – dies ist eine alte Geschichte!

Warum hat es mir so angst gemacht?

KATIE: Was wir nicht ans Licht bringen, das macht uns angst. Das Unbekannte. Wir denken, das sei eine große Sache. Aber wenn wir es aufschreiben, dann sehen wir, daß es gar nicht so schlimm ist.

Es dann laut vorzulesen war ein weiterer schwieriger Schritt.

KATIE: Es ist wie Beichte, es hat Kraft. Du bist dein eigener Zeuge. Wir haben es auf Tonband genommen, und es geht um die Welt, und die Menschen, die das auch leben, befinden sich dadurch im Angesicht der Wahrheit. Du bist unser Heiler.

Was so schwer für mich ist: zu sehen, daß ich das bin. Ich habe mein Leben lang versucht, das Gegenteil zu beweisen, und jetzt stellt sich durch die Umkehrungen heraus, ich bin es doch.

KATIE: »Es ist eine schreckliche Sache, das umzudrehen« – kannst du das wissen?

Nein.

KATIE: Aber das hast du die ganze Zeit gedacht, du hast dein Leben damit verbracht, zu beweisen, daß deine Mutter unrecht hat.

Ich habe meine Freiheit darin gefunden, daß ich erkannt habe, daß ich alles bin: das Gute, das Schlechte, das Häßliche. Und das Wunderschöne und das Wertvolle. Ich bin mein Himmel und meine Hölle. Es gibt nichts Schöneres als vollständig zu werden. Ich bin alles. Wenn man nur ein Teil sein will, dann ist das sehr schmerzhaft. Dann muß man den anderen Teil in der Dunkelheit verstecken. Es ist also gut, daß du es ans Licht bringst. Laß uns untersuchen. Dein erster Satz.

Ich hasse dich, Mutter, weil du mich wie Dreck behandelt hast.

KATIE: Dreh es um.

Ich hasse mich, weil ich dich, Mutter, wie Dreck behandelt habe.

KATIE: Ist das nicht ebenso wahr?

Es ist wahr. Das habe ich gelernt.

KATIE: Und war das so schlimm?

Ja, ich dachte, das wäre schlecht.

KATIE: Gut. Willkommen bei der menschlichen Rasse! Es gibt so viele Leute, die ihre Mütter wie Dreck behandelt haben, und wir haben es verurteilt, und dann haben wir herausgefunden, daß wir es selbst waren. Es gibt nichts Süßeres, als sich mit den anderen Menschen zu verbinden. Und jetzt weiß ich ja, daß ich es bin, jetzt kann ich etwas tun! Wir beginnen jetzt! Wenn ich meine Mutter wie Dreck behandle, dann behandle ich mich selbst wie Dreck.

Ja, ich habe das getan.

KATIE: Laß uns zum nächsten Satz gehen.
Ich bin empört, weil du mich glauben gemacht hast, daß ich ein Stück Dreck bin. Ich bin empört, weil ich *mich glauben gemacht habe, daß ich ein Stück Dreck bin.*
KATIE: Ist das genauso wahr?
Ja.
KATIE: Drehe es nochmals um.
Ich bin empört, weil ich mich glauben gemacht habe, daß du ein Stück Dreck bist?
KATIE: Sind diese Umkehrungen nicht sehr interessant?
Das kann man wohl sagen. O ja. Mhm. Uuuh. Und ich habe mich dazu berechtigt gefühlt. So wie sie es wohl auch tat.
KATIE: Du verstehst schnell.
Ich bin wütend, weil ich durch dich meinen Vater verloren habe.
KATIE: Ist das wahr? Wie hat sie das fertiggebracht?
Sie hat mir nicht erlaubt, ihn zu sehen.
KATIE: O. K. Und hast du Füße?
Ich habe ihn besucht. Als sie es herausfand, schlug sie mich.
KATIE: Na gut. Sie hat dich gehindert, ihn zu sehen?
Es hätte zu sehr weh getan.
KATIE: Also du selbst hast dich gehindert, deinen Vater zu sehen. Weil du nicht wolltest, daß es weh tut. Dreh es herum.
Ich bin wütend, weil ich durch mich *meinen Vater verloren habe.*
KATIE: Sie schlug dich und sagte: »Ich schlage dich wieder, wenn du gehst.« Also hast du dich selbst gehindert, zu deinem Vater zu gehen, weil du nicht geschlagen werden wolltest. Das ist gut, man nennt das Weisheit. Du hast gewählt: Vater oder geschlagen werden.
Das kann ich auch so sehen.
KATIE: Meine Mutter hat mich zu nichts veranlaßt, ich tat

das. Alles, von dem ich dachte, meine Mutter wäre dafür verantwortlich, habe ich selbst getan. Und weißt du: Es war weise von dir, dich so zu entscheiden. Ich denke nicht, daß man sich schlagen lassen sollte; du hast dich selbst also liebevoll und wohlwollend behandelt. Aber dennoch gilt: Du hast dich bewußt *für dich* und gegen deinen Vater entschieden.

Ich breche dieses zugegebenermaßen extreme Beispiel hier ab. Ich habe es auch ausgewählt, weil es zeigt, daß allein das Ausfüllen des Fragebogens schon Erleichterung verschaffen kann. Des weiteren wird ein Prinzip deutlich, nach dem Katie arbeitet. Sie zeigt uns, wie wir als Erwachsene sehen können, daß wir uns schon als Kleinkinder sehr wohl bewußt entschieden haben: meist gegen den geringeren Schmerz, für die Liebe unserer Eltern. Mancher mag sagen, meine Eltern haben mich gezwungen, dies oder jenes zu tun oder zu lassen, Katie sagt, wir haben die Entscheidung selbst getroffen, indem wir den geringeren Schmerz wählten. Man mag das als Frage der Definition oder gar als Haarspalterei abtun, aber ich halte es insofern für wichtig, als wir hierdurch die Verantwortung für unser Leben selbst übernehmen. Unsere Kindheit war, wie sie war, wir können sie nicht ändern. Wir können jedoch unsere Haltung dazu korrigieren. Unsere Eltern haben sich so verhalten, wie sie meinten, daß es richtig wäre – sie waren offensichtlich unwissend.

Die Frau im obigen Beispiel muß zugeben, daß sie – ungewollt, unbewußt, unwissend – ihre Mutter genauso behandelt hat, wie sie es ihrer Mutter vorwirft, sie findet all das in sich auch. Wenn wir ehrlich sind, können wir *alles* in uns finden – zumindest in Gedanken haben wir all das auch schon getan. Sobald wir aufhören, uns in dieser Hinsicht zu verteidigen, und zugeben, daß wir das auch sind, werden wir frei.

Ich möchte Sie bitten, die Sätze unter diesem Aspekt nochmals durchzugehen, einmal vom Standpunkt des Kindes, einmal vom Standpunkt der Mutter. Können Sie beides in sich finden? Haben Sie als Kind manchmal genauso empfunden? Könnte Ihr Kind – wenn Sie eines haben – gelegentlich über Sie das gleiche gesagt haben?

Und noch etwas ist an dieser WORK signifikant: Byron Katie verteufelt nicht das Ego, wie so viele esoterische Schulen es tun, sondern sie sagt, es sei genauso göttlich wie alles, was existiert. Ist das nicht eine wahrhaft frohe Botschaft? Indem ich mein Ego umarme, werde ich eins mit allem. Die dunklen Seiten des Ego, das Kind in mir, die Jungschen Archetypen, Schatten, Animus und Anima, alles wird integriert, umarmt, geliebt.

Die Pole des Lebens und des Seins

Diese Welt ist polar aufgebaut, sie vereint sämtliche Gegensätze. Wir sind ein Teil dieser Welt, auch in uns ist ALLES enthalten.

Es gibt stets zwei Seiten einer Sache. Hell – dunkel. Gut – schlecht. Plus – minus. Beachten Sie, daß nur der menschliche Verstand diese Einteilung macht, die Schöpfung ist ansonsten eine Einheit ohne jedwede Trennung. Nur die Konstruktion unseres Verstandes läßt uns wählen; dies ja, jenes nein.

Tatsache ist, daß nichts existieren könnte ohne sein jeweiliges Gegenteil, also ohne Plus gäbe es kein Minus (und keinen elektrischen Strom), ohne Tod kein Leben (und keinen Menschen), ohne Hell kein Dunkel (und kein Licht). Aber selbst das ist eine Illusion, denn gerade beim Licht weiß man, daß es in Wirklichkeit nur Photonen gibt, die anwesend oder abwesend sind, Dunkelheit ist lediglich die Abwesenheit von Photonen. Sinngemäß haben wir beim Strom nur Elektronen, die fließen. Des weiteren zeigt sich, daß die scheinbare Spannung zwischen den Polaritäten gerade das erzeugt, was wir Bewegung, Energie, Leben nennen.

Das Fließen des Stromes erzeugt die Kraft; der Wechsel von Hell und Dunkel, das Fließen des Wassers, der Kreislauf der Pflanzen vom Blühen zur Frucht und zum Tod, all dies hat das Leben auf der Erde erst möglich gemacht. Jeder Mensch auf dieser Welt muß irgendwann einsehen, daß man nichts, aber auch gar nichts haben kann, wenn man nicht auch den Gegenpol akzeptiert. Wir wissen, daß wir Gesundheit nur fühlen können, weil es auch das Gegenteil gibt; nur weil wir auch den Schmerz kennen, wissen wir, was Glück ist. Das eine wählen und das andere ausschließen wollen, bedeutet einen Irrweg, wie z. B. den der harten Drogen. Und dieser Irrweg zeigt auch, daß die Existenz sich nicht betrügen läßt, denn je mehr ich mich mit Drogen vollpumpe, um nur noch glücklich und high zu sein, um so tiefer gerate ich auch in den polaren Schmerz.

THE WORK zeigt uns mit dem, was wir in unseren Fragebogen schreiben, schon jeweils, was wir aus unserem Leben ausschließen wollen, was sich aber dessen ungeachtet geradezu in unser Leben drängt, indem es uns ärgert, traurig macht, enttäuscht. Wenn wir diese Dinge akzeptieren, werden wir ganz und heil, denn wir lassen herein, was uns bisher zur Ganzheit fehlte – das Gegenteil von dem, was wir suchten und anzuziehen versuchten.

Die Betonung einer Seite läßt das jeweilige Gegenteil in uns entstehen und wachsen, oft im geheimen und unbemerkt (vergl. dazu »Krankheit als Weg« von Dethlefsen/Dahlke). Die nicht akzeptierten Seiten führen ein Schattendasein in uns, sie sind oft verantwortlich für Störungen oder gar Krankheiten. THE WORK zeigt uns, welche Seiten der Medaille wir verdrängt, vernachlässigt haben. Indem wir uns die fehlenden Seiten bewußtmachen und sie akzeptieren, werden wir wieder ganz und heil. Nicht das scheinbar Negative erzeugt den Schmerz, sondern das Ablehnen des uns negativ Scheinenden.

Jetzt können wir auch verstehen, warum wir überhaupt dauernd mit dem jeweiligen Gegensatz dessen, was wir wollen, konfrontiert werden: Die Welt, das ALLES, will uns ganz machen, heilen.

Seit Urzeiten gibt es Menschen, die von solcher Heilung berichten und die uns erzählen, wie wunderbar und erstrebenswert sie sei. Byron Katie und viele Erleuchtete und Weise alter und neuer Zeiten nennen es Liebe, was da ist und zu dem wir werden, wenn die Gegensätze nicht mehr existieren.

THE WORK scheint die natürliche Entwicklung vom Ego, dem einzelnen, der eine Illusion ist, zur Liebe, dem ALLES, das die Wahrheit ist, erheblich zu beschleunigen. Das ist jedenfalls meine Beobachtung.

Haben Sie Kinder?

Mein Sohn irritiert mich, weil er keine Verantwortung übernimmt, seine Hausaufgaben nicht macht und seine häuslichen Pflichten vernachlässigt. Ich predige ihm das seit acht Jahren, und es ist jeden Tag so, als hätte er es noch nie gehört.

KATIE: Es scheint, daß du einen enormen Einfluß auf ihn hast… Vorhin hast du mich gefragt, ob unsere Kinder ihren eigenen Weg haben. Da hast du die Antwort.

Es geht mir einfach gegen den Strich, nichts zu sagen.

KATIE: Es geht dir gegen den Strich, weil du keine Kontrolle über ihn hast. Du hast keine Kontrolle, über gar nichts. Und du denkst, das sollte anders sein, und was hast du davon? Depressionen!

Aber ist es nicht deprimierend, wenn man denkt, daß man keinerlei Kontrolle hat? Es ist doch traurig! Warum dann überhaupt noch etwas versuchen?

KATIE: Es ist ein Tod. Man kommt zu dem Punkt, an dem man sagt: »Warum überhaupt noch etwas versuchen«, und dann entsteht daraus etwas Neues. Etwas, das viel realer ist! »Ich habe keine Kontrolle«, das ist viel wahrer und realer, als zu denken: »Ich habe die Kontrolle.« Aber das ist nur *meine* Erfahrung. Also: »Er muß seine Hausaufgaben machen« – ist das wahr?

Ja.

KATIE: Kannst du das wirklich wissen?

Ich bezahle seine Privatschule, ich weiß, daß es wahr ist!

KATIE: Und macht er seit acht Jahren seine Hausaufgaben?

Meistens. In 80 Prozent der Zeit.

KATIE: So – er muß seine Hausaufgaben zu 100 Prozent machen?

Immer! Jawohl! Ich glaube, daß das wahr ist. Warum sollte ich ihn sonst auf diese Schule schicken?

KATIE: Und wie sieht die wirkliche Realität seit acht Jahren aus?

Du meinst, was er seit acht Jahren macht?

KATIE: Genau. Die wirkliche Wahrheit.

Er tut es nur zu 80 Prozent. Ich soll also damit zufrieden sein.

KATIE: Es ist nicht deine Angelegenheit …

Ich soll es einfach akzeptieren?

KATIE: Laß uns mal sehen: Seit acht Jahren tut er es nur zu 80 Prozent … Lege dich mit der Realität an, und der Effekt ist Depression, oder?

Kein Wunder, daß ich Depressionen habe... Weißt du, als ich letztes Jahr mein Baby bekam, da wurde es wirklich schlimm: Er ist nicht so, wie ich ihn mir wünsche, er ist immer krank, er schläft nie. Ich habe ihn zum Fressen gern, aber er ist einfach nicht so pflegeleicht wie mein anderer Sohn.

KATIE: Dein Baby muß also pflegeleicht sein?

Ja. Er schreit, wenn er andere Menschen sieht, und ich sage: »Was habe ich ihm denn getan?«

KATIE: Er darf nicht schreien, wenn er andere Menschen sieht?

Nein.

KATIE: Und wie sieht die Realität aus?

Er schreit, er schreit.

KATIE: Und was passiert, wenn du glaubst, er darf nicht schreien?

Ich bin deprimiert, ich bin traurig, es ist mir peinlich, ich denke, etwas ist nicht in Ordnung mit ihm, mit mir...

KATIE: Also – es ist nicht das Schreien, das dich deprimiert, es ist dein Glaube, er darf nicht schreien. Wie behandelst du deinen Sohn, wenn du glaubst, er sollte nicht schreien?

Ich versuche ihn dazu zu bringen, daß er aufhört, ich sage: »Sei doch lieb, es macht mich so glücklich, wenn du lieb bist.«

KATIE: Also – du bringst ihm bei, es ist nicht in Ordnung, wenn er schreit. Wenn du das mit mir machen würdest, dann wäre ich sehr böse; ich schreie, und du sagst mir: »Sei doch lieb, sei doch lieb!« Ich vertraue dir nicht, ich mag dich nicht, weil du mir sagst, ich soll anders sein, als ich bin. Das ist keine bedingungslose Liebe.

Schließe deine Augen, und stell dir vor, wie er schreit, wenn er einen anderen Menschen sieht. Was siehst du?

Es ist typisch er. So ist er halt. Irgendwie niedlich. Ich möchte ihn einfach halten und sagen: »Es ist in Ordnung!«

KATIE: Laß uns deinen ursprünglichen Satz mal umdrehen.

Ich irritiere mich, weil ich keine Verantwortung übernehme, meine Hausaufgaben nicht mache und meine häuslichen Pflichten vernachlässige. – Ich mache es aber ganz gut.

KATIE: Hundertprozentig? Achtzigprozentig?

O. K.

KATIE: Jetzt drehe es nochmals um.

Ich irritiere meinen Sohn, weil ich keine Verantwortung übernehme, meine Hausaufgaben nicht mache und meine häuslichen Pflichten vernachlässige. Ja, genau, er sagt, ich soll meine Klamotten nicht liegenlassen, ich soll mich um meine Angelegenheiten kümmern.

Ich möchte, daß mein Sohn Greg sich in das häusliche Team einfügt, daß er ein gutes Selbstwertgefühl hat, indem er tut, was richtig und gut ist.

KATIE: »Er muß ein gutes Selbstwertgefühl haben« – ist das wahr?

Ich würde das vorziehen.

Und hat er es?

Es ist o. k. Aber ich will immer, daß es mehr ist.

KATIE: Wofür? Um was zu bekommen?

Ich kämpfe immer für mehr, warum? Damit sein Leben später leichter wird!

KATIE: Für mich fühlt sich das nicht nach Leichtigkeit an. Es klingt im Gegenteil nach Zwang und Schwere, wenn du immer mehr willst, 100 Prozent. Und was bedeutet dir das, was ist das Höchste, was du erreichen kannst, wenn du 100 Prozent hast?

Glück, Zufriedenheit.

KATIE: Das kannst du auch mit 80 Prozent haben, jetzt! Du kannst 100 Prozent Zufriedenheit mit deinen 80 Prozent haben.

Ich möchte, daß ich mich in das häusliche Team einfüge, daß ich ein gutes Selbstwertgefühl habe, indem ich tue, was richtig und gut ist.

KATIE: Wenn ich dein Sohn wäre, dann würde ich zu dir sagen. »Füge dich in unser 80-Prozent-Team ein!«

Er sollte nicht lügen, wenn er die Wahrheit kennt.

KATIE: Drehe es um.

Ich sollte nicht lügen, wenn ich die Wahrheit kenne.

KATIE: Die Wahrheit ist z. B.: 80 Prozent ist seine Bestleistung. Nun – er soll nicht lügen, wenn er die Wahrheit kennt, ist das wahr?

Idealerweise, ja. In der Realität, nein.

KATIE: Idealerweise? Das ist ein Märchen. Hast du jemals jemanden gekannt, der nicht gelogen hätte? Die ganze Welt lügt, und du sagst, er soll nicht lügen? Schließe die Augen, und sieh ihn, wie er tut, was er tut. Wie reagierst du, wenn du denkst, er sollte nicht lügen, und er lügt doch? Fühlt sich das an wie eine liebende Mutter oder wie ein Feind? Fühlt es sich an wie das, was du wirklich bist?

Ich hasse mich jetzt dafür.

KATIE: Es geht hier nicht darum, was du getan hast! Wir beginnen jetzt! Jetzt schau ihn nochmals genau an. Er lügt, und du schaust ihn an ohne deine Geschichte: »Er soll nicht lügen.«

Er ist immer noch süß.

KATIE: Du liebst ihn. Wenn du denkst, er sollte nicht lügen, dann fühlst du dich deprimiert. Du verwandelst dich in einen Feind und das entspricht nicht deiner wahren Natur.

Ich sollte nicht lügen, wenn ich die Wahrheit kenne.

KATIE: Deine Lüge ist: Er darf nicht lügen.

Und die Wahrheit ist: Er wird lügen.

KATIE: Oder nicht. Es ist nicht deine Angelegenheit.

Ich möchte, daß er sich so fühlt und verhält wie er ist: wunderbar, etwas Besonderes.
KATIE: Drehe es um.
Ich möchte, daß ich mich so fühle und verhalte wie ich bin: wunderbar, etwas Besonderes.
KATIE: Es ist deine Philosophie, deine Theorie. Erwarte nicht, daß wir das tun. Das ist dein Leben, dein Glück. Menschen, die sich nicht um fremde Angelegenheiten kümmern und das leben, was sie predigen, nennen wir Heilige: Jesus, Buddha, Krishna. Aber was machen wir? Wir predigen es unseren Kindern, damit wir selbst es nicht leben müssen.
Solange du dich auf andere konzentrierst, hast du nicht die Klarheit und die Energie, deine eigene Philosophie zu leben. Du willst, daß wir nicht lügen? Lüge du nicht! Du willst, daß wir alles zu 100 Prozent erledigen? Mach du es uns vor!

Meine Tochter will nicht gesund essen

Ich habe Deborah gegenüber ein feindseliges Gefühl, weil ich manchmal mehr Raum haben möchte; auch deshalb, weil ich mir manchmal sehr viel Mühe geben muß und sie einfach nicht mitmacht. Und ich bekomme dieses feindselige Gefühl zurück, indem ich es in ihrem Gesicht auch sehe.
KATIE: Erkennt sie deine Mühe nicht an?
Nein – und sie sperrt sich gegen mich.
KATIE: Meine Süße, sie sollte deine Mühe anerkennen, kannst du wirklich wissen, daß das wahr ist? Wer hat dir das beigebracht? Daß überhaupt irgend jemand auf der Welt uns anerkennen sollte? Woher hast du diese Geschichte?
Ich habe das Gefühl, daß ich etwas von ihr will, und ich ver-

suche, das durchzudrücken, und ich erwarte nicht, daß sie das schön findet.
KATIE: Ja, du willst etwas von ihr: Anerkennung, Verehrung, du willst, daß sie ihr ganzes Leben auf dich einstellt, daß sie so aufwächst, wie du es für richtig hältst. Und du läßt ihr dabei keine Wahl. Wenn etwas dir gefällt, dann applaudierst du, und wenn das nicht der Fall ist, dann bestrafst du. Und wenn du ihr etwas gibst, dann möchtest du, daß sie das anerkennt. Wie behandelst du sie, wenn du ihre Anerkennung willst und sie gibt sie dir nicht?
Ich versuche es mit viel Geduld – und manchmal flippe ich aus. Ich werde wütend, und das ist nicht gut.
KATIE: Sie hat also eine gute Lehrerin: »Wenn du nicht bekommst, was du willst, werde wütend.« Du würdest aufhören damit, wenn du nur wüßtest wie, denn das ist sehr schmerzhaft. Wie fühlt es sich an, wenn du wütend wirst, weil sie dich nicht anerkennt?
Ich verschließe meine Gefühle.
KATIE: Du ziehst dich zurück von ihr. Und wie fühlt sich das an? Kannst du einen Grund sehen, diese Geschichte fallenzulassen: »Ich will, daß sie mich anerkennt«?
Ich kann die Anerkennung nicht verlangen.
KATIE: Nein, das ist zu schmerzhaft. Und es funktioniert nicht. Wer wärst du ohne diese Geschichte: »Ich will, daß sie mich anerkennt«?
Es wäre freier zwischen uns.
KATIE: Ist das nicht das, was du wirklich willst?
Drehe es um.
Ich möchte, daß ich sie anerkenne.
KATIE: Sogar dann, wenn sie dich nicht anerkennt. Es gibt noch eine Umkehrung.
Ich möchte, daß ich mich anerkenne.

Katie: Es ist nicht ihr Job, es ist deiner. Schau, wie du von ihr das willst, was du tun würdest, wenn du deine Tochter wärst! Aber damit hat sie gar nichts zu tun! Du willst nur dir selbst gefallen. Du gibst ihr das, von dem du denkst, es wäre das beste. Wir behandeln unsere Kinder wie wehrlose Opfer – im Namen der Liebe. Wir sind verwirrt.
Es gibt noch eine Umkehrung.
Sie sollte mich nicht anerkennen.
Katie: Fühlt sich das nicht ehrlicher an? Woher weiß ich, daß meine Kinder mich nicht anerkennen sollten? Sie tun es nicht. Es fiel mir auf. Fiel es euch auch auf? Willkommen in der Realität! Raus aus den Märchenbüchern! Kommt aus euren eigenen Fernsehern, untersucht eure Seifenopern!
Wenn ich denke, meine Tochter sollte mich anerkennen, dann bin ich verrückt. Man nennt das Liebe mit Bedingungen. Kann ich sie dafür anerkennen, daß sie mir eine so gute Lektion erteilt?
Ich liebe es, daß meine Kinder mir ein solches Vertrauen entgegenbringen, daß sie mir ihre Anerkennung nicht zeigen müssen. Sie vertrauen darauf, daß ich sie einfach liebe. Oder nicht. Kennst du das Gebet, das ich hätte, wenn ich eines hätte? Lieber Gott, behüte mich vor dem Verlangen nach Liebe, Anerkennung oder Beifall. Amen.
Das paßt.
Katie: Es tut sehr weh. Gehen wir zum nächsten Satz.
Es ist mir wichtig, daß meine Tochter gesund ißt.
Katie: Ißt sie gesund?
Es ist sehr schwierig. Ich muß sie füttern, oder sie ißt später weiter …
Katie: Also sie soll alle die Ideen, die du hast, essen? Wie behandelst du sie, wenn du sie manipulierst, damit sie diese Nahrung zu sich nimmt? Was sagst du zu ihr?

Das schlimmste war, daß ich sie geschüttelt habe und daß ich mit der Faust auf den Tisch gehauen habe.

KATIE: Ja, ich weiß. Das macht Appetit.
Jedesmal, wenn unsere Kinder Möhren und Erbsen sehen, werden sie an uns denken. Ja, diese Faust auf dem Tisch wird für immer mit Möhren und Erbsen verbunden sein! Wie fühlt es sich an?

Ich bin verzweifelt, weil ich es nicht auf die Reihe kriege.

KATIE: Meine Süße, kannst du einen Grund sehen, diese Geschichte fallenzulassen: »Sie muß das essen«? Und ich fordere dich nicht auf, deinen Glauben fallenzulassen; denn du betest diesen Glaubenssatz geradezu an: »Sie muß diese bestimmte Nahrung essen.« Ich frage dich nur: Siehst du einen Grund, diesen Glauben fallenzulassen?

Ich habe keine Lust auf den Kampf mit ihr.

KATIE: Da hast du ja einen Grund. Kannst du also einen Grund sehen, diese Gedanken festzuhalten?

Ich finde es so wichtig, daß ein Mensch gesundes Essen zu sich nimmt.

KATIE: Ich habe dich nicht gebeten, deine Religion fallenzulassen. Denn die ist viel wichtiger als deine Tochter. So ist es eben. Ich frage nur: Kannst du einen Grund sehen, daran festzuhalten? Einen Grund, der dir keinen Streß verursacht? Das ist alles. Es muß ja irgendein Wert darin liegen, der dir keinen Streß verursacht, warum sonst solltest du dich dem so sehr verschreiben?

Ich will, daß sie gut ist zu ihrem Körper.

KATIE: Sie scheint nicht daran interessiert zu sein. Es ist deine Religion, nicht ihre.

Das stimmt.

KATIE: So – das macht Streß. Aber ich wollte einen Grund hören, der *keinen* Streß verursacht.

Mir fällt im Moment nichts ein.

KATIE: Wer wärest du bei dir zu Hause – ohne diesen Glauben? Wie würdest du dich fühlen, wenn du diese Geschichte nie wieder hättest?

Es wäre viel angenehmer.

KATIE: Das hört sich an wie eine ganz gute Nahrung. Also: Sie muß dieses gesunde Essen zu sich nehmen – dreh es um.

Ich muß dieses gesunde Essen zu mir nehmen.

KATIE: Du bist diejenige, welche. Und wenn es dir so gut damit geht, dann wird sie dir folgen. Aber wenn dieses Essen nur Ärger bringt, wer will es denn dann?

Ich verstehe das.

KATIE: Wenn du gesundes Essen auf den Tisch bringst und sie ißt es nicht, dann ißt sie es nicht. Dann stellst du das nächste Essen auf den Tisch. Und sie weiß die Zeiten, sie kann dir vertrauen, weil du nicht mehr ihr Feind bist. Und sie ißt es – oder nicht.

Ich habe bemerkt, daß Kinder wie Haustiere sind. Manchmal essen sie tagelang nichts, und dann essen sie wieder alles. Wer hat euch jemals gesagt, ihr müßt dreimal täglich essen? Ich sage nicht, daß das falsch ist. Wir untersuchen diese Sache nur, weil wir den Frieden und die Realität lieben.

Du weißt sehr genau, was dir guttut. Und natürlich möchtest du, daß deine Tochter dies ebenfalls herausfindet. Alle Nahrung dient nur eurer Verwirklichung. Und das ist auch der Grund, warum wir Töchter haben.

– 4 –

Wer ist Byron Katie?

Meine erste Begegnung mit Byron Katie

THE WORK als Methode existiert für sich ganz allein – sie braucht keinen Lehrer, keinen Guru, keine Organisation. Sie müssen Byron Katie nicht persönlich kennen, um Ihr Leben mit dieser Methode besser, einfacher und freier zu gestalten. Ich muß für mich jedoch zugeben, daß THE WORK mich vielleicht nicht so sehr beeindruckt hätte, wenn ihre »Erfinderin« mir nicht als ein so außergewöhnlicher Mensch erschienen wäre. Hier Auszüge aus meinem Bericht für die Zeitschrift »Connection«:

Ein heller, freundlicher Raum im prachtvollen Bau des Altersheims »St. Josef« in München. Etwa 70 Wahrheitssucher sind versammelt, ein Workshop auf Spendenbasis. Unter denen, die sich auf dem spirituellen Supermarkt auskennen, gilt Byron Katie als »erleuchtet«* – auf eine entsprechende Frage sagt sie später: »Über Erleuchtung weiß ich nichts, mich interessiert nur, daß ich hier sitze und du hier vor mir sitzt und daß wir eins sind.«

Ein weißer Sessel, viele Blumen, ein paar Kerzen, Mikro-

* Siehe Glossar

fone. Byron Katie betritt den Raum unauffällig, eine mittelgroße Frau in den Fünfzigern, sie erinnert mich an die deutsche Schauspielerin Doris Schade. Ein schlichtes langes Kleid, eine große blaue Stola, ein Anhänger aus Aquamarin, passende Ohrringe. Sie sitzt bequem im Schneidersitz; mich wundert, wie ungezwungen auch Neulinge mit ihr reden, sie anfassen, von ihr angefaßt werden. Der Umgang von Freundinnen mit einer Freundin. Es ist nichts von Verehrung auch der mitgereisten langjährigen »Schüler« zu spüren – sehr wohl aber Liebe.

Katie hat strahlend hellblaue Augen, eher kleine Pupillen. Man sieht ihr an, daß sie die Fünfzig überschritten und schon einiges erlebt haben muß, aber sie hat eine von innen kommende Schönheit. Was mir besonders auffällt, sind ihre zarten und schlanken Hände.

Zu Beginn des Workshops fragt sie: »Wer möchte THE WORK tun?« Viele haben ihre Fragebogen bereits ausgefüllt; jemand geht zögernd nach vorne. (Erst später drängen sich die Menschen geradezu, mit ihr zu arbeiten.) Katie schaut die Person lange an, nimmt ihre Hände. Ihre Stimme ist weich, als sie sagt: »Let's do THE WORK.«

Wann immer es – je nach Thema – angebracht erscheint, spricht Katie zu allen Anwesenden. Da der gesamte Workshop mitgeschnitten wird, kann ich relaxen und schreibe nur auf, was mir besonders bemerkenswert erscheint. Später sagt mir Katie: »Du kannst die Tonbänder so oft kopieren, wie du willst, und kostenlos weitergeben.«

Das ist das erste, was mich besonders beeindruckt hat: THE WORK scheint nicht so eng mit Geld verknüpft zu sein wie eigentlich alles, was irgendwo in Seminaren und Workshops gelehrt wird, besonders auf dem spirituellen Supermarkt. Es ist sehr angenehm, Freunde zu Katie einladen zu können, indem man sagt: »Komm doch mal vorbei und schau es dir an. Es kostet nichts, und du kannst kommen und gehen, wann du willst.«

Auf einem Tisch mit Tonbändern und Büchern steht eine Dose mit der Aufschrift »Spenden«, und ich glaube, daß diese Dose reichlich gefüllt war am Ende des Workshops – ich selbst hatte das Gefühl, so viel bekommen zu haben, daß ich einfach einige größere Scheine geben *mußte.*

Katie erwähnt die Spendendose nach meiner Erinnerung nur einmal im Zusammenhang mit dem »Kleinen Büchlein«, das mit Hilfe der Spenden gedruckt wird – auf dessen letzter Seite steht sinngemäß: »The Work wird von uns kostenlos gegeben, es gibt aber auch Therapeuten, die Geld dafür nehmen. Gut – wir lieben es, auch sie mit Material zu versorgen.« Das hat mir besonders gefallen: Katie nimmt selbst keine festen Beträge, aber sie findet es absolut in Ordnung, wenn andere es tun. Das nenne ich Toleranz. Und weiter heißt es in dem Heftchen: »Du darfst es gerne kopieren, verteilen und zitieren, solange es kostenlos ist.«

Irgendwann wird angekündigt, daß im bayerischen Kirchberg ein weiterer Workshop stattfinden wird und daß man im Garten des Schlosses (sinnigerweise ebenfalls ein Altersheim) kostenlos zelten kann. Dies sind Details, die ich persönlich mag.

Ich habe eben erwähnt, daß man während des Workshops kommen und gehen darf, wenn man möchte – daß hiervon pausenlos und reichlich Gebrauch gemacht wird, daran muß ich mich erst gewöhnen. Während Katie The Work mit einem Menschen auf der kleinen Bühne macht, verabreden sich im Raum die mitreisenden Helfer zu weiteren Sitzungen mit Teilnehmern, die dann in Nebenräumen oder Gängen durchgeführt werden. Hierdurch entsteht eine ständige Unruhe, ebenso durch Hunde und Kinder, die durch die Stuhlreihen laufen oder kriechen, oder durch greinende Babys, von denen es zumindest während meines zweiten Workshops jede Menge gab.

Katie scheint all das gar nicht zu bemerken, ich habe sie niemals auch nur ansatzweise einen Seitenblick werfen sehen oder gar eine Bemerkung von ihr gehört. Sie ist ganz und gar mit dem Menschen beschäftigt, der ihr gerade gegenübersitzt. Des weiteren fiel mir auf, daß sie die Leute, mit denen sie THE WORK macht, ständig mit Kosenamen belegt wie »honey, angel, sweetheart« (Süße[r], Engel, mein Herz) usw.; nachdem ich mich daran gewöhnt hatte, fühlte ich, daß das ganz tief aus ihrem Herzen kommt. Und – sie küßte mir gar die Hand und bedankte sich bei mir, nachdem ich meine eigene WORK mit ihr beendet hatte!

Der Haupteindruck, den ich von Byron Katie habe, ist zunächst der einer auf dem »spirituellen Supermarkt« seltenen Bescheidenheit, Unauffälligkeit, fast Gewöhnlichkeit. Ich sah, wie sie sich beim Essenfassen in der Reihe anstellte, ich sah sie im Vorraum der allgemeinen Toilette warten, bis diese frei wurde, und hielt währenddessen ein Schwätzchen mit ihr, ich sah, daß sie ganz einfache Kleider, ganz einfachen Schmuck trägt, ich beobachtete sie auf der Straße, im Restaurant, in der Lobby ihres Hotels. Kein Mensch denkt bei ihrem Anblick, daß sie etwas Besonderes sein könnte.

Den folgenden Ausspruch von ihr möchte ich in diesem Zusammenhang zitieren: »Meine Tochter fragte mich neulich, was wohl das Erstrebenswerteste im Leben sein könne, und ich antwortete: gewöhnlich zu sein.«

Katie scheint hundertprozentig zufrieden mit dem, was sie gerade tut: mit einem Freund, einer Freundin im Sessel sitzen, eine Tasse Tee trinken, vier Fragen stellen und die Umkehrung finden. Das ist ihr Leben, nichts anderes scheint in diesem Moment in ihrem Kopf zu sein.

Nachtrag zu diesem Abschnitt: Als ich Byron Katie kennenlernte, gab es keinerlei kommerzielle Kurse oder Veranstaltungen. Inzwischen bahnt sich wohl eine Entwicklung an, die die Aktivitäten zweiteilt: eine nichtkommerzielle Schiene auf Spendenbasis wie bisher und eine eher geschäftlich orientierte Schiene, die Therapeuten und Managertrainer ausbildet. Hiermit hatte ich zunächst Probleme – wie ich sie löste, erfahren Sie im nächsten Kapitel.

*Byron Katies Geschichte**

Byron Katie wurde als Byron Kathleen Reid am 6. Dezember 1942 in Breckenridge, Texas, geboren. Ihre Mutter Marion, die mit ihrem Mann zu dieser Zeit eigentlich bereits in Kalifornien lebte, war mit ihrer damals vierjährigen Tochter Sharon eigens in das Haus ihrer eigenen Mutter zurückgekehrt, um die letzten Monate der Schwangerschaft dort zu verbringen. Ihr Mann Rodney blieb in Bakersfield, CA, wo er bei der Eisenbahn beschäftigt war.

Dorthin kehrte Marion sechs Wochen nach Kathleens Geburt zurück, die Mutter folgte nach kurzer Zeit ebenfalls. Zwei Jahre später wurde ein drittes und letztes Kind geboren: Rodney William.

Der erste Vorname Byron war eine Konzession an eine rei-

* Eine ausführliche Schilderung findet sich in einem anderen Buch über Byron Katie: »Schrei in der Wüste«, Kamphausen Verlag 1999.

che Verwandte, die den gleichen seltenen Vornamen trug und die Katie später 5000 Dollar hinterließ, mit denen sie ihr Studium finanzierte, das sie aber bereits nach zwei Semestern wieder aufgab. Die Familie selbst war nicht reich, aber es gab trotz der schlechten Kriegszeiten immer genug zu essen.

Byron Katie erinnert sich, daß sie als kleines Kind das Gefühl hatte, nicht geliebt zu sein, wie ihre Geschwister, aber sie weiß auch, daß sie sich diese Geschichte selbst konstruiert hatte. Sie erinnert sich, daß sie einmal fragte, ob sie ins Haus kommen könne, und ihre Mutter sagte: »Nein!« Das hatte in diesem Moment sicher einen triftigen Grund, aber die kleine Kathleen nahm die Antwort wörtlich und glaubte, sie sei im Haus ihrer Eltern nicht willkommen. Sie sah ihre Geschwister ein und aus gehen, aber sie selbst hielt sich für heimatlos. Irgendwann war die Tür einmal fest verschlossen, und von da an hatte sich ihr Glaube endgültig verfestigt.

Oft spielte sie nicht mit den anderen Kindern, von denen es viele in der Nachbarschaft gab, sondern schaute daumenlutschend zu. Im Alter von drei bis vier Jahren wurde sie von einem Nachbarn »sexuell belästigt«, das tat weh, aber Kathleen ging mehrmals wieder zu diesem Mann, da er mit ihr sprach, mit ihr lächelte, da er »sie wollte«, wie sie sagt. »Ich hatte während meiner ganzen Kindheit das Gefühl, ungewollt zu sein, nicht zu genügen. Dabei war meine Mutter eine sehr liebevolle Frau.« Sie erinnert sich auch an die Tatsache, daß sie noch in der 3. Klasse der Grundschule lieber in die Hose machte, als nach der Toilette zu fragen.

Dennoch entwickelte sie sich zu einem sehr lebendigen, sprühenden, beliebten Teenager, der oft im Mittelpunkt stand, dem scheinbar alles gelingen konnte. Aber sie wußte stets, daß dies nur eine Maske war, um ihren schüchternen, einsamen und sensiblen Kern zu verstecken.

Mit neunzehn Jahren heiratete sie ihren ersten Mann Bob Robinson, einen vielversprechenden Nachbarsjungen, und gebar bereits nach kurzer Zeit einen Sohn, Bob jr. Zwei weitere Kinder, Ross und Roxanne, folgten. Dennoch hatte Katie noch genügend Energie, um das Geld, das sie und ihr Mann reichlich verdienten, gut anzulegen. Man baute, man kaufte, man engagierte sich in mancherlei Geschäften. Katie und ihr Mann waren gesellschaftlicher Mittelpunkt, äußerlich ein leuchtendes Beispiel des amerikanischen Traumes. Innen aber sah es anders aus: Katie hat das Gefühl, sie kann es ihrem Mann niemals recht machen, nur selten liebt er sie so, wie sie ist.

Sie konzentriert sich daher auf Geld, Macht, Sex, Essen, Trinken, Alkohol – aber nichts kann ihre innere Leere füllen. Nach fünf äußerlich sehr erfolgreichen Jahren häufen sich die Auseinandersetzungen.

Bereits in dieser Zeit taucht ein zweiter Mann in ihrem Leben auf: Paul Rolle, ein italienischstämmiger Tiefbauingenieur, der fünfzehn Jahre älter als sie ist und mit dem sie geschäftlich häufig zusammenarbeitet. Es stellt sich heraus, daß er, als sie noch klein war, einmal die Arbeiten am Bürgersteig vor ihrem Haus beaufsichtigte und daß sie sich schon als Kind in sein Lachen verliebt hatte.

Schließlich läßt sie sich, nunmehr 34 Jahre alt, von Bob scheiden, verzichtet auf jeden Anspruch aus dem gemeinsam erarbeiteten Vermögen und zieht mit ihren Kindern nach Barstow. Ihrer Meinung nach hätte Bob sie unter anderen Bedingungen nicht freigegeben. Sie fängt ganz von vorne an, arbeitet selbständig und erfolgreich, versorgt gleichzeitig die Kinder, aber seelisch bewegt sie sich spiralförmig in ein immer tiefer werdendes Loch, aus dem es kein Entrinnen gibt und in das kein Lichtstrahl fällt. Sie hat schwere Depressionen und sagt über diese Zeit: »Ich begann, mich selbst abzutöten.«

1979, drei Jahre nach ihrer Scheidung, heiratet sie Paul Rolle, den Mann, in dessen Lachen sie sich bereits als Vierjährige verliebt hatte. Paul liebt sie zärtlich, aber nichts ändert sich dadurch. Sie bleibt unzufrieden, fühlt sich von jedermann mißverstanden, hat Angst vor Krieg und Katastrophen, empfindet das Leben als große Mausefalle, der man nur zeitweise durch Schlaftabletten entrinnen kann. »Meine Familie würdigt mich nicht. Niemand kümmert sich um mich. Die Welt ist voller Gefahren. Ich bräuchte Unterstützung, bekomme sie aber von niemandem. Die Kinder lassen ihre Klamotten überall liegen. Niemand hört mir zu. Man sollte mich lieben und verstehen.« Solcherart sind ihre Glaubenssätze. Und all das scheint ihr so schrecklich real, sie empfindet sich als Einzelkämpferin, die alle diese Mißstände zu beseitigen hat.

Sie ist voller Wut, Aggression, Negativität. Am Ende raucht sie unmäßig viele Zigaretten, trinkt, nimmt Pillen jeder Art, stopft sich mit Essen voll, bis sie 200 Kilo auf die Waage bringt, hungert sich alles herunter bis zur Magersucht, nimmt wieder unmäßig zu; gleichzeitig leidet ihre Seele unsäglichen Hunger, unsägliche Qual.

Dann kommt die Zeit, in der sie unter neurotischer Platzangst leidet, sich kaum noch aus ihrem Zimmer traut, ihren Körper vernachlässigt, nur noch vor der Glotze liegt. Ihre Kinder erinnern sich mit großem Schrecken an diese Phase. Die Tochter Roxanne erzählt: »Sie lag da mit ihrem Essen, ihren Alkoholika, ihren Zigaretten. Meist war sie bewegungslos, konnte aber plötzlich wie der Blitz aus heiterem Himmel aufspringen und toben – diese riesige rasende Frau. Ich sah sie nie lächeln. Sie starb. Sie wurde bei lebendigem Leib von innen aufgefressen.«

Obwohl Katie wußte, daß sie sich langsam, aber sicher selbst umbrachte, dachte sie nie an wirklichen Selbstmord. Sie hatte die Idee, daß ihre Schwierigkeiten nur daher kamen, daß ihr Körper nicht in Ordnung war. Obwohl ihre Geschichte ganz klar zeigte, daß ihr körperlicher und seelischer Zustand nur eine Folge ihres Denkens war, hatte sie den Glauben, daß sie durch eine Kur, durch eine medizinische Behandlung von ihren körperlichen und seelischen Leiden geheilt werden könnte. Sie sah die Werbung für solche Behandlungen, sie glaubte den Anzeigen, aber ihre Versicherung zahlte solche teuren Kuren nicht, und sie war geizig.

Schließlich fand man eine Art therapeutische Gemeinschaft der Anonymen Alkoholiker, die bereit war, sie als Patientin in ein »Zwölf-Schritte-Programm« aufzunehmen. Dort war sie sehr unbeliebt, galt als gefährlich und unberechenbar. Sie kleidete sich ganz in Weiß und weigerte sich, im Haus mitzuarbeiten. Sie beklagte sich darüber, daß man Freundlichkeit von ihr erwartete, aber niemand freundlich zu ihr war. Sie beklagte sich darüber, daß man erwartete, sie solle die Wahrheit sagen, aber niemand dort sagte die Wahrheit. Sie durfte nicht mehr ausflippen, gewalttätig werden, ihre Wut ausleben, wie sie es zu Hause getan hatte.

Sie war sehr verwirrt.

»Erleuchtung«

Man hatte ihr ein Dachkämmerchen zugewiesen, wo sie auf dem Fußboden schlief – irgendwie fühlte sie sich nicht wert, das Bett zu benutzen, das sich in diesem Raum befand.

Eines Morgens wachte sie auf und bemerkte eine Kakerlake, die über ihren nackten Fuß kroch. Sie mußte lachen, aber es war nicht ihr Gelächter. Sie selbst existierte nicht mehr, da war nur Bewußtheit, Bewußtsein. Die scheinbar reale Welt stellte sich als Spiegelbild eines göttlichen Gedankens dar, der sich selbst als Existenz erkennt, indem er sich spiegelt – ohne weiteren Grund. »Fuß«, »Kakerlake« wurden nicht mehr als zu benennende physikalische Körper betrachtet, sondern waren Manifestationen des göttlichen Gedankens, die man nur als Freude, als Ekstase identifizieren konnte. Das, was wir Byron Katie nennen, war erwacht.

Sie bemerkte, daß sie sich erhob, ins Badezimmer ging, in den Spiegel schaute. Sie schaute in diese Augen und verliebte sich in sich selbst, sie erkannte, daß sie ALLES war, daß sie LIEBE war. Worte hatten keine Bedeutung, es gab keine Vergangenheit, keine Zukunft. Es gab nichts zu tun, nichts zu verändern, nirgendwohin zu gehen. Da war nur noch Sein. Das, was ist. Und dieses SEIN war so von Freude erfüllt, es bestand aus Lachen, aus Glück, aus Klarheit. Es war das Absolute, die Essenz allen Seins, das ALLES selbst, reines Bewußtsein.

In diesem Zustand entdeckte Byron Katie, wie unsere persönliche Welt entsteht. Sie beobachtete die Arbeit des Verstandes. Sie sah einen Gedanken, sie erfuhr, wie sich ein Gefühl an diesen Gedanken heftete, sie bemerkte, wie eine Bewegung daraus entstand, sie hatte eine Welt. Die scheinbare Abfolge »Denken, Fühlen, Handeln, Haben« ist in Wirklichkeit eine Einheit, aus der blitzartig unsere individuelle Welt entsteht. So wird es getan, und so tun wir es immer wieder. Um im Zustand der Gnade zu bleiben, müssen wir »ungetan« machen, was wir tun bzw. getan haben. Daher nennt Byron Katie THE WORK auch *The Great Undoing* – »das große Auflösen«.

Wie entstand THE WORK

Katie sagt, daß THE WORK, wie wir sie kennen, augenblicklich aus ihrer Erfahrung des Göttlichen entstand. Sie erzählt:

Immer wenn ein Glaubenssatz in mir erschien, so wirkte das auf mich, als wäre ich von einer Bombe getroffen worden. Ich fühlte ein Schütteln, eine Spannung, eine Kontraktion, und mein innerer Frieden schien zerstört. Andere sahen, daß ich schrie, weinte und daß meine Gliedmaßen und mein ganzer Körper sich versteiften. An diesem Punkt erschien dann stets die gleiche Klarheit, die ich während des Erlebnisses mit der Kakerlake erfahren hatte; der Glaubenssatz, die Geschichte fielen von mir ab wie ein Alptraum im hellen Licht der Wahrheit.

Es zeigte sich, daß alle Geschichten irgendwie mit dem Körper verbunden sind, und das zog den Körper so stark in Mitleidenschaft. Diese Bindung des Glaubenssatzes an den Körper erzeugt das Gefühl. Und durch dieses unangenehme Gefühl wiederum wußte ich automatisch, daß die Geschichte nicht wahr war. Dies zu wissen war der Sinn des unnatürlichen Gefühls – das Gefühl war der Beweis für die Unwahrheit des Glaubenssatzes. Und dann stellte ich fest, daß die unwahre Geschichte dadurch zum Verschwinden gebracht wurde, daß man wußte, daß sie unwahr ist. So entstand die erste Frage: »Ist es wahr?«

Ich hörte dann z. B., daß die Leute sagten: »Es sollte mehr Liebe und Verständnis geben in der Welt!« und ich erlebte solche Bemerkungen mit einem unangenehmen Gefühl, das sich nicht wie innerer Friede anfühlte. Jetzt erschien der Satz »Kann ich wirklich wissen, daß das wahr ist?« von ganz alleine, aber nicht in Form von Worten oder einer Stimme – es war eine lebendige Erfahrung, die sich jetzt als Sprache manifestierte.

Woher kommt das unangenehme Gefühl? Laß mich untersuchen, ob es wirklich wahr ist, daß es mehr Liebe und Verständnis in der Welt geben sollte. Kann ich diese Wahrheit wirklich in mir selbst finden, ganz gleich, was die ganze Welt mir vorbetet? Was ich fand, war lediglich das Echo der illusionären 43 Jahre vor meinem Erlebnis, und es schloß alles ein, was ich meinen Kindern und meinem Mann gepredigt hatte. Und diese Welt kam nun mit der Behauptung, es solle mehr Liebe geben, zu mir zurück. Das unangenehme Gefühl warnte mich, und ich begegnete ihm mit Verständnis.

Wenn ich jetzt fragte: »Kann ich wirklich wissen, daß es mehr Liebe und Verständnis in der Welt geben sollte?«, konnte ich mit großer Sicherheit antworten: »Nein, das kann ich nicht wissen.« Mein altes Selbst, meine alte Welt erzählten mir zwar, es gäbe nicht genug Liebe – aber ich war doch jetzt Liebe. Wie konnte das Herz also eine andere Antwort senden als »Nein«? In dieser Wahrheit meines Herzens fühlte ich Frieden in mir. Ich *dachte* zwar, daß die Antwort anders hätte lauten sollen, aber ich verstand, daß die Wahrheit sie selbst ist und nicht durch ein Konzept wie ein Gesetz vorgeschrieben werden kann. Und während ich die Antwort »Nein« in mir empfing, sah ich, daß alles so war, wie es war. Wenn nicht genug Liebe in der Welt war, so sollte es so sein. Ich streite mich nicht mehr mit dem Göttlichen – mit der Realität. Ich liebe die Welt bedingungslos.

Vor der Überzeugung »Es sollte mehr Liebe und Verständnis geben« war Frieden in mir. Keine unnatürliche physische Reaktion. Vor der Geschichte oder ohne Geschichte bin ich Frieden, Liebe, Bewußtheit. Aber sobald ich die Geschichte glaubte, hatte ich das unangenehme Gefühl. Also war es das Anhaften an der Überzeugung, was das schlechte Gefühl auslöste. Wenn ich fragte: »Was bekomme ich, wenn ich das glaube?« dann hatte ich aber nicht nur das schlechte Gefühl, sondern ich wurde wieder in mein altes

Leben zurückkatapultiert – ich erhielt ein ganzes Leben voller Bilder und Erfahrungen, eine Vergangenheit voller Illusionen. Ich wurde zu einer Märchenfigur, die in ihre Geschichte zurücksprang, in ein Märchen, das sich real anfühlte und aus dem es kein Entkommen gab.

Aber es gab die Möglichkeit der Untersuchung: »Was bekomme ich, wenn ich an der Geschichte festhalte?« Ich bekomme die scheinbare Realität eines Körpers voller Spannung, eine Schlafwandlerin, die alles durch die Brille der Furcht sieht, ohne Hoffnung je zu erwachen, ohne Hoffnung auf Gnade. So entstand die dritte Frage. Und sie enthüllte auch schon, was vor der Geschichte war: Friede. Keine Trennung. Eine Freundin. Ein Zuhörer. Eine Dienerin. Freude. Erfüllung. Demut. Das war die vierte Frage: »Wer bin ich, wenn ich den Glauben fallenlasse?«

43 Jahre lang hatte ich keine Ahnung, daß ich Glaubenssätze, eine Geschichte lebte. Ich war die Geschichte. Ich dachte, es sei die Wirklichkeit. Wenn wir unsere Geschichte nicht untersuchen, verschmelzen wir total mit ihr. Sie wird sehr dramatisch, und das muß so sein, eben weil sie nicht real ist. Wir müssen pausenlos beweisen, daß sie real ist, und das beansprucht uns voll und ganz, weil wir das Unmögliche versuchen: eine Illusion als real erscheinen zu lassen. Das beansprucht unsere gesamte Aufmerksamkeit, unser ganzes Leben. Und natürlich ist es verständlich, daß wir so sehr an unserer Geschichte festhalten, denn ohne sie haben wir keine persönliche Welt mehr.

Byron Katie tat The Work auf exakt die Weise, wie wir sie heute tun. Sie nahm die Glaubenssätze, die in ihr aufstiegen, und schrieb sie auf. Sie erkannte, daß dieses Aufsteigen nicht wirklich etwas mit ihr zu tun hatte, sondern daß es ein fast biologisch zu nennender Vorgang ist, der von selbst abläuft und den wir nicht verhindern können.

Sie nahm die Glaubenssätze, die sie als wahr empfand, und tat THE WORK mit ihnen. Am Ende stellte sich alles als unwahr heraus. Buchstäblich alles. Sie benötigte drei Jahre für diese »Arbeit« – der Großteil ihrer Überzeugungen bezog sich auf ihre Mutter. Ihre Glaubenssätze sahen genauso aus wie jene, die wir heute aufschreiben. Woher wußte sie, daß nach drei Jahren die »Arbeit« getan war? Sie hatte keine Schmerzen mehr. Es gab nichts mehr, das weh tat.

Vom ersten Tag an strömten Menschen zu ihr, mit denen sie THE WORK tat. Während sie es tat, bearbeitete sie ihre eigenen Überzeugungen. Sie sagt daher nicht: »Ich war deren Therapeut«, sondern: »Sie machten Therapie mit mir.«

Dieser Vorgang dauert im Grunde an, es gab keine Unterbrechung. Sie sagt zu den Menschen, die zu ihr kommen: »Du bist alles, was von mir noch übrig ist.« Und sie sagt auch:

Ich sage die Wahrheit, die ich bin. Ich kann diese Wahrheit nicht direkt aussprechen, niemand würde es verstehen. Aber mit Hilfe der vier Fragen und der Umkehrungen geschieht es, daß die Menschen für sich *ihre* Wahrheit entdecken.

Nichts, was ich habe, hat einen Wert für andere, aber die Antworten, die sie für sich finden, sie haben Wert. Die Menschen beginnen, sich zu verändern. Ich helfe ihnen im Grunde, sich dessen bewußt zu werden, daß sie *ich* sind. Darin liegt die Kraft von THE WORK. Ich helfe aber nur denen, die darum bitten, denn wer es nicht tut, für den ist die Zeit nicht reif. Auf diese Weise geschieht, was geschehen soll, und so soll es sein.

Ich bin du. Wenn du mich anschaust, siehst du dich selbst. Wer mich nicht erkennt, gibt damit lediglich zu verstehen, daß er nicht weiß, wer er ist. Es gibt nur das eine. Erkenne dich selbst, und du findest das eine. Du bist mehr als dein kleines Selbst. Es gibt keine Trennung. Was auch immer du außerhalb von dir zu sehen

glaubst, es ist die Spiegelung deiner selbst. Es sind die Berge, es ist der Vollmond, es ist ein verheerendes Feuer, es ist der Sturm, der Bäume entwurzelt und Häuser durch die Luft wirbelt. Es ist das Gesicht meines Geliebten, es ist der Bettler in Lumpen. Es ist der Ertrinkende, der Hungernde, der Soldat, der Peiniger und das Opfer. Es ist das Kind, das man in die Mülltonne warf. All das ist der Spiegel. Es gibt nichts, was ich nicht bin.
Das eine besteht aus purer Liebe. Alles andere fügen wir selbst hinzu. Bleibe in dem Zustand, in dem du keine neue Illusion erzeugst. Bleibe im »Ich bin«. In diesem »Ich bin« ist alles bereits enthalten.
In meinem Alltag kann ich die Schöpfung beobachten, dich, deine Kleider, deine Halskette, und ich weiß, was das ist. Es ist real, es ist Liebe, es ist »Ich«. Ich befinde mich in Gegenwart meiner selbst – Alles. Alles ist Liebe, Liebe ist Alles. Es gibt keine Gedanken über deine Kleider, deine Halskette, nicht einmal über das wundervolle Du, das du bist. Es gibt keine Glaubenssätze – ich fühle mich absolut wohl als »seiendes Wesen«. Einfach zu sehen, was ist, und zu wissen, daß man sich in Gegenwart seiner selbst befindet, das ist Seligkeit. Wenn ich mit geschlossenen Augen ganz stillsitze, dann gibt es nicht einmal einen Glaubenssatz über diese Tatsache.
Wenn wir uns einmal dessen bewußt werden, daß es die Gedanken sind, die uns von der Realität, von dem, was ist, hinwegtragen, dann hören wir auf, Glaubenssätze auf diesen Gedanken zu gründen.

Nehmen wir einmal an, daß es stimmt, was Byron Katie und mit ihr viele Erleuchtete sagen, daß wir nämlich eigentlich Liebe sind. Liebe ist sicher nicht Schmerz und Frustration; wenn wir also derartige Gefühle haben, so stimmt entweder die ursprüngliche Aussage nicht, oder wir mißverstehen da etwas.

Was wäre, wenn das, was wir als schmerzhaft empfinden, in Wirklichkeit ebenfalls Liebe wäre? Ein liebevoller Hinweis des Göttlichen? Schmerz ist also gut, er zeigt mir, daß ich etwas ändern sollte. Wir arbeiten nur an den Dingen, die schmerzen – so lange, bis sie nicht mehr schmerzen.

Ich möchte THE WORK den Weg des Nichtschmerzes nennen. Wenn ich immer fühle, was ich fühle und mein Verhalten so gestalte, daß ich möglichst wenig oder keinen Schmerz spüre oder gar Freude empfinde, dann kann ich nichts falsch machen.

Das hat nichts mit dem Weg des geringsten Widerstands zu tun oder damit, daß ich nur Lust suche und Ärger vermeide. Im großen: Ich entscheide mich zum Beispiel dafür, eine Abendschule zu besuchen oder ein Kind auszutragen, weil sich das einfach gut anfühlt. Natürlich macht das meinen Alltag nicht leichter, aber es fühlt sich für mich richtig an. Ich bleibe integer, ich bleibe mir selbst treu. Im kleinen: Ich trete in einen Hundehaufen und denke, auch das ist eine Ausdrucksform des Göttlichen. Ich fühle mich gut mit diesem Gedanken, die Alternativen wären winzige Nadelstiche, die ich mir selbst versetze.

Kann ich mit dieser Art zu denken etwas falsch machen? Nein, ich glaube nicht.

– 5 –
Wer bin ich?

»*Im Feuer*«

Hier und da ist angeklungen, daß meine eigene Entwicklung eng mit diesem Buch und der Recherche dazu verknüpft ist, ja daß beides aus meiner Sicht eine Einheit darstellt. Katie selbst hat das nie anders gesehen; Tatsache ist, daß sie sich nie anbiederte oder spezielle Maßnahmen traf, um mich irgendwie zu bevorzugen. Das gefiel mir einerseits, andererseits erleichterte es nicht gerade meine Arbeit. Im Gegenteil, ich selbst war »im Feuer«, wie sie es ausdrückte – das Buch spielte keine Rolle, wenn es um meine eigene persönliche Entwicklung ging.

Auf einer Gruppensitzung in Barstow fühlte ich mich gezwungen, vor den Teilnehmern des *Certification Trainings* halb im Scherz zu verkünden: »Alles, was mit der Entstehung dieses Buches verknüpft ist, kann ich nur als schier endlose Kette von Wundern bezeichnen – das einzige Dauerhindernis scheint mir Katie zu sein!«

Aber ich war dort nicht der einzige, der seine (willkommenen) »Probleme« mit Katie hatte; Tatsache ist, daß die »Chefin« der Mannschaft in Barstow eine ganz hervorragende »Projektionsfläche« abgibt – über sie kann man am besten THE WORK machen. Und sie scheint es zu genießen.

So war mir z. B. aufgefallen, daß Katie recht oft über eine Ausweitung ihrer Aktivitäten in den geschäftlichen Bereich hinein zu sprechen schien. Da mich gerade das Nichtkommerzielle an THE WORK besonders beeindruckt hatte, war ich hierüber nicht begeistert. Natürlich wußte ich, daß das ihre Angelegenheit war. Auch der Betrag, den sie für das *Certification Training* nahm, schien mir unangemessen hoch – dies ist besonders grotesk, da keiner der 50 Teilnehmer diese Meinung teilte. Und ich selbst hatte noch nicht einmal etwas bezahlt, da ich nur an den letzten fünf von 14 Tagen anwesend war! Es war also offensichtlich, daß ich mich in fremden Angelegenheiten bewegte.

Während der folgenden Tage spürte ich eine immer größer werdende innere Spannung, die von meinen Glaubenssätzen über das Kommerzielle an THE WORK herrührte. Gleichzeitig entfremdete ich mich innerlich von Katie – ich begann, ihr aus dem Weg zu gehen. Als ich dann endlich soweit war, hierüber einen Fragebogen auszufüllen, stellte sich heraus, daß ich lediglich phantasiert, Bedeutung hinzugefügt hatte. Ich wußte nichts Konkretes, ich kannte nur Gerüchte, Vermutungen von anderen, ich hatte von Plänen gehört. Aber was ich geschrieben hatte, enthüllte auf geradezu magische Weise, wer ich in diesem Moment war. Und nur um mich scheint es bei dieser Sache zu gehen. Ich war tatsächlich nur hier für mein eigenes geistiges Wachstum.

Und so sah meine WORK aus:

Ich mag nicht, daß Katie zur hartgesottenen Geschäftsfrau wird.
Daraus wurde in der Umkehrung:
Ich mag nicht, daß ich zum hartgesottenen Geschäftsmann werde.

Was Katie tut oder wird, ist allein ihre Angelegenheit, ich hingegen wurde mir über mich selbst klar, denn ich hatte in letzter Zeit häufig mit dem Gedanken gespielt, eine kleine Multimediafirma zu gründen.
Ich vertraue nicht den Leuten, denen sie zu vertrauen scheint.
Daraus wurde:
Ich vertraue nicht den Leuten, denen ich zu vertrauen scheine.

Meine Beobachtung war lediglich gewesen, daß Katie sich öfter mit Leuten beschäftigt hatte, die im Geschäftsbereich tätig sind, aber ich wußte nicht das geringste über den Inhalt dieser Gespräche und ihren genauen Zweck. Hingegen: Mein Vertrauen zu anderen war gespielt, oberflächlich, ich wußte nun im Grunde, daß ich in Wirklichkeit niemandem vertraute.

Als ich gefragt wurde, wie sich das anfühlt, wenn man niemandem vertraut, beschrieb ich mich als getrennt von der Welt und meinen Mitmenschen. Ich fühlte die dicken Mauern um mich herum. Ich war eingeschlossen in einem steinernen Gefängnis – ich sah mich in einem Grab tief unter der Erde, wo ich niemanden hörte und von niemandem gehört werden konnte. Staunend nahm ich zur Kenntnis, daß mich nicht nur ein entsprechender Alptraum seit meiner Kindheit verfolgt hatte, sondern daß ich auch unter einer angstvollen Phantasie litt, auf eine solche Art sterben zu müssen: begraben unter einem Berg aus Stein. Weil ich dachte, ich sei *verschieden* von anderen, von der Welt, war ich innerlich tot, *verschieden* im Sinne von gestorben.

Was mir an dieser Stelle sehr klarwurde, war auch die Tatsache, daß die harten Mauern, die Last des Berges über mir, nichts anderes darstellten, als die Last meines Denkens, meines Egos. Ich lebte autistisch in einer äußerst feindlichen Umwelt, der man nicht vertrauen kann, die nichts Menschliches an sich hat. Mir wurde klar, daß ich diese Welt mit Hilfe meines Verstandes aufrechtzuerhalten suchte, daß ich unter vollem Einsatz meiner Kräfte glaubte, daß nur ich selbst es war, der diese Welt aufrechterhielt – sie würde zusammenbrechen, wenn ich nur für einen Moment losließ.

Als man mich fragte: »Wer wärst du, wenn du diesen Glaubenssatz nicht hättest?«, fiel es mir sehr schwer, mir vorzustellen, wie mein Leben dann aussähe: frei, ungebunden, vertrauend auf Gott. Ich spürte, daß ich diese Freiheit nur würde gewinnen können, wenn ich mich selbst ganz plötzlich aus diesem Gefängnis befreien würde. Das Herumdoktern an meinen Symptomen schien mir nun wie ein Herumbohren an einem Gebirge mit einem Schraubenzieher.

Nun merkte ich auch, daß ich im Grunde nichts anderes für mich entdeckt hatte, als das, was der Wiesbadener Zenmeister Wolfgang Kopp mir täglich gepredigt hatte: »Befreie dich aus dem Gefängnis des Geistes mit einem großen Sprung, mit einer gewaltigen Anstrengung.« Aber das konnte nicht funktionieren, weil es damals seine Weisheit war, nicht meine – wir müssen selbst herausfinden, was zu tun ist. Nur unser eigenes Herz findet die Antwort, kennt den Weg.

Ich möchte nicht mit dem geschäftlichen Teil von THE WORK *verbunden sein, da ich in diesem Bereich mein Ego spüren würde.*
Beim Aufschreiben dieses Glaubenssatzes hatte ich mich daran erinnert, daß ich oft hektisch wurde, wenn es um geschäftliche Dinge ging.
Die Umkehrung:
Ich möchte nicht mit meinen Angelegenheiten verbunden sein, da ich dann mit meinem Ego konfrontiert bin.

Ich hatte THE WORK auf englisch geschrieben, und interessant war in diesem Zusammenhang, daß Katie das gleiche Wort für Geschäft wie für Angelegenheit benutzt, nämlich »business«. Mit anderen Worten, ich war bisher nicht bereit, mich mit meinen eigenen Angelegenheiten zu beschäftigen und stocherte statt dessen mental in Dingen, die mich nichts angingen.

Ich möchte, daß Katie sich ganz klar nur im nichtkommerziellen Bereich bewegt.

Das wurde in der Umkehrung zu:

Ich möchte, daß ich *mich ganz klar nur im nichtkommerziellen Bereich bewege.*

Die beiden nächsten Glaubenssätze sind besonders grotesk in ihrer Kombination:

Ich vertraue Katie nicht.

Ich möchte, daß Katie mir vollkommen vertraut.

Inhaltlich erübrigt sich jeder Kommentar dazu, ich war selbst erstaunt, daß so etwas gleichzeitig nebeneinander in meinem Kopf existieren konnte. Erst die Umkehrungen machen ganz klar, was mein Weg ist:

Ich vertraue mir nicht.

Ich möchte, daß ich mir vollkommen vertraue.

Was sich vorher als hanebüchene Zumutung zeigte, wird in der Umkehrung zur logischen Einheit. Der nächste Satz wirkte in der Umkehrung wie eine Offenbarung für mich:

Ich vertraue mir nicht, weil ich mich naiv und unschuldig gebe, in Wirklichkeit aber sehr gewieft bin.

Die entsprechende Meinung über Katie hatte ich mir nicht einmal selbst gebildet, sondern von einem Teilnehmer des Seminars aufgeschnappt. Als ich die Umkehrung fand, mußte ich plötzlich lachen, weil ich bemerkte, daß alle Anwesenden ebenfalls lachten, da sie dies schon immer gewußt hatten. Was

hätte es mir aber gebracht, wenn mich jemand darauf aufmerksam gemacht hätte? Wir sind unser eigener Therapeut und Lehrmeister. Die nächste Umkehrung lautete:
Ich mag es nicht, wenn ich nicht dem Bild entspreche, das ich selbst von mir habe.
Auch hierzu ist kein Kommentar nötig.

Bemerkenswert an dieser Sache scheint mir noch folgendes: Ich hatte meinen Fragebogen schnell und ohne viel nachzudenken ausgefüllt. Ich hatte den Mut hierzu erst gefunden, nachdem ich festgestellt hatte, daß fast alle Menschen in Katies Umgebung frei und ungezwungen ihre Glaubenssätze über Katie bearbeiten. Niemand scheint hier überhaupt auf den Inhalt von Bemerkungen, Meinungen oder Glaubenssätzen zu achten – jeder ist nur daran interessiert, diese umzudrehen, um herauszufinden, was das, was seine Umgebung ihm sagen will, für ihn persönlich und seinen Weg bedeutet.

Faszinierend. Gar nicht auszudenken, was geschehen würde, wenn in ganzen Gruppen, Firmen, Institutionen THE WORK gemacht würde!

Und noch ein Nachtrag: Einige Tage nach dieser WORK machten wir einen Ausflug in den Rainbow Canyon, der in der Wüste um Barstow liegt, ein herrliches, sehr beeindruckendes Stück Natur. Plötzlich fand ich mich in einem zu Stein gewordenen Abbild meines Geistes, das haargenau so aussah, wie ich es eben beschrieben habe: ein Berg mit einer engen Höhle, in die man sich mühsam hineinzwängen mußte. Verständlicherweise war das bisher nicht gerade mein bevorzugtes Objekt zum Wandern, zumal es innen stockdunkel schien.

Ich war aber sehr erstaunt, daß ich mich langsam mit diesem Berg anfreundete – ja, ich bedauerte nach einiger Zeit geradezu, daß ich mich nicht länger darin aufhalten konnte – zumal es in diesem Moment riesige Schneeflocken schneite, in Kalifornien ein sehr seltenes Ereignis.

Ich empfand diese Wanderung als Heilung: Die Welt ist ein Abbild meines Geistes, ich freunde mich mit meinem Geist an und bin damit Freund der Welt.

Später befragte ich Katie über ihre wahren Intentionen bezüglich einer Kommerzialisierung von THE WORK, und sie versicherte mir, sie habe keinerlei finanzielle Interessen. Sie helfe zwar dabei, daß THE WORK sich auch in der Geschäftswelt verbreitet, aber nur so lange, bis die weitere Verbreitung von alleine geschieht. Sie sagt, daß es in den teuren Kursen für Manager nichts zu lernen gibt, was man nicht auch umsonst bzw. auf Spendenbasis erfahren kann. Alles ist gleich.

Michael – HIV-positiv

Auf der *Whole World Life Expo* in San Francisco hält Katie einen Workshop vor großem Publikum. Einen Tag vorher hatte sie THE WORK live im Rundfunk mit Radiohörern gemacht. Ich sitze neben einem Mann, der diese Sendung gehört hatte und mir sagt, daß er »gespürt hatte, daß diese Frau vom Herzen kommt«. Außerdem hatte ihn beeindruckt, daß er keinen Eintritt zahlen mußte. »Das ist hier in den USA eine Seltenheit«, meint er. Sogar sein etwa zwölfjähriger Sohn sagt über Katie und THE WORK: »Das ist gut, das gefällt mir.« Ich weiß nicht, ob ich das überhaupt glauben kann. Versteht ein Zwölfjähriger wirklich, worum es hier geht?

Später treffe ich vor der Ausstellungshalle die schöne Alexandra aus dem *Certification Training* mit ihrem homosexuellen Bekannten Michael. Er ist 47 Jahre alt, sieht aus wie 30, ist seit zehn Jahren HIV-positiv und sprüht vor Energie und Witz. Ich frage ihn, ob er nicht Lust auf ein Interview für mein Buch habe, und er stimmt freudig zu. Wir fahren zusammen zu seiner Wohnung, unterwegs schnattert er begeistert drauflos: Wie schlecht es ihm ging, bevor er THE WORK kennenlernte, wie sehr THE WORK sein Leben verändert hat, wie groß seine Angst vor dem Tod war, und wie selten er nach zwei Jahren THE WORK überhaupt an den Tod denke.

Ich erzähle ihm zwischendurch und unter anderem, daß ich eine WORK über mein mangelndes Vertrauen Katie gegenüber gemacht hätte und was dabei für mich herausgekommen sei. Als wir bei ihm zu Hause sind, scheint Michael plötzlich wie verwandelt. Er druckst erst eine Weile herum und rückt dann damit heraus, daß er das Interview nicht mehr machen wolle, da er kein Vertrauen zu mir habe.

Mit Menschen, die nicht THE WORK tun, wäre das Gespräch an dieser Stelle vielleicht beendet gewesen. Oder ich hätte versucht, meinen Interviewpartner umzustimmen, oder ich hätte versichert, daß es mir nichts ausmache, wenn wir eben kein Interview machten, und mich mit Wut im Bauch über die sinnlose Fahrt, die vertane Zeit verabschiedet.

Aber nicht so in diesem Fall. Michael möchte mit Alexandra eine WORK über diese Sache machen und dann entscheiden, ob er das Interview gibt oder nicht, und ich nutze die Zeit, um ebenfalls einen Fragebogen auszufüllen.

Ich frage, ob ich mein Tonband laufen lassen darf – er hat nichts dagegen. Und so sieht Michaels Fragebogen aus:

1. *Ich bin verwirrt, nervös und enttäuscht, daß ich Moritz nicht genug vertraue, um ihm ein Interview zu geben.*
2. *Ich möchte, daß Moritz aufhört, mich mit seinem Wissen beeindrucken zu wollen. Ich möchte, daß er besser zuhört.*

3. Er sollte Katie vertrauen. Er sollte Katies Wünsche mehr respektieren.
4. Moritz sollte sich mehr um seine eigenen Angelegenheiten kümmern.
5. Moritz ist arrogant, rücksichtslos, stark, er manipuliert, er ist ein Opportunist, er drängt sich auf, er mag Homosexuelle nicht, er ist aufregend, neugierig.
6. Ich möchte nie wieder sagen, daß ich ein Interview gebe, und meine Meinung dann ändern.

Während Michael zusammen mit Alexandra seinen Fragebogen ausfüllt, ist ihm klar, daß er in Wirklichkeit über sich selbst schreibt. Er gibt seinem Bedauern darüber Ausdruck, daß er all das, was er selber ist, auf mich projiziert.

Ich hingegen weiß, daß er mit fast allem, was er sagt, recht hat, und ich spreche das auch aus. Ich erinnere mich dabei an Katie, sie sagt sehr oft, daß sie alles, was man ihr auch immer vorwerfen könnte, in sich finden kann. Es fühlt sich viel besser und richtiger für mich an, wenn ich das alles *auch* oder *manchmal* als wahr akzeptiere, als wenn ich widerspreche, mich verteidige, rechtfertige – gegen besseres Wissen.

Während Michael nun seine WORK macht, wird ihm klar, wie sehr er sich selber weh tut, indem er sich innerlich von mir entfernt, indem er gegen das kämpft, was er letzten Endes selber ist. Ihm fällt auch auf, daß es nur ein Trick seines Egos war, mich quasi zum Bösewicht zu stempeln und sich selbst zum Opfer zu machen. Auf diese Weise mußte er sich selbst nicht anschauen. Aber die Opferrolle fühlt sich nicht gut an, er sieht das nun ganz klar. Und er sieht auch, daß er sein Mißtrauen mir gegenüber als Vorwand benutzte, um zu rechtfertigen, daß er seine Meinung geändert hatte.

Je länger ich zuhöre, wie er seine Erkenntnisse gewinnt, desto klarer sehe ich wiederum, daß ich es manchmal genauso mache wie er. Ich sehe mich also ebenfalls selbst. Und ich spüre, daß ich diesen Menschen lieben kann oder sogar muß, eben weil ich es selbst bin.

Während er mit seinem eigenen Vertrauen mir und Katie gegenüber ringt, wird mir klar, daß Vertrauen zu einer Person im üblichen Sinn etwas ist, das der Verstand aufrechterhalten muß, ähnlich dem Glauben an etwas. Der Verstand fabriziert diese Art von Vertrauen sehr leicht, aber er verwandelt es beim kleinsten Widerspruch ebenso leicht ins Gegenteil. Wirklichen Wert hat nach meinem Verständnis nur das absolute Urvertrauen in alles, was ist. Ganz gleich, was geschieht. Ich spüre, daß unser Zusammentreffen nicht zufällig ist – es ist ein Interview mit dem großen EINEN.

Während Michael durch seine Erkenntnisse zu Tränen gerührt wird, spüre ich meine eigenen Tränen aufsteigen.

Michael: »Ich sollte Moritz mehr vertrauen, ich sollte seine Wünsche mehr respektieren. Dieser Engel dort. Ich. Ich sehe dich als Engel, ich fühle es, du bist so süß. Und so, wie ich dich behandelt habe, so habe ich mich mein Leben lang behandelt.«

Es gelingt mir kaum, meine Tränen zurückzuhalten. Michael kann sich blitzschnell vom tränenumflorten, verletzten kleinen Jungen in den sprühenden Intellektuellen verwandeln.

Er sieht ganz klar, daß er arrogant ist, wenn er mich als arrogant ansieht, daß er mir gegenüber rücksichtslos ist, daß er sich selbst als stark empfindet, daß er mich manipuliert hat, daß er ein Opportunist ist, daß er sich aufgedrängt hat, daß er Homosexuelle nicht mag – besonders in Gegenwart heterosexueller Männer –, er empfindet sich selbst als aufregend und neugierig.

Gleichzeitig schreibe ich auf, wozu mich seine WORK jeweils anregt. Sodann macht Alexandra mit mir hierüber THE

WORK; Michael hilft, gibt Kommentare. Oft stöhnt er aber auch nur oder schließt voll Mitgefühl die Augen.

1. *Ich mag es nicht, wenn Leute nicht sofort meinen inneren Wert, meine innere Schönheit und meine Integrität wahrnehmen.*
Ich weiß natürlich, daß das Unsinn ist, aber der kleine Junge in mir wünscht es sich doch so sehr. Wie reagiere ich, wenn ich das glaube? Ich werde sofort böse. Eine Frau hat mich heute regelrecht ignoriert; ich sehe, daß sie ihre Gründe gehabt haben mag, dennoch bin ich eingeschnappt. Ich denke sofort, diese Frau ist eben doof, und ich werde sie ebenso behandeln, wie sie mich behandelt: Ich ignoriere sie ebenfalls. Daß sich das nicht gut anfühlt, das spüre ich. Ich verliere meine Bewußtheit, meine Welt wird grau, neblig, ich sehe nur noch mich selbst in diesem Nebel. Ich verliere meine innere Schönheit, meinen inneren Wert und meine Integrität.
Wie ginge es mir, wenn ich diese Überzeugung nicht hätte? Ich wäre ich selbst, ich würde mich meines inneren Wertes erfreuen, ohne zu schauen, was andere denken und wahrnehmen. Ich wäre ein wandelnder Engel. »Du könntest fliegen«, sagt Alexandra. Die Umkehrungen:

Ich mag es nicht, wenn ich nicht sofort meinen inneren Wert, meine innere Schönheit und meine Integrität wahrnehme.
Das ist wahr, wenn ich es täte, würde ich in meiner Angelegenheit bleiben.

Ich mag es nicht, wenn ich nicht sofort den inneren Wert, die innere Schönheit und die Integrität der Leute um mich herum wahrnehme.
Gerade in den letzten Tagen habe ich gespürt, wie schön es ist,

sich auf solche Weise in anderen gespiegelt zu sehen – indem man das Positive sucht, entdeckt, würdigt.

Ich mag es, wenn Leute nicht sofort meinen inneren Wert, meine innere Schönheit und meine Integrität wahrnehmen.
Denn ich kann dies benutzen, um mich daran zu erinnern, wer ich bin, wie ich leben sollte und daß ich THE WORK tun kann, wenn mir dies auffällt.

2. *Ich möchte, daß die Leute mich andauernd bewundern.*
Wir drei lachen herzlich hierüber. Wie reagiere ich mit einer solchen Überzeugung? Ich bin allein, ich fühle mich getrennt, ich ignoriere die anderen, ich verhalte mich arrogant, ich höre nicht zu, ich unterbreche sie. Wer wäre ich ohne den Glauben? Ich wäre eins mit anderen.

3. *Ich möchte, daß die Menschen mich als großartigen Zuhörer, Helfer und Coach ansehen. Ich möchte, daß alle Menschen mich lieben.*
Alles das ist nicht wahr. Alle diese Überzeugungen bringen nichts als Kummer und Schmerz. Ich hasse die anderen, ich höre ihnen nicht zu, ich trenne mich von ihnen, ich lüge, ich denke schlecht von ihnen, ich erfinde Geschichten über die anderen. Alle diese Überzeugungen können auf die gleiche Weise umgekehrt werden. Alle diese Überzeugungen können benutzt werden für mehr Bewußtheit.

Michael, der zwischendurch immer wieder laut hörbar ein- und ausgeatmet hat, sagt an dieser Stelle: »Du bist ich. Ich möchte auch als großer Lehrer anerkannt werden.«

Alexandra: »Wir alle, wir alle wollen geliebt werden.« Michael: »Wie fühlst du dich in dir selbst, wenn du an diesem Glauben festhältst?«

Moritz: »Ich fühle mich angespannt. Ich trage eine Maske. Ich versuche eine Rolle zu spielen. Natürlich merken die anderen das sofort, und das macht mich noch angespannter. Je mehr ich mich hinter meiner großartigen Maske zu verstecken suche, um so offensichtlicher ist die Lüge für die anderen.«

Ich denke daran, daß ich in Deutschland Workshops über THE WORK geben werde und daß ich dann vielleicht versuchen könnte, den großen Guru mit dem absoluten Durchblick zu spielen, der eine großartige Methode »präsentiert«. Ich sehe mich mit einem geistigen Make-up, und ich spüre diese innere Spannung, diese ungeheure Anstrengung, damit bloß niemand sieht, wie es darunter aussieht. Dabei weiß ich doch genau, wie leicht und schnell man die Masken der anderen durchschaut.

Wie ginge es mir ohne die Überzeugung: »Die Menschen sollten mich als großartigen Zuhörer, Helfer und Coach ansehen, sie sollten mich lieben«? Ich wäre einfach ich selbst, ich wäre entspannt, ich wäre frei.

Michael: »Vielleicht wärst du dann ein großer Zuhörer, Helfer und Coach.«

Alexandra: »Vielleicht würde man dich lieben, weil du nicht versuchst, andere zu lehren oder zu manipulieren, sondern weil du ihnen erlaubst, ihre Wahrheit selbst zu entdecken.«

Uns dreien ist klar, daß Kathie genau das tut; sie ist einfach sie selbst und läßt jeden sein, wie er ist. Wer hungert, kann zu ihr gehen, sie zeigt ihm, wie man sich selbst versorgt.

4. Die Menschen sollten sich sofort in mich verlieben.
Ich weiß, daß das nicht wahr ist. Erstens tun sie es nicht, zweitens würde ich sofort weglaufen, wenn sie das täten. Besonders grotesk an dieser Überzeugung: Wenn sie sich zwar in mich verlieben, aber nicht *sofort,* wird in mir der Mechanis-

mus in Gang gesetzt, der mich von ihnen trennt, der sie für mich wie unsichtbar macht, der mich dazu bringt, sie zu benutzen (zum Beispiel für Interviews). Und all das führt zu Schmerz, Alleinsein, Frustration.

Natürlich ist mir bewußt, wie kindisch solche Glaubenssätze sind, aber das heißt ja nicht, daß dieses Spiel nicht große Wirkung haben könnte. Und es heißt auch nicht, daß nicht jeder andere auch tief drinnen solche Glaubenssätze hat. Vielleicht bleiben wir immer Kinder?

Wer wäre ich ohne diese Geschichte?
Es ist, als ob mein Blick plötzlich scharf würde, als ob die Welt Farbe bekäme, als ob der Ton des Lebens eingeschaltet würde. Michael bittet mich, die Augen zu schließen, und fragt mich sehr ernst: »Wer wärst du ohne diese Geschichte?«

Moritz: »Ich fühle Frieden. Ich sehe diesen Moment als wahr, wertvoll.«

Ich sollte mich sofort in mich verlieben.
Diese Umkehrung ist wahrer als die ursprüngliche Aussage. Ich sollte mich dafür lieben, daß ich ein solches unwissendes Kind bin, das einfach nur bedingungslos geliebt werden möchte. Warum liebe ich ein Baby, das nichts für mich tut, das keine Verdienste hat, das mich einfach anlächelt?

Ich sollte mich sofort in die Menschen verlieben?
Das ist noch wahrer, denn es geschah bereits. Ich habe mich in Michael verliebt, ich liebe Alexandra. Ich bin zu Hause bei diesen wunderbaren Menschen, sie sind ich. Kann ich nicht sehen, daß sie ebenfalls wunderbare Kinder sind? Kann ich nicht in ihren Augen die Unschuld sehen? Kann ich nicht Gott in ihnen erkennen?

5. Die Menschen sollten erkennen, daß sich hinter meiner Arroganz ein kleiner Junge versteckt.
Michael sagt mit tränenerstickter Stimme: »Dreh es direkt um.«

Die Menschen sollten nicht erkennen, daß sich hinter meiner Arroganz ein kleiner Junge versteckt.
Mir ist plötzlich klar, daß Arroganz gar nicht existiert. Arroganz ist nur ein Wort für ein sich versteckendes Kind. Ich werde in Zukunft das Kind hinter der Arroganz lieben, bei mir und bei anderen. Wenn andere nicht hinter meine Maske schauen, werde ich dankbar sein, erinnert zu werden. Oder auch nicht.

Ein schwerer Schlag

Am letzten Tag meines Aufenthalts in Barstow spiele ich mit dem kleinen Tristan, Sohn eines Paares, das zu dieser Zeit ständig im »Center for the Work« lebt. Die Sonne scheint, es ist warm, es ist Frühling, die Bäume blühen. Der Kleine ist eine Wonne. In diesem Moment taucht Joanna, die Büroleiterin, auf und läßt mir von Katie ausrichten, daß ich die Mitschnitte des *Certification Trainings*, 50 Tonbänder à 90 Minuten, die ich mir mühsam in zweitägiger Arbeit kopiert hatte, entgegen Katies mehrfachen Versprechungen nicht nach Deutschland mitnehmen darf.

Meine Welt verdunkelt sich, verliert ihre Farbe. Ich kann mich nicht mehr auf den kleinen Tristan konzentrieren. Meine Gedanken spielen verrückt: Katie weiß ganz genau, wie wichtig mir dieses Material ist. Andererseits sehe ich sofort, daß eine Last von meinen Schultern genommen wurde, denn es würde mich Wochen kosten, diese Bänder abzuhören und ihren Inhalt in das Buch einzuarbeiten. Auch mein Gepäck würde sich verringern.

Bevor ich Katie anrufe und um Erklärungen bitte, denke ich, sollte ich THE WORK machen. Marc arbeitet mit mir – ich sehe einmal mehr, wie sehr ich mich in Katies Angelegenheiten aufhalte. Nach dieser Sitzung habe ich mich etwas beruhigt. Ich begebe mich in mein Zimmer und suche die Bänder raus, die ich bereits abgehört und markiert hatte, um wenigstens schnell noch ein paar Notizen zu machen. Als erstes höre ich sinngemäß von einer Teilnehmerin des Seminars: »Dieser Satz, den mein Helfer gesagt hat, war sehr hilfreich für mich. Er eröffnete mir eine geistige Tür bei dieser speziellen WORK.«

KATIE: Wir führen eine Liste mit solchen hilfreichen Sätzen. Aber das beste daran ist, daß wir die Liste geheimhalten. Jeder wird nach und nach diese Sätze selbst herausfinden, du hast gerade einen gefunden. Wir wollen nicht zu schnell zu clever werden, wenn wir THE WORK machen. THE WORK hat um so mehr Wert, je organischer wir sie aus uns selbst entwickeln.

Liegt da die Erklärung für Katies Verhalten? Will sie nicht, daß ich im Buch zuviel verrate und ich und meine Leser »zu clever« werden? Dann hätte sie mir das ja auch direkt sagen können. Und die Aussage, die ich gerade gehört hatte, war ja schließlich auch wertvoll für das Buch! Ich spüre, wie ich wieder wütend werde. Also noch mal THE WORK?

Diesmal sieht mein Fragebogen ehrlicher und klarer aus, frech, unzensiert und so wie er sein sollte:

1. Niemand sollte mir mein geliebtes Spielzeug wegnehmen.
Dabei fallen mir sofort jede Menge derartige frühere Vor-

kommnisse ein, die sich wie ein roter Faden durch mein Leben ziehen. Ich sehe auch, daß hier meine Todesangst getriggert wird, denn mein Leben, mein Körper, sind mein endgültiges Spielzeug.

Joanna: »Wie reagierst du, wenn du denkst, etwas wird dir weggenommen werden?«

Ich lebe in der Zukunft. Ein Teil meiner Aufmerksamkeit wird gebunden. Ich muß mich vor Verlust schützen. Ohne den Glauben würde ich den Moment total genießen, mit mir, mit meinem Körper, mit meinem »Spielzeug«. Ich wäre frei.

Ich sollte mir *mein geliebtes Spielzeug nicht wegnehmen!*
Ja, meine Bewußtheit, das ist mein wirklich geliebtes Spielzeug, die sollte ich mir nicht wegnehmen. Joanna geht nacheinander auf die einzelnen Situationen ein, in denen man mir etwas weggenommen hat. Ich konfrontiere den Haß auf die Leute, die mir das angetan haben. Ich spüre, wie frei und freundlich ich wäre, wenn ich diese Überzeugung fallenlassen würde. Ich müßte nicht dauernd auf der Hut sein vor Leuten, die mir etwas wegnehmen wollen. Ich müßte nichts verbergen, nichts festhalten, mich an nichts klammern.

2. *Ich möchte, daß Katie/die Leute tun, was ich will.*
Obwohl ich weiß, daß niemand tut, was ich will, hänge ich an diesem Glauben, manipuliere, um ihn wahr zu machen. Ich schreibe Bücher. Ich manipuliere mit Geld. Ich helfe Leuten, ich versuche nett zu sein. Mein ganzes Leben besteht aus Manipulation.

Joanna: »Was bekommst du, wenn du glaubst, die Leute haben zu tun, was du willst?«

Was ich bekomme, ist vielleicht diese besondere Ausstrahlung, die ich habe; die Leute spüren, daß ich jemand bin, der zu manipulieren versucht, der Tricks anwendet, jemand, bei dem man auf der Hut sein muß.

Ich möchte, daß ich *tue, was ich will.*
Das hört sich wahrer und vernünftiger und erwachsener an. Und habe ich da nicht das ultimative Gebot gefunden?

Ich möchte, daß ich tue, was Katie und die Leute wollen.
Es macht eine Menge Spaß, etwas wirklich für andere zu tun, das ist meine Erfahrung.

3. Die Leute/Katie sollten den Wert dessen sehen, was ich für andere tue.
4. Katie und die Leute sollten auf mich hören und meinen Anweisungen folgen.
(Gewaltiges Lachen aller Anwesenden)
All dies ist unwahr – kindliche Glaubenssätze, die sich unbemerkt in mir tummeln. Wenn ich an ihnen festhalte, habe ich Trennung und Anstrengung, mache mein Wohlbefinden von äußeren Quellen abhängig. Ich werde zur Marionette, zum Roboter. Ich mache Sachen, die ich nicht will. Ich lebe ein geborgtes Leben, wie ein Schauspieler in einem doofen Film.

Ohne derartige Glaubenssätze bin ich frei, bin ich mein eigener Herr, fühle ich mich mit meinen Mitmenschen in Liebe verbunden, kann auf meine eigenen Anweisungen hören. Die konnte ich nämlich bisher gar nicht befolgen, weil ich zu beschäftigt war, mich darüber zu ärgern, daß die anderen nicht auf mich hörten.

Ich würde gar keine Anweisungen mehr geben. Ich würde vielleicht hier und da etwas äußern und glücklich sein, ob man das nun befolgt oder nicht. Ich würde fragen. Ich würde mich wie ein Erwachsener verhalten.

Moritz: »Weißt du, was mich wirklich befreien würde? Wenn ich mir nicht dauernd Gedanken machen müßte, was die Leute von mir denken! Was zur Hölle geht es mich an, was sie denken?«

Joanna: »Laß das ›Was zur Hölle…‹ weg. Wenn du sagen kannst: ›Ich liebe euch sehr und ich lasse euch eure Gedanken…‹«

Moritz. »Richtig, dann ist das schale Gefühl weg.«

Ich sollte den Wert dessen sehen, was ich für mich tue – zum Beispiel diese WORK.
Ich sollte den Wert dessen sehen, was andere für mich tun, besonders Katie!
Das ist wahr! Die ursprüngliche Aussage war eine glatte Lüge. Das letztere aber ist absolut wahr!

Ich sollte auf mich hören und meinen eigenen Anweisungen folgen.
Ich sollte sicherlich ruhiger sein und die leise Stimme in mir hören.

Ich sollte auf Katie hören und ihren Anweisungen folgen.
Schon bevor ich diese WORK aufschrieb, war mir aufgefallen, daß ich ausnehmend heiter und fröhlich war, trotz der Wut, die mich scheinbar erfüllte. Ich hatte sogar in den Spiegel geschaut und konnte eigentlich nur glücklich grinsen – zum Spaß machte ich mein bösestes Gesicht, was mich noch mehr zum Lachen reizte.

Gleichzeitig war da aber dieser Haß auf Katie, die sich überstürzenden Theorien und Gedanken, warum sie das wohl getan haben mochte. Aber es schien mir, als ob sich dieser (kindliche?) Teil von mir selbst getrennt hatte, ich konnte ihn beobachten, als würde er zu einer anderen Person gehören. Ich konnte ihn untersuchen, über ihn lachen, ja ich konnte ihn sogar lieben, schien er doch wirklich ein naives, unwissendes Kind.

Als ich die Tonbänder ins Büro brachte, kam mir die liebe Dorothy entgegen, da erhob ich den großen Karton zum Spaß über mich, schnitt eine Fratze und tat so, als ob ich ihn ihr auf den Kopf hauen wollte. Ich fühlte mich dabei wie ein Drei- bis Vierjähriger. Heute habe ich den Verdacht, daß dies die Urszene war, in der ich als Kind die Wut »erfand« – ein weiteres Mittel, um meinen Willen durchzusetzen.

Einige Monate später habe ich Katie gefragt, warum sie eine so hervorragende Projektionsfläche abgibt. Ihre Antwort lautete:

Ich bin die Mauer, die sich nicht bewegt. Wenn du vor einer Mauer stehst und dich mit ihr unterhältst, dann hörst du nichts als deine eigenen Worte. Es gibt da niemanden sonst als dich allein. Ich bin nicht einmal so freundlich zu dir, dein Spiegel zu sein, ich bin in Wirklichkeit gar nicht da, es gibt keine Wirkung.
Die Wahrheit über die Sache mit den Tonbändern ist das, was auch immer du an Bedeutung hineinlegst. Mein einziger Zweck hier ist, daß du dich selbst findest.

Göttliches Gelächter

Als ich die Beschreibung von Byron Katies »Erlebnis mit der Kakerlake« aus ihrer eigenen Biographie übersetzte, fühlte ich mich an meinen eigenen Bewußtseinszustand erinnert, wie ich ihn mehrfach während meiner Zeit in Indien erlebt hatte:

Ich war über eine extrem lange Zeit von einem aberwitzigen göttlichen Gelächter erfüllt, ich verliebte mich in meinen Fuß, in mich selbst. Ich sah Gott in jedem Gesicht, in allem und jedem. Sogar in dem Dreck auf Indiens Straßen. Aber sowie mein Denken einen Glaubenssatz produzierte, fühlte ich eine extreme Kontraktion – so mußte ich mich zum Beispiel erbrechen, sobald ich dachte, ich sei verrückt geworden

Ich erfuhr damals zwar, daß wir göttlich sind, daß alles Gott ist, aber ich verstand nicht, daß es meine Überzeugungen waren, die mich stets nach einiger Zeit wieder aus dem Zustand der Gnade herauskatapultierten. Der leiseste Gedanke in meinem Hinterkopf wie: »Ich bin jetzt erleuchtet!« konnte dies bereits bewirken.

Als ich Byron Katie von meinen Erlebnissen berichtete, meinte sie: »Ist es nicht etwas wirklich Kleines und Unbedeutendes? Nichts Besonderes, nicht wahr?«

Ich mußte ihr zustimmen. »Hätte ich damals ebenso wie du THE WORK entdeckt, dann wären meine letzten 20 Jahre anders verlaufen.«

Katie erwiderte: »Was ist Zeit? Wir fangen jetzt an.«

Ich benutzte damals in Indien die »Droge Atem«, um den Zustand der unendlichen Freude herbeizuführen, da dies aber recht anstrengend war und sich meine Mitmenschen in diesem Zustand von mir getrennt fühlten, weil ich ihre Sprache nicht mehr sprach und ihre Geschichten nicht mehr teilte, hörte ich irgendwann auf, ihn überhaupt zu wollen.

In den folgenden Jahren erlebte ich die Ekstase zwar immer mal wieder sporadisch, meist ausgelöst durch Hypnose und Selbsthypnose in der Form, wie ich sie in meinen Büchern beschrieben habe; durch Kreativität, beispielsweise bei der Entstehung meiner Filme; in der Sexualität; beim Schreiben; beim Fitneßtraining und besonders beim »Tibetan Pulsing«, einer eigenartigen Methode der Massage – aber ich konnte mir nicht vorstellen, immer in einem solchen Zustand zu weilen.

Als ich die für mich reale Kongruenz von Katies und meiner Erfahrung begriff, konnte ich nicht nur Katie besser verstehen, interpretieren und darüber schreiben, mir wurde auch ihr wahres Verdienst klar. Dieses liegt nämlich nicht in der Erfahrung des Einsseins als solcher – nach etlichen Gesprächen bin ich mir gewiß, daß viele Menschen solche Erfahrungen haben –, sondern in der daraus entstandenen Methode THE WORK.

Nach meinem Gefühl führt mich jede WORK ein bißchen näher an den Zustand heran, den ich in Indien erlebt habe. Es ist, als ob mir die »Droge Atem« den Himmel zeigte, den ich mir nun mit Arbeit und Spaß in Form von THE WORK wirklich verdienen muß.

Indizien hierfür sind: Ich erlebe lange Phasen von Nichtdenken, von totalem Hiersein. Jedesmal, wenn ich die dritte Frage stelle, erlebe ich die Fülle des Augenblicks intensiver, die Farben, die Formen, die Geräusche, den Reichtum. Öfter und öfter bemerke ich, wie schön alle Menschen sind und wie sehr ich sie liebe. Mehr und mehr bemerke ich, daß ich akzeptieren kann, was ist, auch wenn es gerade schmerzt oder ein Mensch sich nicht so verhält, wie ich es mir gewünscht hätte.

Ich denke immer weniger daran, daß die Zukunft mir das bringen sollte, was mir im Augenblick fehlt, statt dessen nimmt meine Zufriedenheit mit dem Augenblick und meiner Situation ständig zu. Viele Menschen sagen mir, daß sie mich sanfter und liebevoller erleben, und so fühlt es sich für mich auch innerlich an.

Der Schatz in der Wüste

Ich wandere durch die Wüste, da ist er wieder, dieser Gedanke, der mich seit meiner Kindheit verfolgt, etwas finden zu wollen, einen schönen Stein, eine Versteinerung, gebleichte Knochen – oder gar einen Schatz, Gold, Edelsteine. Irgend etwas, das Katie hier versteckt haben mag, als sie vor Jahren selbst häufig durch diese Wüste wanderte.

Wie reagiere ich, wenn ich an diesem Gedanken festhalte? Mein Blick schweift zwanghaft über den Boden und sucht nach etwas Besonderem, Ungewöhnlichem; was da wirklich ist, wird gar nicht wahrgenommen.

Wer wäre ich, wenn ich diesen Gedanken gar nicht hätte? Augenblicklich sehe ich geheimnisvolle Formen, überall, ringsumher. Magische Formen. Plötzlich nur noch Schätze, Steine, die sprechen, kleine runde glatte Flächen wie miniaturisierte Tanzplätze. Da ist ein seltsamer Ring aus Steinen, kreisrund, in der Mitte eine kleine Pyramide. In einigem Abstand sehe ich regulär angeordnete kleine Häufchen aus Steinen, die wie Sitzgelegenheiten wirken. – Aber das sind wieder nur ausgedachte Geschichten.

Ich komme zu einer Stelle, an der wohl regelmäßig Schießübungen stattfinden, die wunderschöne Natur ist übersät mit durchlöchertem Schrott, Patronenhülsen, Dosen wie Siebe, rostige Karosserieteile. In der Mitte die rostbraune Hülle eines alten Kühlschranks, die fast nur noch aus Löchern besteht. Man hat dieses quaderförmige Sieb mit Steinen gefüllt, vielleicht, weil es sonst von jedem Schuß weggeblasen würde.

Die Scherben von Tausenden zerschossener Flaschen glitzern in der Sonne wie Edelsteine, ein undefinierbares Blechteil schwankt im Wind und erzeugt wunderbare pfeifende Töne. »Niemand sollte mit solchem Müll die Natur verschandeln«, dieser tausendmal von mir gedachte Gedanke bleibt aus, statt dessen sehe ich die Perfektion dessen, was ist, und es ist schön.

Ich erklimme einen Hügel, lasse mich nieder. Der Himmel ist blau.

Ist das wahr?
Nein. Blau ist nur eine Wahrnehmung in mir. Ein Wort. Etwas, an das ich mich erinnere.

Wie reagiere ich, wenn ich die Überzeugung habe, der Himmel sei blau?
Ich sehe ihn gar nicht mehr. Es ist, als hätte ich die Schublade »blau« in meinem Kopf aufgezogen, und da tue ich den Himmel rein, um ihn nicht sehen zu müssen. Ich versehe innerlich die Worte »Himmel« und »blau« mit kleinen Häkchen.

Wer wäre ich, wenn ich nicht glauben würde: »Der Himmel ist blau«?
Ich würde mich zu wundern beginnen: Was ist das alles? Plötzlich sind da Tausende von feinen farblichen Abstufungen einer geheimnisvollen Realität.

Mein Denken ist blau.
Das ist auf jeden Fall wahrer als der ursprüngliche Gedanke. Da ist ein kleiner Baum, fern von mir, auf einem Felsen.

Ist das wahr?
Ich kann es nicht wissen.

Wie reagiere ich, wenn ich glaube, dort sei ein Baum?
Der Baum hält meinen Blick, meine Aufmerksamkeit gefangen. Ich verliere das Bewußtsein des Ganzen um mich herum, des ALLES.

Wer wäre ich ...?
Ich würde den Wind fühlen, den Wind hören, die Bewegung der Büsche, der Gräser um mich herum wahrnehmen.

Da ist Wind, ist das wahr?
Ich kann es nicht wirklich wissen. Ich weiß ja gar nicht, was Wind eigentlich ist. Luftdruckunterschiede, die durch den Raum fliegen? Wellen von Energie? Gibt es überhaupt so etwas wie Wind?

Wie reagiere ich ...?
Ich mache den Wind flach, ich verwandle dieses fühlbare, hörbare, riechbare Phänomen in ein vergilbtes Wort.

Wer wäre ich ...?
Ich würde den Wind wirklich fühlen, mich jedes Moments erfreuen, was auch immer dieser Moment in Form von Wind bringt: meine Haut spüren, die Symphonie hören, den ständigen Fluß von ETWAS.

Da ist Denken – das ist sicherlich wahrer als die Überzeugung: »Da ist Wind.« Da ist ein Verstand, der das Wort Wind buchstabiert und mich in seinem Bann hält, so daß ich die WAHRHEIT des Windes nicht wahrnehmen kann.

Da ist ein fernes Gebirge, ist das wahr?
Nein, sicherlich nicht. Ich bin nicht dort, da ist nur diese Abbildung auf meiner Netzhaut, und nicht einmal die kann ich

wirklich sehen, ich interpretiere vielleicht nur die Schwankungen elektrischer Potentiale in meinem Gehirn.

Wie reagiere ich …?
Ich bin nicht mehr hier, ich bin dort, wo vielleicht gar nichts ist. Ich bewege mich in fremder Angelegenheit.
Da sind die fernen Geräusche der Autos.

Ist es wahr? – Ich sehe kein Auto. *Wie reagiere ich …?*
Ich erhalte eine Vergangenheit, in der ich von Barstow hierhergekommen bin; ich erhalte eine Zukunft, in der ich dorthin zurück muß.

Wer wäre ich ohne den Glauben …?
Ich würde mich an den kleinen schwankenden Gräsern freuen, mit ihren vertrockneten Blüten. Die Vibrationen wahrnehmen.

Ist das wahr, daß das Gras ist?
Nur Spiegelungen, Worte, Bewegung von Worten in meinem Gehirn.

Und habe ich ein Gehirn, ist das wahr? Wo ist es?
Ist mein Fuß wahr, den ich unter mir sehe? Kann ich das wissen?

Der Prozeß verselbständigt sich, ich höre das feine Sirren in meinem Kopf, ich fühle die Einheit von Beinen und Fuß und Steinen, dem Boden darunter. Das Geräusch der fernen Straße wird zu Musik, die sich mit Windgeräuschen und dem Ton in mir vermischt.

Wie reagiere ich, wenn ich denke, ich hätte einen Körper?
Plötzlich spüre ich die unendliche Last, die mit diesem Glau-

ben verbunden ist. Ich sehe Bilder aus Anatomiebüchern, Krankheiten, ich erhalte die Zukunft eines alternden Körpers, ich erlebe die Spannung, die dadurch entsteht, daß ich glaube, auf diesen Körper aufpassen zu müssen, ihn am Leben erhalten zu müssen.

Wer wäre ich, wenn ich nicht glauben würde, daß da ein Körper ist? – Und ich werde nicht gebeten, diese Überzeugung aufzugeben.

Ich wäre einfach nur frei, ich wäre eins mit dem, was ist, mit diesem Ton, mit dieser Bewegung. Ich würde mich nicht mehr sorgen, ich würde mich entspannen. Ich würde verschwinden in dem wunderschönen Geschehen ringsumher. Ich würde mich nicht mehr als getrennt empfinden. Diese Leiden, diese dauernde Anspannung würden aufhören, einfach so.

Ich würde wissen, da ist nur noch Schönheit – ich würde mit dem Ganzen verschmelzen.

Erst nach langer Zeit wandere ich zurück zur Straße, fühle mich leicht wie eine Feder. Ich versprühe meinen Wasservorrat über den grünen Büschen wie ein Priester, der sein Weihwasser verspritzt – trotz der vielen leeren Dosen, Plastiktüten, Papierfetzen zerknülle ich die Plastikflasche und stecke sie in die Tasche. Ich mag mich, wenn ich nichts wegwerfe. Der Inhalt der Flasche geht dorthin zurück, wo er herkam, ich brauche kein Wasser mehr, die Pflanzen mögen sich seiner erfreuen. Ich spüre keinen Hunger, keine Müdigkeit.

An der Straße schwenke ich meinen Anhalterdaumen, eine Frau winkt zurück, fährt aber weiter. Nach einigen Minuten kommt sie zurück, lädt mich ein, mitzufahren. Sie bringt mich genau dorthin, wo ich hinwill. Sie ist eine einfache Frau aus Barstow.

»Ich bin noch nie im Leben woanders gewesen. Ich brauche nirgendwohin zu gehen. Ich führe die kleine Kirche da hinten!« Sie strahlt über das ganze Gesicht – da ist mehr als eine physische Veränderung ihrer Gesichtsmuskulatur.

Das winzige Gebäude mit dem unbeholfen wirkenden Holzkreuz und den bunten Lämpchen hatte ich gesehen. Der Spruch über der Tür war mir besonders aufgefallen: »Es gibt kein Glaubensbekenntnis, nur Gott, es gibt kein Gesetz, nur Jesus.«

Ihr Lächeln ist sehr sehr breit, als ich das zitiere. »Preist auch du Gott?«

Ich: »O ja. Ich war in der Wüste und habe gerade festgestellt, die Berge, die Pflanzen, der Wind, alles ist Gott!«

Sie strahlt über und über. »Du weißt es auch? Gerade jetzt ist der Heilige Geist über mich gekommen! Gepriesen sei der Herr!«

Ich: »Ich preise den Herrn.«

Sie: »O Lord! Mein Name ist Marie Anne!«

Ich: »Oh, so bist du die Mutter des Herrn! Und gleichzeitig bist du… es gab doch sicher auch eine Anna in der Bibel?«

Sie: »So habe ich es noch nie gesehen, ich dachte immer, meine Schwester Rose hätte den schöneren Namen…«

Zum Abschied streiche ich ihr übers Gesicht und übers Haar, sie lädt mich zum Gottesdienst am Sonntag ein.

PS: Am Abend sitze ich mit meinem neuen Freund Doni in einem wunderbaren italienischen Restaurant. Die Pizza mit Namen *Godfather* kann ich nur wärmstens empfehlen.

Ehrliche Kommunikation

In der Zeit der letzten Korrekturen an diesem Buch beschäftigte mich besonders die Frage der persönlichen Integrität und meine Unfähigkeit, mit Menschen hundertprozentig ehrlich und mit dem Herzen zu kommunizieren. Ich hatte Angst, Leute vor den Kopf zu stoßen, indem ich nein sagte, ich sagte ja zu Dingen, die ich eigentlich nicht wollte. Ich verstand zwar, daß ein ehrliches Nein immer ein Ja zu mir selbst und damit auch dem anderen gegenüber war, aber ich hatte einfach Angst vor den Reaktionen. Ich haßte es, Aggressionen auf mich zu ziehen, ich mochte es absolut nicht, wenn Leute etwas auf mich projizierten.

Nachdem ich mit diesen Aussagen THE WORK gemacht hatte, war mir klar, daß ich mich mit dieser Taktik des Sichversteckens nicht wirklich wohl fühlte. Ich sah mich geistig im Tarnanzug und mit gezücktem Maschinengewehr hinter einem Wall aus Sandsäcken im Schlamm robben, wohingegen das, was ich mir in dieser Sache wirklich wünschte, etwa so aussähe, daß ich als nackter Buddha unter einem Bodhibaum säße, in der Hand eine Lotosblüte. Meine Liebe zu meinen Mitmenschen zeigte sich in dieser Vision auch darin, daß ich ihnen erlaubte, ihren Haß auf mich zu projizieren. Ich förderte sie auf ihrem Weg, indem ich ihnen zeigte, wer sie waren – so wie auch sie mir immer wieder mich selbst zeigten, damit ich mich erkannte. Wenn ich ihnen ungewollt Schmerzen zufügte, indem ich ich selbst war, so war dies ein Akt der Liebe, denn ich war dem treu, was wir beide wirklich waren.

Frappierend nicht nur die Tatsache, daß die Lotosblüte, die aus dem Schlamm wächst, ein uraltes, aus dem Buddhismus stammendes Symbol darstellt, sondern daß Zenmeister Kopp mir Monate vorher mich selbst gezeigt hatte, indem er im Armeetarnanzug in einem Straßencafé gesessen und mit einer (Spielzeug-)Pistole auf mich gezielt hatte. Ich hatte mich seinerzeit sehr hierüber geärgert, konnte aber jetzt sehen, daß das reine Projektion war. Ich war mir selbst begegnet.

Wenn ich dieses Bild heute ohne Überzeugungen betrachte, sehe ich ein wunderbares großes Kind, voll sprühender Lebensfreude und Witz. Ich sehe einen wahren Zenmeister, der seinen (zeitgemäßen) Stock erhebt und dem Schüler zeigt, wer er ist. Ich sehe einen Mann mit Spielzeugpistole im Straßencafé. Das ist alles.

Dann erzählte Katie während einer WORK folgende Begebenheit: Ihre Tochter Roxanne hatte einen berühmten Rockstar zu einem Essen mitgebracht, damit dieser Katie kennenlernen sollte. Da sehr viele Leute in dem Restaurant waren, fragte Roxanne ihre Mutter nach dem Essen, ob sie nicht im Auto des Rockmusikers mitfahren wolle, aber sie sagte nein. Katies Vermutung war, daß Roxanne diesen Mann beeindrucken wollte, ich wiederum dachte mir, daß es auch so gewesen sein könnte, daß die Tochter bei der Mutter Eindruck machen wollte.

Auf jeden Fall aber war ich sehr beeindruckt davon, daß erstens Katie auch ihrer Tochter gegenüber absolut sie selbst bleibt und tut, was sie tut, auch wenn sie weiß, daß das vielleicht zunächst für diese schmerzhaft ist – und zweitens Roxanne ihr für diese Lehre danken konnte, anstatt sich zu beklagen.

Als ich Katie dies sagte, meinte sie, auch der Rockstar sei sehr beeindruckt gewesen. Eine solche Absage, die vielleicht noch nie jemand zu erteilen gewagt hatte, sei vielleicht das gewesen, wofür er gekommen war.

KATIE: Ein ehrliches Nein zum anderen ist das Ja zu mir selbst. Mein Mann sagt: »Möchtest du mit mir zusammensitzen?« Ich sage nein. Er fragt mich, es war eine einfache Frage. Wenn du eine Weile THE WORK machst, dann kannst du sehen, was wertvoll ist. Er hat einfach nur gefragt. Kenne ich die Antwort?

In Zeitlupe sieht das folgendermaßen aus: »Möchtest du mit mir zusammensitzen?« (Pause)

»Nein – ist das nicht komisch? Ich kann es nicht finden. Ich mag wirklich den Platz, an dem ich gerade stehe.« Es war eine einfache Frage.

Fünf Minuten später: »Liebster, mir ist aufgefallen, daß ich jetzt mit dir zusammensitzen möchte! Ist das nicht merkwürdig?« Ja. Nein. Ja, ja, nein. Es war eine einfache Frage. Kennst du die Antwort? Oder bist du so verwirrt, daß du vergessen hast, wie du dir selbst zuhörst?

Ich bin verheiratet mit IHM in mir. Mein Mann und meine Kinder sind ein zusätzliches Geschenk. Solange ich vergesse, woher meine Antworten kommen, fragen sie mich. Bei jeder Frage gehe ich nach innen, und ich bekomme Frieden.

Mein Mann kann sich von mir scheiden lassen, er kann sterben, er kann mich verlassen. Er kann seine Meinung ändern. Aber nichts und niemand kann mich von IHM in mir trennen. Nicht einmal ich selbst. ES in mir wartet immer und immer darauf, daß ich ES finde. Ich kann die Liebe meines Lebens nicht im Außen finden. Ich habe sie ja schon in mir! Und ES hat das Sprechen für mich übernommen. Ich muß es nicht mehr tun.

»Du sagst, du willst neben mir sitzen?« – ES spricht. Es spricht für sich selbst. Ja – ja, ja, ja, nein. Es ist nicht persönlich. Es ist einfach nur. Es selbst. Frei. Es ist das, womit du Krieg führst. Oder auch nicht. Ja und nein sind das gleiche!

Moritz: Wenn den Leuten meine Antworten nicht gefallen, flippen sie manchmal aus, so wie ich, wenn du nein zu mir sagst.

KATIE: Die Leute flippen auch aus, wenn ich die Antworten gebe, die sie wollen, was ist der Unterschied? Wenn du die Antwort nicht magst, finde deine eigene Lösung! Du bist derjenige, auf den du gewartet hast! Keine Antwort kann dir Frieden geben und keine Antwort kann deinen Frieden zerstören. Du bist derjenige, der das macht.

Moritz: Und wo findest du deine Antworten?

KATIE: Es ist ganz gleich, wo sie herkommen. Dies ist keine Wissenschaft. Du sagst ja – gut. Du sagst nein – gut. Das Schlimmste, was passieren kann, ist eine Geschichte, die du darum herumbaust. Das ist alles. Untersuche und sei frei! Bis zum letzten Ja oder Nein.
»*Ich hätte ja sagen sollen. Ich habe es falsch gemacht.* Kann ich wirklich wissen, daß das wahr ist? *Oh, ich hätte nein sagen sollen.* Ist das wahr?«

Schon kurze Zeit später hatte ich ausgiebig Gelegenheit zu sehen, daß ich mich durch THE WORK erneut verändert hatte. Und zwar beschuldigte mich eine Frau verschiedener Dinge, von denen ich wußte, daß sie so nicht stimmten. Diese Frau stand dicht vor mir und zitterte vor Wut, um ihren Mund hatte sich ein weißer Ring gebildet. Normalerweise reagiere ich in solchen Situationen sehr emotional, aber jetzt konnte ich mir das ganz ruhig anhören. Ich sah die Schönheit dieses verletzten Kindes, ich wünschte ihm innerlich, daß es geheilt werden möge.

Hinterher war mir klar, daß ich in dieser Situation noch immer nicht hundertprozentig ich selbst gewesen war, denn wäre dies der Fall gewesen, hätte ich gewußt, daß die Frau natürlich auch recht gehabt hatte mit ihren Beschuldigungen – wenn auch nicht so, wie sie das vielleicht sah. Aber ich hätte auch mit gutem Gewissen alles zugegeben, lächelnd ja sagen können. (Sie hatte mir nämlich pikanterweise mangelnde Integrität vorgeworfen, und genau danach war ich ja auf der Suche, also hatte sie recht.) Aber – wie Katie sagt – wir sollen nicht so tun, als ob wir weiter entwickelt wären, als wir es sind. So war es, und es war eine gute Erfahrung für mich.

Es gab inzwischen noch weitere derartige Situationen, und mehr und mehr wird mir klar, daß wir alle noch immer Kinder im Sandkasten sind. Manche Kinder spielen mit mir sehr liebevoll, und wir sind dabei tief miteinander verbunden und in unseren göttlichen Kern versunken, andere zerstören immer wieder meine wundervollen Sandkuchen oder versuchen, mir ihre Schaufeln auf den Kopf zu hauen.

Kann ich das lieben? Solange ich es nicht kann, ist die Arbeit nicht getan.

– 6 –
Helfen mit THE WORK – aber wie?

Niemand braucht Heilung

Nachdem Sie THE WORK verstanden haben und selbst ausüben, kann es sein, daß Sie bei Ihren Mitmenschen plötzlich jede Menge Glaubenssätze entdecken und daß Ihnen bewußt wird, wie sehr diese in ihre Geschichten verstrickt sind.

Denken Sie jetzt daran, daß das deren Angelegenheit ist! Bemerken Sie, daß Sie Ihre eigenen Glaubenssätze im anderen gespiegelt sehen, stellen Sie sich die vier Fragen, und finden Sie die Umkehrungen! Diese Menschen sind Ihre Gurus, Ihre Lehrer, Gott, der Ihnen zeigt, was zu tun ist!

Begehen Sie also nicht den Fehler, Gott belehren zu wollen oder ihm gar »Dreh's um!« oder dergleichen an den Kopf zu werfen. Das äußerste, was man ungebetenerweise vielleicht tun kann, ist zu fragen: »Ist es wahr?« oder: »Wie reagierst du, wenn du so denkst?«, wenn man bemerkt, daß ein Mensch sich durch seine Überzeugungen Schmerzen zufügt. Aber wundern Sie sich nicht, wenn Sie dann nur weitere Glaubenssätze hören.

Am besten wäre es sicherlich, niemandem gegenüber THE WORK überhaupt nur zu erwähnen, außer, man bittet Sie um Hilfe. Dies wird am ehesten dann der Fall sein, wenn man an Ihnen bemerkt, daß Sie plötzlich in Lebensbereichen sehr gut zurechtkommen, mit denen Sie vorher Probleme hatten.

Wenn Sie den Impuls verspüren, ungebeten Ratschläge zu erteilen, fragen Sie sich zunächst: »Ist dieser Rat nicht eigentlich für mich gedacht? Kann ich mich daran halten? Halte ich mich daran?« Selbst wenn Sie Menschen wirklich positiv beeinflussen wollen, versuchen Sie doch nichts anderes, als ihnen ihre Geschichte zu nehmen – das ist nicht liebevoll. Wenn Ihnen jemand erzählt, wie schlecht es ihm geht, wieviel Pech er im Leben hat, wie schlimm der Partner diesem Menschen mitspielt – hören Sie zu, achten Sie darauf, wieviel Freude dieser Mensch an seiner Geschichte hat, wieviel Energie er aus seiner Geschichte zieht, dies ist sein Leben. Wenn Sie mit irgend etwas Probleme haben, was dieser Mensch erzählt oder wie er es erzählt, machen Sie The Work.

Neulich half ich einer lieben Freundin bei ihrer Work über eine gemeinsame Bekannte, von der wir beide der Meinung waren, daß sie zuviel rede, daß sie sich zu sehr in den Vordergrund spiele, daß sie zuweilen eine ziemliche Nervensäge sei. Danach trafen wir uns mit ihr zum Essen. Sie redete, sie gestikulierte, es ging ihr furchtbar schlecht, sie arbeitete zuviel, ihre Beziehungen, ihre Klienten, ihre Wohnungen, ihre Umzüge, ihr Leben, alles war furchtbar dramatisch.

Gebannt hörten wir zu. Wir liebten dieses wunderbare große Kind, das immer mehr aufblühte, während es seine spannenden und schrecklichen Dramen vor uns ausbreitete. Es war ein wunderbarer Abend – das fanden wir alle drei. Besonders faszinierte mich, daß ich bei der vorherigen Work ja nur die Fragen gestellt hatte, daß ich aber dennoch »in den vollen Genuß« dieser Sitzung kam. Während unseres anschließenden Essens habe ich The work als Möglichkeit, mit den geschilderten Problemen umzugehen, nur ein einziges Mal wie nebenbei erwähnt.

Eine andere Sache ist es natürlich, wenn man Sie direkt um Rat und Hilfe bittet. Aber auch in diesem Fall gilt es einiges zu beachten: Versuchen Sie, THE WORK so rein wie möglich zu halten, das heißt, stellen Sie nur die Fragen, und helfen Sie nur weiter, wenn es unbedingt nötig ist. Machen Sie möglichst keine Vorschläge, wie sich der andere verhalten sollte, sondern berichten Sie statt dessen von Ihren eigenen Erfahrungen. Sie können in den anderen nicht hineinschauen – allzu leicht projiziert man sich selbst! Wirklichen Wert hat nur, was Ihr »Klient« selbst findet.

Versuchen Sie nicht, den Allwissenden, den Weisen, den großen Guru zu spielen, das ist sehr schmerzhaft! Achten Sie auf Ihre eigene Befindlichkeit – wenn es keinen Spaß macht, mit anderen THE WORK zu machen, dann sind Sie sicherlich in etwas hineingerutscht, was in einer sauberen WORK nichts zu suchen hat.

Ich selbst wollte sehr lange unbedingt, daß meine Klienten und Freunde endlich verstehen, was für eine tolle Methode THE WORK ist, daß sie alles verstehen, was ich in diesem Buch schreibe. Manchmal mußte ich gar eine Sitzung unterbrechen und selbst schnell die WORK zu diesem Thema machen:

Du sollst THE WORK *verstehen, ist das wahr?*
Nein.

Wie reagiere ich, wenn ich das denke?
Mit Anspannung, Trennung von dir, Unzufriedenheit, keine Liebe, mein Bewußtsein engt sich immer mehr ein.

Wer wäre ich, wenn ich das nicht denken würde? Wie würde ich mich fühlen?
Entspannt, liebevoll, ein Freund.

Ich sollte die Work *verstehen!*
Absolut wahr! (Daher habe ich auch dieses Buch geschrieben.)

Das Schöne an diesen Sitzungen war, daß meine Klienten grinsend zuhörten und nicht nur The Work plötzlich sehr gut verstanden, sondern sogar wußten, daß sie schon immer verstanden hatten. Ich war der letzte, der dies bemerkte, ich war der letzte, der The Work endlich zu verstehen hatte! Ist das nicht ein schöner Effekt? Manche Klienten bringen mich so weit, daß ganz klar wird, daß nur ich derjenige bin, der The Work wirklich nötig hat.

Wenn Sie einige Erfahrung haben, werden Sie bemerken, daß die Work des Klienten immer auch Ihre oder sogar nur Ihre Work ist. Es gibt eigentlich keinen Helfer und keinen Klienten.

Ich sitze mit meinem Freund, dem Klienten, er liest seinen Fragebogen vor. Ich stelle die Fragen, und ich stelle sie mir selbst. Ich finde die Antworten in meinem Herzen. Ich mache The Work. Ich will nichts erreichen, ich will nicht helfen, ich will nicht, daß irgend jemand außer mir selbst irgend etwas »kapiert« – das würde mich auf ein unbequemes Podest stellen, auf dem ich mich angespannt, lehrerhaft, unnatürlich fühle.

Ich will ihm helfen? Was ist, wenn er die Hilfe nicht annehmen kann oder nicht will, wenn er nicht versteht? Bin ich ihm dann böse? Werde ich ungeduldig? Bin ich dann hinterher unzufrieden, fühle ich mich leer, ausgepumpt? Will ich ihm zeigen, was ich alles kann, alles weiß? Will ich ihm etwas beweisen? Soll er sehen, daß ich besser bin? Das alles tut weh!

Die Wahrheit ist: Ich sitze mit einem Freund und stelle Fragen – alles, was ich darüber hinaus an Glaubenssätzen habe, ist unnötig, schmerzhaft und unwahr und bringt mich weg von der Perfektion des Augenblicks.

Katie sagt:

Niemand kann wirklich helfen. Niemand braucht Heilung, niemand hilft. Auch ich lehre nichts, ich helfe nicht, ich berichte nur von mir.

THE WORK *ist Liebe*

Wenn Sie kein Motiv haben, wenn Sie nur sitzen und die Fragen stellen, ist es sehr befriedigend, THE WORK mit anderen zu tun. Ich denke, daß es eine Form ist, seine Liebe zu einem anderen Menschen auszudrücken – eine sehr reine Form. Oft spüre ich eine immense Verbundenheit mit diesem Menschen, ein enormes Verständnis – und ich weiß, daß ich im Grunde an mir selbst arbeite, wenn ich es mit dem anderen mache. Denn ich benutze die gleichen Konzepte wie der andere. Noch beglückender kann es sein, wenn jemand wie Byron Katie in einem Saal voller Leute THE WORK macht und man spürt, wie alle Anwesenden innerlich mitgehen und gleichzeitig an sich selbst arbeiten. Wenn man sich selbst nicht allzu ernst nimmt, kann es auch sehr unterhaltsam sein, sogar wenn man selbst der Klient ist – ein wunderbarer Zeitvertreib, sicherlich besser als Lesen oder Fernsehen. Wenn Sie mit Ihrem Lebenspartner regelmäßig THE WORK machen, so wird das Ihre Beziehung deutlich bereichern.

Was auch immer Ihr Gegenüber aufgeschrieben hat, ist seine Wahrheit und ist richtig für sie/ihn. Es steht niemandem an, es zu kritisieren, zu be- oder verurteilen – auch nicht in Gedanken.

Manchmal müssen Sie nachfragen oder um Erläuterungen bitten, helfen, die wesentlichen Punkte herauszuarbeiten. Dies ist besonders der Fall, wenn die Sätze lang und kompliziert sind. Helfen Sie behutsam herauszufinden, was genau die Person ablehnt, nicht mag, was sie ärgert, was sie nicht akzeptieren will oder kann.

Ein Beispiel: Mein Freund Ralph schrieb als ersten Satz: »Ich bin ärgerlich auf mich, weil ich meine Aktivitäten/Energien und meinen Intellekt jahrelang dazu eingesetzt/benutzt habe, um mir kurzfristige Bestätigungen zu holen und Situationen zu kreieren, die meine Ängste geschürt haben und Enttäuschungen produziert haben – Enttäuschungen, die mir trotzdem ein Sicherheitsgefühl vermitteln.«

Mit einem solchen Monstrum von Satz kann man nicht arbeiten, das sehen Sie meist schon daran, daß der Schreibende selbst diese ganze Sache nicht im Kopf halten kann. Wir müssen das also auseinandernehmen und in »Häppchen« aufteilen. In Ralphs Fall sah das so aus:

»Ich bin ärgerlich auf mich, weil ich auf kurzfristige Bestätigung aus war. Ich bin ärgerlich auf mich, weil ich mir selbst viele Enttäuschungen bereitet habe. Ich bin ärgerlich auf mich, weil ich Ängste habe.«

Außerdem sollte man, wenn man schon nicht mit einem konkreten Vorfall arbeitet, einmal ein Beispiel durchsprechen, damit klar ist, was genau das für Enttäuschungen bzw. Ängste sind oder waren.

Wenn Sie fragen, bauen Sie den Glaubenssatz, um den es geht, immer wieder in Ihre Fragen ein. Z. B.: »Klaus sollte sich ändern – ist das wahr?« Bei den ersten Fragen ist dies besonders wichtig, da die Frage »Ist es wahr?« sich meist auf den

Inhalt des Glaubenssatzes bezieht, nicht auf den Ärger – denn der scheint ja zunächst immer wahr.

Ich habe sehr viele Bänder mit Byron Katies Sitzungen abgehört und nur selten fragt sie einfach: »Ist es wahr?« Allerdings hat das auch meist damit zu tun, daß diese Sitzungen auf Workshops aufgezeichnet wurden und es um eine schnelle Demonstration auch für die Zuhörer geht. Insofern sind die Sitzungen mit Byron Katie nicht typisch für den korrekten Ablauf, bzw. sie hält sich selbst meist nicht an den genauen Ablauf.

Im übrigen fand ich später heraus, daß man Menschen, die bereits Erfahrung mit THE WORK haben, sehr wohl einfach fragen kann: »Ist es wahr?« Hierzu lesen Sie bitte den Abschnitt mit dem entsprechenden Titel ein paar Seiten weiter.

Wenn Sie das Gefühl haben, man kann die Wahrheit sowieso nicht wissen, z. B. bei folgendem Satz: »Mich ärgert, daß Jürgen denkt, ich hätte ...«, dann hat die erste Frage weniger Sinn, und es kommt mehr auf die zweite Frage an – denn wer kann schließlich wirklich wissen, was ein anderer Mensch denkt?

Byron Katie fragt auch oft folgendermaßen: »Dein Leben wäre besser, wenn dein Vater dich nie geschlagen hätte – kannst du das wirklich wissen?« Natürlich wird die Antwort auch hier immer Nein lauten, weil man das eben nicht hundertprozentig wissen kann. Lassen Sie Ihrem Gegenüber aber Zeit, dies jeweils selbst herauszufinden. Vielleicht geschieht in diesen langen Momenten des In-sich-hinein-Horchens Heilung.

Und wenn jemand darauf beharrt, mehr zu wissen als Gott? Machen Sie darauf aufmerksam und gehen Sie zur nächsten Frage. Manchmal ist es auch gut, wenn Menschen zunächst einmal für eine Weile anderen bei THE WORK zuhören – sie bemerken dann meist sehr schnell, wie dumm es ist, wenn man alles besser zu wissen meint, als die Existenz selbst.

Seien Sie flexibel, was den Ablauf betrifft. Manchmal ist es gut, erst einmal den ganzen Fragebogen vorlesen zu lassen, besonders, wenn starke Emotionen mit dem Aufgeschriebenen verbunden sind. Kommen Gefühle, lassen Sie sie zu, lassen Sie weinen, lassen Sie schluchzen, fördern Sie den Ausdruck von Gefühlen. Vielleicht muß erst eine ganze Zeitlang Emotion fließen, bevor die eigentliche »Arbeit« beginnen kann.

Vertraulichkeit sollte selbstverständlich sein. Katie sagte zwar dazu einmal: »Behandeln die Menschen Dinge vertraulich? Nein, sie tun es nicht. Jedenfalls oft nicht. Darauf zu bestehen bedeutet Leiden.« Ich aber mag mich, wenn ich mich daran halte und Vertraulichkeit wahre; Sie auch?

Denken Sie daran, gelegentlich die Frage einfließen zu lassen: »Wessen Angelegenheit ist das?« Wenn jemand auch nur zu einem Prozent in der Angelegenheit eines anderen sich befindet, bedeutet das Schmerz – aber auch dies muß wohl jeder für sich allein herausfinden.

Oft geraten wir an Glaubenssätze, die uns sicherlich schon bald in unserem Leben abermals begegnen werden. Hier ist die direkte Umkehrung zu empfehlen, denn sie führt uns dazu, alles willkommen zu heißen, was uns daran erinnert, daß wir an uns arbeiten wollen, daß wir The Work tun wollen. Ich empfehle an dieser Stelle eine Nr. 6, d. h., Sie können den Glaubenssatz so behandeln, als sei er eine Nr. 6: »Ich freue mich darauf, daß ich mich über den Motorrasenmäher meines Nachbarn ärgere, denn er erinnert mich an die vier Fragen.«

Was tun, wenn jemand mit Emphase seinen Glaubenssatz vertritt und nicht wirklich die Fragen beantwortet? Katie sagt dazu: »Ich verstehe dich vollkommen« oder: »Ich höre dich« – und führt dann sanft zur WORK zurück. Gewöhnlich hat sie eine unwiderstehliche Autorität, was unsere komplizierten, dramatischen, schrecklichen Geschichten betrifft; man nimmt ihr ohne weiteres ab, daß sie in den ersten 43 Jahren ihres Lebens kein Problem, keinen schmerzhaften Glaubenssatz, keine Projektion, keine Identifikation, keine selbstzerstörerische Überzeugung ausgelassen hat. Ihre Tochter sagte in einem Interview: »Meine Mutter war die Hölle.«

Und wenn Sie bemerken, daß jemand die Fragen nicht wirklich beantworten will oder kann und statt dessen in seiner Geschichte bleibt und diese ausbreitet und verteidigt?

Lassen Sie ihn oder sie. Vielleicht geht bei der nächsten WORK der Knopf auf. Vielleicht ist THE WORK für diesen Menschen nicht geeignet, oder er/sie hat eine andere oder bessere Methode? »Nichts ist höher, nichts ist niedriger«, sagt Katie.

Weitere Fragen und Antworten

Darf man abschweifen, während man THE WORK *tut?*
Byron Katie empfiehlt, sich so eng wie möglich an den Fragebogen und die genauen Fragen zu halten. Ich kann dies aus meiner Erfahrung bestätigen. Machen Sie sich notfalls Notizen, und bearbeiten Sie hinterher, was während der Sitzung auftaucht. Halten Sie sich eng an die geschriebenen Worte, andernfalls kann es passieren, daß Sie sich irgendwo verlieren und dann nicht mehr THE WORK tun, sondern etwas anderes. Das andere mag genauso richtig oder wichtig sein, und es ist in Ordnung, aber es ist dann nicht mehr THE WORK, deren immensen Wert ich für erwiesen erachte.

Ich habe schon oft The Work *mit einer bestimmten Sache gemacht, aber das betreffende Problem taucht immer wieder auf.* Haben Sie Geduld. Manche sehr klein scheinenden Probleme muß man über lange Zeit immer wieder bearbeiten, andere, vielleicht größer scheinenden Sachen sind nach ein- bis zweimaliger »Arbeit« aufgelöst. Byron Katie sagt, sie habe die Überzeugungen, die sie bezüglich ihrer Mutter hatte, drei Jahre lang bearbeitet.

Denken Sie auch bitte daran, daß The Work eigentlich ohne die Motivation getan werden sollte, etwas ändern zu wollen, sich von Problemen befreien zu wollen. Natürlich wird das zunächst nur sehr selten der Fall sein. Aber irgendwann kommt der Punkt, da man The Work völlig ohne weiteres Motiv tut, nur um der Wahrheit und der Freiheit willen.

Wie oft soll man The Work *machen?*
Sooft Sie glauben, daß es Ihnen dienlich wäre. Vielleicht immer dann, wenn Sie sich über irgend etwas geärgert haben? Nachdem ich The Work kennengelernt hatte, fiel mir zunächst nicht allzuviel ein, aber nach einiger Zeit hatte ich jede Menge zu tun, alte Probleme mußten aufgearbeitet, hartnäckige Glaubenssätze abgearbeitet, ungesunde Denkgewohnheiten abgebaut werden. Ich hatte das Gefühl, daß unter manchen Glaubenssätzen ganze Schichten von weiteren Überzeugungen saßen, die ich vorher gar nicht hatte sehen können. Außerdem nahm meine Sensibilität für die unangenehmen Gefühle, die ich mir selbst bereite, stetig zu. Das bedeutet, ich mache heute manchmal The Work über Dinge, die ich früher gar nicht als schmerzhaft empfunden hatte, die mir aber nichtsdestotrotz mein Leben vergällt hatten, ohne daß mir das direkt bewußt war.

Byron Katie sagt: »Mach The Work zum Frühstück.«

Ich habe einen Fragebogen über »mein Denken« geschrieben, was soll ich in der Umkehrung einsetzen?
Probieren Sie es einmal mit »Glaubenssatz« oder »Glauben«. Am besten wird es aber sein, wenn Sie die direkte Umkehrung finden. Ein Beispiel:

Ich bin ärgerlich auf mein Denken, weil es mir keine Ruhe läßt.

Daraus wird umgekehrt:

Ich bin froh über mein Denken, weil es mir keine Ruhe läßt.
Warum? Weil mein Denken mich auf diese Weise immer wieder erinnert, daß ich THE WORK machen kann. So lange, bis mich nichts mehr stört, bis ich das Denken liebe und umarme und es gar nicht mehr bemerke und einfach nur da bin, bewußt, eins mit mir und der Welt.

Ist es wahr?

Was auch immer geschieht, wir können es wahrnehmen wie eine Videokamera. Zeichnet eine Videokamera die visuelle Wirklichkeit nicht auf perfekte Weise auf? Was auch immer vor der Kamera geschieht, wird naturgetreu auf dem Videoband nachgebildet. Nichts wird hinzugefügt, nichts wird weggenommen. Die Kamera schließt keine Szene aus, sie verwendet keine Szene für irgendwelche Phantasien, indem sie Bedeutung hinzufügt, Dramatik, Interpretation. Die Videokamera ist, was sie ist.

Wenn Sie untersuchen, woraus die Substanz der Aufzeichnung besteht, so werden Sie einfach nur Eisenteilchen auf einem Plastikfilm finden. Ob die Kamera einen schweren Autounfall aufgezeichnet hat oder das Erblühen einer Rose – der einzige Unterschied besteht darin, daß die Eisenteilchen ein wenig anders angeordnet sind. Alle Videobänder sind so gleich, wie verschiedene Flecken eines Sandstrandes gleich sind.

In einem ähnlichen Sinn gleichen sich alle Gedanken, die wir haben, alle Träume, alle Geschichten.

Alles, was geschieht, geschieht hier und jetzt – unsere Vergangenheit ist nichts als ein Sammelsurium von alten Videobändern, die sich in ihrer Essenz gleichen. Wenn wir es schaffen, in dieser Weise auf die Wirklichkeit zu schauen, dann werden wir eins mit dem, was jetzt ist, dann erhält unsere Vergangenheit den Platz, der ihr gebührt. Dann werden wir zu dem, was wir wirklich sind: ein Mensch, der tut, was er tut. Deshalb sagt Byron Katie: »Ich bin eine Frau, die auf einer Couch sitzt und mit Freunden spricht. – Dies ist zwar auch eine Geschichte, aber es ist die letzte Geschichte, das endgültige Drama.«

Ich liebe das folgende Gedankenexperiment: Stellen Sie sich vor, Sie hätten unendlich viele Augen, die gleichmäßig im Raum verteilt sind, sowie die Gehirnkapazität, um sämtliche Eindrücke und Nervenimpulse dieser Augen gleichzeitig zu verarbeiten. Würden Sie nicht ein viel genaueres Abbild der Realität erhalten, als es jetzt mit Ihren zwei Augen der Fall ist?

Stellen Sie sich die Augen winzig klein vor, und sie sind überall. Sie sind zwischen den Atomen, den Elektronen, sind in allem, außerhalb von allem, überall gleichzeitig. Sie sehen die Realität beispielsweise eines Baumes, indem Sie in ihm sind, außerhalb von ihm, in jedem Blatt, in jeder Wurzel, in jeder Blüte. Dehnen Sie diese Vorstellung auf das ganze Universum aus. Sie sind überall gleichzeitig, hier auf der Erde und gleichzeitig Millionen von Lichtjahren entfernt. Dort, wo gerade Bilder von der Erde ankommen, die vor Millionen Jahren hier entstanden. Sie sind überall, auch in den Photonen, die von der Erde zu diesem fernen Stern reisen. Die Zeit steht still für Sie.

Was Sie auf diese Weise sähen, wäre es nicht viel wahrer als das, was Sie jetzt wahrnehmen? Wenn Sie sich tief in diese Vorstellung fallen lassen, wenn Sie fühlen, wie es ist, gleichzeitig in jedem Sandkorn zu sein, in jedem Luftmolekül, in der Haut jedes Kindes, im Licht jeder Sonne, in jeder Wolke, in jedem Stern, im Mittelpunkt der Erde, im Mittelpunkt aller Himmelskörper und außen und auf der Oberfläche, dann erhalten Sie eine Ahnung davon, was die Realität wirklich ist. Und was Sie sich da vorstellen, ist nur der visuelle Teil!

Sie können in jedem Gehirn fühlen, denken, wahrnehmen! In jedem Tier, in jedem Menschen, in jeder Pflanze. Sie könnten Sensoren haben, die alles ertasten, überall hören, überall riechen.

Diese Vision mündet in der Vorstellung, daß Sie nicht nur ALLES wahrnehmen, sondern ALLES *sind*. Gedanken, Glaubenssätze, Überzeugungen, Geschichten hätten keinen Platz mehr in dieser Vision, denn da wäre niemand mehr, der sie haben könnte. Es gäbe keine Trennung zwischen Urteilenden und Beurteiltem. Es gäbe nichts, was in Frage gestellt werden würde, nichts, was nicht an seinem Platz wäre, in seiner Zeit wäre. Da ist nur noch das große Eine. Da ist nur noch Perfektion.

Erst im Laufe der Zeit erschloß sich mir die Tatsache, wie tief die Frage »Ist es wahr?« wirklich gehen kann. Ganz zu Beginn meiner Beschäftigung mit The Work bezog ich die Frage auf die erste Aussage und blieb oft damit stecken:

Ich ärgere mich über Autos, die auf dem Gehsteig parken. Ist es wahr?
Natürlich ist das wahr, ich ärgere mich! Punktum! Ich erfand für mich den Zusatz: »Sind die Autos auf dem Gehweg wahr, im Sinne von real?« Ich begann den Widerspruch zwischen den Vorstellungen in meinem Kopf und der Realität außen zu sehen. Dann hörte ich viele Tonbänder mit Katies Sitzungen, und ich formulierte, wie sie es oft tut:

Ist es wahr, daß keine Autos auf dem Gehsteig parken sollten?
Die Antwort: »Nein, es ist eine Lüge! Was ist, ist.« Ich fühlte den Schmerz über meinen Glaubenssatz, ich fühlte die Gewalt in Form von Vorstellungen, daß ich alle Halter dieser Fahrzeuge anzeigen würde, daß ich mich gar mit einem großen Vorschlaghammer an den parkenden Autos rächen würde. Ich wußte, mein Glaubenssatz war unwahr, weil er schmerzte. Diese Autos taten niemandem etwas zuleide, aber ich vergiftete mich. Diese Autos *sollten* dort parken, für mich, damit ich mein Denken untersuchte.

Irgendwann verstand ich, daß die erste Aussage: *»Ich ärgere mich über Autos, die auf dem Gehsteig parken«* im ganzen unwahr war, weil ich mich gar nicht wirklich über die Hindernisse auf dem Gehsteig (unschuldige Zusammenballungen von Atomen und Molekülen), sondern über die Hindernisse in meinem Kopf ärgerte, die Hindernisse, die mein Denken errichtet. Die äußeren Hindernisse in Form der Autos scherten mich nach einigen Sitzungen kein bißchen mehr, ich tänzelte einfach um sie herum und mit ihnen mein fröhliches Denken – was übrigens nicht heißt, daß ich mich nicht für freie Gehsteige engagieren könnte!

Inzwischen ahne ich, daß buchstäblich *alles unwahr* ist: die Autos, der Ärger, sogar derjenige, der sich ärgert.

THE WORK *in der Partnerschaft*

In den vorigen Abschnitten »Niemand braucht Heilung« und »THE WORK ist Liebe« habe ich bereits darauf hingewiesen, daß man anderen Menschen THE WORK sehr vorsichtig nahebringen sollte. Wenn Sie so glücklich sind wie ich und eine wunderbare Partnerin haben, die ebenfalls gerne THE WORK macht, dann gibt es keine Probleme – Sie können herrlich zusammen »arbeiten«. Aber was, wenn Ihr Partner dieser Sache gleichgültig oder gar ablehnend gegenübersteht?

Versuchen Sie auf keinen Fall, Ihren Partner zu THE WORK zu drängen. Erwähnen Sie sie gar nicht. Gehen Sie ihm nicht auf den Wecker mit Fragen oder Umkehrungen! Bedenken Sie, daß Sie diesen bestimmten Partner, diese Partnerin gewählt haben, weil er/sie Ihnen etwas Wichtiges zu vermitteln hat, was Ihnen vielleicht fehlt. Was immer Sie stört an diesem Partner, machen Sie THE WORK damit, und Sie werden glücklich mit diesem Menschen. Er braucht THE WORK nicht, Sie brauchen THE WORK!

Wenn Ihr Partner tiefgreifende positive Veränderungen an Ihnen bemerkt, die ihm erstaunlich vorkommen, wird er sich vielleicht irgendwann ebenfalls für THE WORK interessieren – oder nicht.

Hier noch eine Übung, die Byron Katie Paaren empfiehlt, die THE WORK zusammen machen.

Schreiben Sie einen Fragebogen mit THE WORK, der sich mit Ihrem Partner befaßt, und richten Sie dabei die Sätze direkt an den Partner. Bitten Sie dann Ihren Partner, sich Ihnen gegenüberzusetzen, sich zu entspannen, und lesen Sie ihm jeden Satz einzeln vor.

Ihr Partner weiß, daß es Ihre Geschichte ist, daß es Ihre Glaubenssätze sind. Ihr Partner hört den Satz, nimmt ihn zur Kenntnis, läßt sein Herz prüfen, was auf ihn zutrifft und sagt danke. Danke heißt: »Ich höre dich, ich verstehe dich!« Es heißt nicht: »Ja, ich tue, was du willst.«

Ihr Partner soll sich nicht ändern, soll nichts tun, soll nur dasein. Wenn Sie als Zuhörende(r) etwas finden, das trifft – gut. Dann ist dieser Teil der Geschichte dafür da, sich selbst zu erkennen, THE WORK damit zu machen. Dennoch ist es die Geschichte des Partners.

Arbeiten Sie an Ihrer eigenen Geschichte, lassen Sie den anderen in Ruhe. Hören Sie zu, finden Sie es in sich. Es geht nicht darum, wer recht hat, es geht nicht darum, etwas zu ändern. Gehen Sie nach innen. Selbsterkenntnis, ohne sich verteidigen zu wollen – weder offen noch in Gedanken.

Für manche Leute ist es schmerzhaft, manipulierende Worte zurückzuhalten, Worte der Liebe oder Worte der Unschuld. Nur zuzuhören und danke zu sagen kann aber sehr machtvoll sein. Ein junger Mann, der gerade eine Partnerarbeit hinter sich hatte, sagte mir: »Das wichtigste geschieht während der Pausen. Normalerweise sagen wir uns gegenseitig: ›Nie hörst du mir zu!‹ oder ›Hör doch mal zu, was ich sage!‹ Aber haben wir unseren Partner wirklich einmal gebeten, uns nur zuzuhören und sonst gar nichts zu tun?«

Hier ein Beispiel einer Partnerarbeit aus einem Workshop:

1. *Ich bin enttäuscht und wütend, weil du nicht ehrlich bist, besonders was andere Frauen betrifft. Du mißbrauchst mich als Frau, und du machst mich runter. Ich fühle mich durch dich gedemütigt.*
2. *Ich möchte, daß du ehrlich bist, daß du mich gleichwertig*

behandelst, daß du mich als Frau wertschätzt, besonders in Gegenwart anderer Frauen.
3. Du solltest nicht mit mir spielen. Du solltest nicht versuchen, mir zu gefallen. Du solltest nicht mit anderen Frauen flirten – und wenn du es tust, dann sollte es offen sein und nicht versteckt.
4. Ich brauche dich als Mann an meiner Seite. Ich brauche deine Gegenwart, und ich brauche deine Hilfe.
5. Ich denke manchmal über dich: Du bist arrogant. Du bist unzuverlässig. Du bist egoistisch. Du bist nicht fähig zu lieben. Du bist nicht wirklich da.
6. Ich möchte nie wieder erleben, daß du heimlich in meiner Gegenwart flirtest.

KATIE: Wir sind so beschäftigt, den anderen zu analysieren und zu ändern und kennen uns selbst nicht. Mein Mann sagt zu mir: »Du bist eine schreckliche Ehefrau!« Ich gehe nach innen, das kostet mich drei Sekunden – ich kann das in mir finden. Er hat recht! Ich sage zu ihm: »Sage mir alles, du bist meine Augen, ich bin so blind, was mich selbst betrifft, ohne dich kann ich nichts über mich wissen.«
Meine Kinder sagen: »Du bist eine schreckliche Mutter.« Haben sie nicht recht?
Es ist so, als hätte man einen Blindenhund – er sieht für mich. Wir wissen sehr genau, was unsere Mitmenschen falsch machen, aber bei uns selbst sind wir blind und taub. Die anderen hingegen wissen sehr genau über uns Bescheid. Ohne sie gibt es keine Selbsterkenntnis. Am Anfang ist das schmerzhaft, aber wenn man ein Liebhaber der Wahrheit ist…

Anschließend können Sie Ihrem Partner die Umkehrungen sagen, die Sie finden – lassen Sie ihn wissen, wer Sie sind:

1. Ich bin enttäuscht und wütend, weil ich nicht ehrlich bin, besonders was andere Männer betrifft. Ich mißbrauche dich als Mann und mache dich runter. Ich mißbrauche mich als Frau und mache mich runter. Ich fühle mich durch mich gedemütigt.
2. Ich möchte, daß ich ehrlich bin, daß ich dich gleichwertig behandle, daß ich mich gleichwertig behandle, daß ich dich als Mann wertschätze, besonders in Gegenwart anderer Frauen, daß ich mich als Frau wertschätze, besonders in Gegenwart anderer Männer.
3. Ich sollte nicht mit dir spielen. Ich sollte nicht mit mir spielen. Ich sollte nicht versuchen, dir zu gefallen. Ich sollte versuchen, mir zu gefallen. Ich sollte nicht mit anderen Männern flirten – und wenn ich es tue, dann sollte es offen sein und nicht versteckt.
4. Ich brauche mich als Frau an meiner Seite. Ich brauche meine Gegenwart und ich brauche meine Hilfe.
5. Ich denke manchmal über mich: Ich bin arrogant. Ich bin unzuverlässig. Ich bin egoistisch. Ich bin nicht fähig zu lieben. Ich bin nicht wirklich da.
6. Ich bin bereit und freue mich darauf, wieder zu erleben, daß du heimlich in meiner Gegenwart flirtest.

Als ich mit THE WORK in Berührung kam, habe ich nicht geglaubt, daß diese Übung einen besonderen Wert haben könnte, da ja keinerlei weiterer Austausch stattfindet. (Indessen kann man natürlich danach oder statt dessen auch ganz normal THE WORK zusammen machen!) Inzwischen habe ich mit etlichen Paaren gesprochen und vor allem auch das Zusammenleben von Paaren, die THE WORK praktizieren, beobachtet. Sie alle bestätigten mir, daß diese Technik einen enormen Wert für ihre Beziehung hatte.

Nach meiner Erkenntnis wollen wir alle die Wahrheit finden. Es geht uns gar nicht wirklich darum, den anderen zu ändern. Da wir aber einerseits oft gar nicht genau hinhören, was uns unser Partner eigentlich sagen will, andererseits aber auch nie unsere Wahrheit auszusprechen wagen, bleiben wir irgendwo in diesem Prozeß stecken.

Die Übung »institutionalisiert« das Zuhören und das Aussprechen, und offensichtlich genügt schon allein dies, um eine Veränderung herbeizuführen. Probieren Sie es selbst aus!

In dem Workshop, aus dem das oben zitierte Material stammt, bat Katie die Frau an einer Stelle, ihre Augen zu schließen und ihren Freund vor ihrem geistigen Auge zu sehen, während er mit anderen Frauen flirtet. Sie sollte dies beobachten ohne den Glaubenssatz, daß er das nicht dürfe.

Daraufhin fragte die Frau, ob Katie denn bei ihrem Mann Seitensprünge tolerieren würde. Was Katie dazu sagte, scheint mir bemerkenswert:

Ich liebe die Realität. Ich will das, was mein Mann will. Das heißt nicht, daß ich mit jemandem zusammenbleibe, der nicht monogam ist. Aber es ist meine Wahl, wenn ich nicht mit ihm zusammenbleibe, es hat nichts mit ihm zu tun. Wenn ich die Geschichte habe, daß ich monogam leben möchte, dann lebe ich diese Geschichte. Wenn er andere Frauen will, dann will ich das auch für ihn. Für mich mag ich vielleicht etwas anderes, aber mein Weg ist nicht besser oder schlechter als seiner. Ich lasse ihn aufblühen, denn es würde mich verletzen, ihn niederzuhalten. Ich liebe ihn, er soll seine Wahrheit leben und seinen Weg gehen. Ich liebe ihn, und ich gehe meinen Weg.

The Work *in der Gruppe*

The Work eröffnet eine faszinierende Möglichkeit des Zusammenlebens mehrerer Menschen. In Byron Katies Zentrum in Barstow konnte ich das einige Wochen lang hautnah miterleben.

Das Muster war immer das gleiche: Eine Person ärgerte sich über eine andere und schrieb einen Fragebogen hierüber. Zweimal täglich kam die Gruppe zusammen und stellte die vier Fragen. Die Art, wie dies geschah, variierte sehr stark – manchmal arbeitete die ganze Gruppe zusammen an einer Sache. Es gab aber keine Regel, wie eine solche Sitzung abzulaufen hatte.

Worüber sich alle einig schienen, war die Tatsache, daß die Person, die The Work machte, selbst herausfinden sollte, daß nichts von dem wirklich war, was die Problematik zu sein schien – daß die Geschichte eine Lüge, eine Projektion, eine sinnverleihende Interpretation war.

Der willkommene, ja äußerst erwünschte Anlaß für die »Untersuchung« war die Problematik des Klienten mit der Sache oder der Projektion. Klient und Gruppe hießen das »Problem« dankbar willkommen, weil die Untersuchung Anlaß zum eigenen Wachstum bot.

Dies ist geradezu eine Umkehrung der Verhältnisse im Vergleich zu anderen Gruppen, die ja Probleme im Zusammenleben oder der Zusammenarbeit eher zu vermeiden suchen. Faszinierend, daß die Probleme meist dennoch oder gerade deshalb gelöst wurden.

Viele der Menschen, die ich beobachtete, hatten den Prozeß sicher schon Tausende von Malen durchlaufen – dennoch schien es dem einzelnen stets hilfreich, dies immer wieder zu tun, als geschähe es zum ersten Mal.

Ich konnte in dieser Gruppenarbeit auch gut studieren, wie THE WORK bei mir geschah, während eine andere Person sie zu ihrem Thema machte. Fast immer empfand ich THE WORK als etwas fast Religiöses, als »Gottesdienst«, ohne dies genau erklären zu können. Ich stellte aber fest, daß es anderen ebenso erging. Unabhängig davon fühlte ich mich fast immer sehr gut unterhalten, wie durch einen spannenden Krimi oder ein gutes Buch.

Ich entdeckte großen Humor ebenso wie tiefe Emotionen, das beglückende Gefühl, mich in einer Familie aufzuhalten, die durch das gemeinsame Ziel, ihr Leiden zu beenden, geeint ist. Die Menschen kamen zu diesen Sitzungen, weil sie ihren Schmerz fühlten, sie untersuchten die Realität und fanden die Geschichte.

Die Umkehrungen zeigten den Weg. War der Schmerz nicht hundertprozentig aufgelöst, so wußte man, daß ein neuer Tag eine neue Möglichkeit bringen würde, an der Sache zu arbeiten. Es gab Hoffnung.

Die Hoffnung scheint mir auch darin zu liegen, daß die Zahl möglicher Geschichten begrenzt sein müßte – sie scheinen alle um die stets gleichen Themen zu kreisen, mit denen wir alle zu tun haben. Wir wollen etwas von außen, was wir nur innen finden können: Respekt, Anerkennung, Liebe. Wir haben Angst, daß uns etwas weggenommen wird, wir haben Angst, etwas nicht zu bekommen.

Auch in den Gruppensitzungen hatte ich immer wieder das Gefühl, daß wir uns nicht nur mehr oder minder gleichen, sondern daß wir eine Einheit sind, etwa wie Zellen in einem größeren Organismus.

Ob eine Steigerung der Arbeitsleistung oder Effizienz erreicht wurde, konnte ich nicht beobachten – ich vermute das aber, da die Mitglieder dieser Gruppe mir erfüllter, glücklicher, zufriedener und gesünder schienen als in anderen Gruppen, in denen Probleme eher als lästige Zeitfresser behandelt oder gar benutzt werden, um Machtstrukturen zu erzeugen oder zu zementieren und Hierarchien zu bilden.

In jeder Gruppe bilden sich schnell Sympathien und Antipathien, Freundschaften werden geschlossen, Feindschaften kristallisieren sich heraus und können so fest werden, daß es für die Gruppe unerträglich ist. In Barstow sah ich das alles im Fluß. Es gab Animositäten, die man eine Zeitlang pflegte, dann machte man THE WORK, und es stellte sich heraus, daß es sich von Anfang an um Liebe gehandelt hatte.

Eine besondere Übung in Katies Zentrum besteht darin, daß man sich täglich für fünf Minuten trifft und jeder aufgefordert ist, einen Satz an eine jeweilige Person zu richten, wenn dies angebracht erscheint. Die angesprochene Person sagt danke, jeder der Anwesenden fragt sich selbst, ob er das auch in sich findet, der Sprecher dreht den Satz für sich um. Beispiele für diese sogenannten *oneliner* (Einzeiler) sind:

Thomas, ich mag sehr gern mit dir zusammensein, aber mit dir zu arbeiten ist nicht sehr angenehm.
Wendy, wenn ich dich anschaue, habe ich sexuelle Gedanken.
Nahid, du solltest besser auf die Bedürfnisse der Besucher eingehen!
Marc, du solltest Joanna liebevoller behandeln.

Auch diese Übung schien eine enorm positive Wirkung auf die ganze Gruppe zu haben.

– 7 –
Weitere Themen

Die böse Nachbarin

Ich mag meine Nachbarin nicht, weil sie sich immer wieder bei mir beschwert. Ich fühle mich kontrolliert von ihr, sie hört alles, was ich tue, sogar, wenn ich ins Bett gehe und die Bettdecke zurückschlage. Ich habe keine Intimsphäre in dieser Wohnung. Manchmal ist es so, als würde sie mit mir in dieser Wohnung leben.

KATIE: … und du bleibst dort, weil du etwas von ihr willst. Was willst du von ihr?

Meinen Frieden.

KATIE: Aber den hast du ja dort nicht.

Genau. Ich habe schon mehrere Versuche gemacht, umzuziehen …

KATIE: Weil du dort etwas bekommst, was ist es?

Ich finde keine Ruhe.

KATIE: Gut. Sehr einfach.

Ich kann mich nicht ruhig niederlassen in dieser Wohnung.

KATIE: Das ist genau der Zweck deines Denkens. Wir können Frieden nicht woanders finden, nur in uns selbst. Also diese Frau sollte aufhören, sich bei dir zu beschweren, ist das wahr?

Ja.

KATIE: Und wie sieht die Realität aus? Beschwert sie sich?

Bellt ein Hund? – Diese Frau beschwert sich!
Es kostet mich soviel Kraft!
KATIE: Wir schauen uns jetzt mal an, was das ist, was dich Kraft kostet. Kannst du wirklich wissen, daß es wahr ist, daß sie aufhören sollte, sich bei dir zu beschweren?
Nein.
KATIE: Es ist, als ob du versuchen würdest, einer Katze das Bellen beizubringen. Damit kannst du dein ganzes Leben verbringen. Jedesmal, wenn sie miaut, knöpfst du sie dir mal kurz vor. Und wenn sie das nach einiger Zeit immer noch nicht kapiert hat, wirst du böse. Die Katze miaut, und die Nachbarin beschwert sich. Wie fühlst du dich, wenn du von dem Gedanken besessen bist, sie sollte aufhören, sich zu beschweren?
Ich könnte sie erschlagen. Ich habe ihr schon den Tod gewünscht. Ich bin ärgerlich und wütend.
KATIE: Also betrachte sie einmal ohne deine Geschichte. Höre, wie sie sich beschwert und nicht aufhört. Sie ist eine Katze: »Miau, miau, miau!« So ist sie halt. Siehst du einen Nutzen darin, an dieser Geschichte festzuhalten?
Nur negative Gefühle.
KATIE: Kannst du einen Nutzen darin sehen, diese Geschichte loszulassen? Gib doch mal ein Beispiel, wann beschwert sie sich?
Wenn ich z. B. ins Bett gehe, fängt sie an zu schimpfen: »Was ist denn los da oben? Ich will meine Ruhe.«
KATIE: Und ist das nicht das, was du willst? Wenn du ins Bett gehst, willst du dann nicht deine Ruhe? Sie ist deine Stimme – aber du versteifst dich darauf, daß sie bellen sollte, anstatt zu miauen, und das kostet dich deinen Frieden. Alles, was sie sagt, ist: »Ich will meine Ruhe!« Sie ist genau wie du!
Nein, nein, sie schimpft noch mehr. Sie sagt: »Sie gehen immer

so spät ins Bett, und Sie haben schon wieder Besuch gehabt.«

KATIE: Und stimmt das nicht? Du gehst spät ins Bett, du hast schon wieder Besuch! Sie berichtet doch nur über dein Leben.

Genau. Ich fühle mich verfolgt von ihr. Sie ist wie ein Zeitungsreporter.

KATIE: Wenn du nicht da bist, um über dein Leben zu wachen, laß sie das tun. Sie ist dein gutes Gewissen. »Sie geht spät ins Bett, sie hat schon wieder Besuch…«, sind das nicht auch deine Gedanken?

Sie soll sich aus meinem Leben raushalten.

KATIE: Dreh das mal um.

Ich soll mich aus ihrem Leben heraushalten?

KATIE: Genau. Du bist gedanklich in ihrem Leben. Sie ist unschuldig. Sie ist nur das Echo deiner eigenen Stimme: »Geh nicht so spät ins Bett, hab nicht schon wieder Besuch.« Die ganze Welt ist das Echo deiner Stimme. Was sagt sie noch?

Wenn ich einen Nagel in die Wand schlage, ruft sie: »Was ist los da oben?«

KATIE: Warum antwortest du ihr nicht?

Was soll ich sagen?

KATIE: »Ich schlage einen Nagel in die Wand.«

Aber sie sagt auch, ich soll das nicht tun, weil es sie stört.

KATIE: Ich würde dann sagen: »Ich verstehe. Aber ich schlage jetzt diesen Nagel ein. Und danach ist Ruhe, denn das ist es, was auch ich will.«

Ich habe das Gefühl, sie schnürt mir die Luft ab. Durch jede Bewegung, die ich mache, fühlt sie sich gestört.

KATIE: Ist das nicht unser aller Stimme? Wir sind die Krieger, und da draußen ist der Feind. Und solange man uns nicht zustimmt, gibt es keinen Frieden. Aber niemand stimmt uns wirklich zu, denn sobald wir in diesem Punkt Übereinstimmung haben, wird über den nächsten Punkt gestritten.

Ich bin ärgerlich auf mich, weil ich mich immer wieder beschwere und mich immer wieder kontrolliere…
KATIE: …besonders in deinen Gedanken…
…und ich fühle mich durch mich eingeengt und kann nicht frei leben.
KATIE: Ist das nicht genauso wahr oder noch wahrer?
Ich will, daß ich mich in Frieden leben lasse, daß ich mich nicht beobachte und kontrolliere und daß ich mich nicht beschwere.
KATIE: Ja. Dreh das noch mal um.
Ich will, daß ich sie in Frieden leben lasse, daß ich sie nicht beobachte und kontrolliere und daß ich mich nicht über sie beschwere.
KATIE: Besonders in deinen Gedanken. Denn nur das ist es, was dich deinen Frieden kostet. Sind diese Umkehrungen nicht genauso wahr oder noch wahrer? Du benutzt diese Geschichte, um nicht sehen zu müssen, daß du mit dieser Frau verbunden bist – sie ist dein wahres Selbst. Ohne diese Geschichte wärst du eins mit ihr. Sie ist du. Seit Generationen haben wir uns bemüht, an diesen Geschichten festzuhalten, und sie haben uns keinen Frieden gebracht.

Mein Chef erkennt meine Leistungen nicht an

KATIE: Willst du die Wahrheit wirklich wissen?
Ja. Ich bin böse auf meinen Chef, weil er mich nicht anerkennt.
KATIE: Chefs sollten ihre Untergebenen anerkennen, ist das wahr? Ist das die Wahrheit? Auf welchem Planeten? Steht das in deinem Vertrag?
Nein.

KATIE: Interessant! Als du diese Arbeit aufgenommen hast, hast du gesagt: Entschuldigen Sie bitte, aber ich möchte jeden Tag von Ihnen anerkannt werden?

Nein. Aber ist es nicht normal, daß man ein bißchen Anerkennung bekommen sollte?

KATIE: Hast du Anerkennung bekommen?

Bis jetzt nur sehr wenig.

KATIE: Nun, das ist das Normale. Ich finde es gut, daß dir das aufgefallen ist. Wie fühlst du dich bei deiner Arbeit, wenn du diesem Glauben anhängst: Ich will, daß mein Chef mich anerkennt?

Es ist schrecklich, wenn er das nicht tut. Ich habe ein paar Dinge für diese Firma erreicht, und nun schreibt man den Erfolg ihm zu. Und er hat es mir nicht einmal gesagt!

KATIE: Wer ist der Boß? Wie verhältst du dich, wenn du seine Anerkennung willst? Wie lebst du, wenn du die Wertschätzung anderer Menschen suchst?

Ich denke, ich krieche auf die bestmögliche Art.

KATIE: Und funktioniert es? Wir alle haben dir schon in diesem Experiment assistiert. Wie lebst du auf der Suche nach Anerkennung und Liebe – ein Leben lang auf den Knien? Ich habe 40 Jahre Erfahrung.

Kannst du einen Grund sehen, an dieser Geschichte festzuhalten, der dir keinen Streß verursacht: »Ich will die Anerkennung meines Chefs«?

Nein, das kann ich nicht. Aber das Gefühl ist da.

KATIE: So soll es ja auch sein. Du hältst dich an einem Märchen fest, an einer Lüge. Woher weiß ich, daß mein Chef mich nicht anerkennen sollte? Er tut es nicht! Das ist alles. Willkommen in der Realität. Er ist der Chef, du bist der Untergebene. So sieht die Abmachung aus. Wer wärst du bei der Arbeit ohne dieses Märchen: Er soll mich anerkennen?

Ich denke, ich wäre viel freier.

KATIE: Da könntest du recht haben. Schlimmer, als es ist, würde es sicher nicht werden. Ich will, daß er mich anerkennt – dreh das mal um.

Ich will, daß ich mich anerkenne.

KATIE: Genau. Sein Job besteht nicht darin, seine Leute anzuerkennen. Und es wäre auch nicht effizient. Es ist deine Aufgabe, dir diese großartige Therapie zukommen zu lassen. Gib es dir selbst! Warte nicht auf ihn, er hat gar keine Zeit dafür. Es gibt eine weitere Umkehrung. Kannst du sie finden?

Ich will, daß ich ihn anerkenne?

KATIE: Ah! Fühle das mal. Schau dir das mal an! Erzeugt das nicht eine heilsame Demut?

Wir warten alle auf die Anerkennung der Welt, aber wir sind nicht bereit, selbst Anerkennung zu geben. Sobald wir beginnen, uns aus den Angelegenheiten der Welt herauszuhalten, können wir damit anfangen. Wessen Angelegenheit ist, wen du anerkennst?

Meine.

KATIE: Wessen Angelegenheit ist es, wen er anerkennt?

Seine.

KATIE: Mir ist aufgefallen, daß es eine augenblickliche Trennung zwischen uns gibt, wenn ich mich geistig in deinen Angelegenheiten aufhalte. Man fühlt sich sofort einsam! Und wenn du dieses Gefühl hast, kannst du dich immer fragen: Um wessen Angelegenheiten kümmere ich mich geistig in diesem Moment? Einige hier werden vielleicht merken, daß sie sich ihr ganzes Leben lang nicht um ihre eigenen, sondern um die Angelegenheiten der Welt gekümmert haben. Wenn du so lebst, dann wanderst du wie ein Leichnam umher, niemand ist in dir zu Hause. Kein Wunder, daß du dich einsam fühlst. – Laß uns deine nächste Behauptung anschauen.

Mein Chef sollte bei meiner Arbeit mitdenken und mich so unterstützen, daß ich meine Aufgabe erfüllen kann.
KATIE: Hast du ihn darum gebeten?
Ja, sehr oft.
KATIE: Und tut er es?
Nein.
KATIE: Dann drehe es mal um!
Ich sollte bei meiner Arbeit mitdenken und mich *so unterstützen, daß ich meine Aufgaben erfüllen kann.*
Ich sollte bei der Arbeit meines Chefs mitdenken und ihm *so unterstützen, daß* er *seine Aufgaben erfüllen kann.*
KATIE: Ist das nicht ebenso wahr oder wahrer?
Aber ich tue schon eine Menge!
KATIE: Ist das wahr?
Nun – manchmal tue ich wohl nicht genug. Aber schließlich verdiene ich ja auch nicht so viel wie er. Dennoch muß ich ihn manchmal vertreten.
KATIE: Ich sehe kein Problem darin.
Das Verhältnis sollte nicht so einseitig sein!
KATIE: Wirklich nicht? Ist das wahr? Wie lange arbeitest du schon dort?
Viereinhalb Jahre.
KATIE: Es ist seit viereinhalb Jahren ein einseitiges Verhältnis! Ist es wirklich wahr, daß du keine Anerkennung von deinem Chef bekommst? Er verwendet deine wunderbaren Ideen. Er findet deine Ideen so gut, daß er sie als seinen Erfolg verbucht. – Was ist deine nächste Behauptung?
Mein Chef sollte mich für meine besonderen Leistungen belohnen.
KATIE: Ist das wahr? Steht es in deinem Vertrag?
Nein. Aber die Aufgaben, die ich jetzt erfülle, stehen auch nicht in meinem Vertrag. Sie sind später dazugekommen.

KATIE: Wer hat sie hinzugefügt?
Mein Chef.
KATIE: Dein Chef hat dir weitere Aufgaben übertragen – drehe es um!
Ich habe mir weitere Aufgaben übertragen.
KATIE: Ja, du hast es getan. Durch die WORK übernehmen wir die hundertprozentige Verantwortung für unser Leben. Dein Chef sollte dich für deine besonderen Leistungen belohnen – drehe das um!
Ich sollte mich für meine besonderen Leistungen belohnen.
KATIE: Warte nicht auf deinen Chef, das ist hoffnungslos. Es ist deine Philosophie, daß du belohnt werden solltest. Wie könntest du dich besser belohnen? Such dir einen anderen Job. Bist du gut in deinem Beruf?
Ja.
KATIE: Sorge du dafür, daß du besser belohnt wirst. Du bist dafür verantwortlich, nicht er.
Ich liebe es, wenn wir feststellen, daß es nicht die anderen sind, die uns bremsen. Wir sitzen nämlich fest, wenn wir denken, die anderen müßten etwas tun, sie müßten uns verstehen, sie müßten uns besser behandeln. Das ist hoffnungslos. Die ganze Welt würde dir zustimmen, wenn du sagst, daß du nicht angemessen belohnt wirst.
Wir sind wie Kinder, wir sind verwirrt.
Du bist dein eigener Erlöser. Wenn du auf die anderen wartest, dann ist das hoffnungslos.

Ich will keinen Sex

Ich bin nicht in Ordnung, wenn ich keinen Sex haben möchte.
KATIE: »Du solltest Sex haben« – kannst du wirklich wissen, daß das wahr ist? »Du solltest sogar Sex haben *wollen*« – kannst du wirklich wissen, daß das wahr ist?
Ich denke das.
KATIE: Wer hat dir das erzählt?
Ich weiß nicht – die Leute?
KATIE: »Mit dir stimmt etwas nicht, wenn du keinen Sex willst!« Ist das wahr?
Ich habe es geglaubt.
KATIE: Gut, daß du dir nun diese Frage stellst: Ist es wahr? Denn es ist ja nicht einmal deine eigene Geschichte, sie ist nicht persönlich. Vor dem heutigen Tag hast du dich nicht einmal gefragt, ob sie wahr ist. Ein Leben ohne diese Untersuchung kann sehr schmerzhaft sein.
Wie behandelst du dich und andere, wenn du an dieser Überzeugung festhältst?
Ich setze mich unter Druck. Ich warte darauf, daß ich Verlangen danach haben werde. Ich denke, etwas ist nicht in Ordnung mit mir.
KATIE: Wie behandelst du dich, wenn du denkst, daß etwas mit dir nicht in Ordnung ist?
Ich lehne mich ab.
KATIE: Und wie behandelst du Männer, wenn du an dieser Geschichte festhältst?
Ich lehne sie ebenfalls ab, besonders wenn sie zeigen, daß sie Sex wollen.
KATIE: Schließe deine Augen, und stelle dir vor, wie du dich verhältst, wenn du denkst, daß etwas mit dir nicht stimmt.

Ich fühle mich ganz und gar abgeschnitten.
KATIE: Es ist, als ob wir blind und taub würden. Wir versuchen, uns total in uns selbst zurückzuziehen, damit die anderen nicht herausfinden, daß etwas mit uns nicht in Ordnung ist. Aber es gibt noch einen anderen Weg, mit dieser Situation umzugehen: Manche wollen jetzt den totalen Sex, obwohl ihnen überhaupt nicht wirklich danach ist.
Das habe ich auch schon gemacht. Ich habe Angst, die Kontrolle zu verlieren, das ist vielleicht auch ein Grund, warum ich meinen Sex unterdrücke.
KATIE: »Wenn du total loslassen würdest, dann hättest du Sex mit jedem« – kannst du das wirklich wissen?
Nein. Das kann ich nicht wissen.
KATIE: Kannst du einen Grund sehen, an dem Glauben festzuhalten: »Mit mir ist etwas nicht in Ordnung«, außer Leiden und Schmerz?
Nein.
KATIE: Kannst du einen Grund sehen, an der Überzeugung festzuhalten, daß du nicht mit dem Sex würdest aufhören können, außer Leiden und Schmerz?
Nein.
KATIE: Kannst du einen Grund sehen, diese Geschichte fallenzulassen?
Ja. Denn dann wäre ich fähig, es einfach zu genießen, mit jemandem zusammenzusein.
KATIE: Total.
Ich habe das schon erlebt. Aber dann kommt ein Punkt, an dem ich zumache. Solange es um den Austausch von Zärtlichkeit geht, war es in Ordnung, aber dann wollen sie mehr, und das ist für mich nicht möglich.
KATIE: Was ist das Schlimmste, was sie dann sagen?
Sie leiden und wollen gar nichts mehr mit mir zu tun haben.

KATIE: Mein Mann sagt: »Willst du Sex?« Ich sage nein. Er hat einen Glauben darüber, was das für ihn heißt, und er leidet. Ich habe nicht die Macht, jemanden leiden zu lassen. Es ist eine einfache Frage: »Willst du Sex?« Geh nach innen und finde deine Wahrheit in diesem Moment für dich selbst. Es hat eigentlich gar nichts mit Sex zu tun, es ist nur eine Frage, sie bedeutet erst einmal gar nichts.

Genau. Wenn ich mit jemandem zusammen bin, dann weiß ich ja vorher gar nicht, ob ich Sex haben will.

KATIE: Mein Mann sagt: »Willst du Sex?« Ich sage: »Ich weiß es nicht, faß mich mal an.« Vielleicht werde ich es dann wissen. Es ist eine einfache Frage.

Damit habe ich ein Problem: Wenn ich nämlich das Gefühl habe, daß jemand etwas von mir will, wenn diese Person ein Ziel verfolgt, dann fühle ich mich innerlich tot.

KATIE: Wessen Angelegenheit sind die Ziele, die du verfolgst?

Meine Angelegenheit.

KATIE: Wessen Angelegenheit sind die Ziele, die dein Freund verfolgt? Laß uns Klarheit gewinnen, welcher Körper hier wem gehört.

Ich fühle es so stark.

KATIE: Du denkst, du müßtest ja sagen, weil du Angst hast, etwas zu verlieren. Was ist das?

Ich mag die Konsequenzen nicht tragen.

KATIE: Und was ist die schlimmste Konsequenz, die du tragen müßtest?

Daß ich zurückgewiesen werde.

KATIE: Und was ist das schlimmste, was passieren kann, wenn er dich zurückweist? Er verschwindet und kommt nie wieder? Und was ist dann das schlimmste, wenn er nie wiederkommt?

Nichts.

KATIE: Also das schlimmste ist »nichts«? Und das alles nur

wegen dieser einfachen Frage? »Willst du Sex?« – Gehen wir zum nächsten Satz.

Es macht mich traurig, weil ich von meiner Sexualität abgeschnitten bin.

KATIE: »Du bist von deiner Sexualität abgeschnitten«, ist das wahr?

Nein.

KATIE: Wie reagierst du, wenn du an diesem Konzept festhältst?

Ich bin wieder nicht in Ordnung, ich muß etwas dagegen tun.

KATIE: Wer wärest du, wenn du es loslassen würdest?

Dann wäre ich mit mir in Kontakt. Etwas würde passieren oder nicht.

KATIE: Was passieren würde, passiert ja schon. Du willst Sex, oder du willst keinen Sex. – Der nächste Satz.

Sexualität macht mich wütend, weil ich keinen Spaß daran habe.

KATIE: Ist es wahr?

Ich weiß, daß es nicht wahr ist, aber ich fühle es doch.

KATIE: Laß es uns mal umdrehen. Setze für »Sexualität« mal »mein Denken« ein.

Mein Denken macht mich wütend, weil ich keinen Spaß daran habe.

KATIE: Klingt das nicht wahrer? Sexualität oder nicht, das hat noch nie jemanden unglücklich gemacht. Aber die Überzeugungen darum herum, das Denken, das erzeugt die schlechten Gefühle. Mein Mann faßt mich an, und ich erzähle mir die Geschichte davon, was das für mich bedeutet. Und ich errege mich sexuell mit dieser Geschichte. Und ich behaupte, er wäre derjenige gewesen.

Willst du damit sagen, daß es alleine von mir abhängt, ob ich mich sexuell errege oder nicht?

KATIE: Ich kann das nicht tun. Ich kann entweder an einer Geschichte festhalten oder nicht. Ich kann es nicht tun, indem ich mich selber zwinge, auf eine bestimmte Art zu denken. Das war hoffnungslos für mich. Mir fiel nur eines Tages auf, daß in mir eine Geschichte aufstieg, als mein Mann mich berührte. Es entstand ein Gefühl in mir, das ein Effekt dieser Geschichte über die Berührung war.

Mein Mann faßt mich an, und ich erzähle mir die Geschichte davon, was das für mich bedeutet. Und ich törne mich mit dieser Geschichte ab.

Das ist genau das, was ich tue. Jemand berührt mich hier, und ich sage: »O Gott.«

KATIE: Du törnst dich ab mit deiner Geschichte und sagst, es ist sein Fehler. Aber ist da wirklich jemand, der dich dort berührt, wenn du keine Geschichte hast?

Vor zwölf Jahren hatte ich diese unglaubliche Erfahrung. Man sagte mir: »Dies ist dein Ehemann.« Und das erste Mal, als wir Sex miteinander hatten, war es wunderbar, denn es gab keine Geschichte. Es war Gott, der Gott liebte. Besser kann ich es nicht beschreiben. Es ist immer eine Geschichte, die uns von dieser Erfahrung abhält.

Und Gott liebt Gott auch auf diese Weise hier. Einen anderen Menschen zu treffen, also, sich selbst zu treffen und die Wahrheit dieses Moments zu sagen, das ist der absolute und endgültige Sex. Ich gebe mich ganz und gar dem Teil in mir hin, der die einfachsten Fragen beantworten kann, Fragen, deren Beantwortung in der Vergangenheit hoffnungslos schien.

Mein Mann sagt: »Du bist eine schreckliche Ehefrau, wenn du keinen Sex mit mir willst!« Und ich sage »oh!«, und ich kann seinen Schmerz sehen. Was hat das mit mir zu tun? Er hat mich etwas gefragt und ich habe ihm die Wahrheit gesagt. Er sagt: »Ich werde dich verlassen!«, und ich sage »oh!«, und zwölf Jahre später ist er immer noch hier. Und ich sage ihm nur die Wahrheit. Ich kann nichts tun, um ihn zu halten, und ich kann nichts tun, um ihn loszuwerden. Was ist, ist. Kann ich ihm die Wahrheit geben – zu meinem eigenen Besten? Ich kann ihm die Wahrheit geben; ich kann ihm Sex geben. Und manchmal ist es das gleiche. Was auch immer ich tue, es ist Liebe zu mir selbst.

Wie kann ich ihn lieben, wenn ich mich selbst nicht liebe? Viele Leute haben Sex, weil sie Angst haben, den Betreffenden zu verlieren. Und wenn sie sagen: »Ich liebe dich«, dann glauben sie es selber nicht. Weil der andere gar nicht existiert. Weil sie »Ich liebe dich« zu jemandem sagen, der etwas anderes zu sein vorgibt, als er ist.

Wenn mein Mann heute zu mir sagt: »Ich liebe dich«, dann verstehe ich es. Er sagt die Wahrheit zu jemandem, der wirklich ermessen kann, was diese Wahrheit bedeutet. Und umgekehrt trifft das ebenso zu.

Ich hatte vor sechs Jahren eine Erfahrung und wir waren sehr vorsichtig und respektvoll miteinander. Und ich existierte plötzlich nicht mehr – mein Körper war total offen, und ich fühlte mich wie eine Blume, die sich entfaltet. Es war, als sei da nur noch etwas Empfängliches, etwas Empfangendes. Und es fühlte sich an, als ob etwas passieren könnte, aber dann war da plötzlich Schmerz, und ich begann zu weinen. Seit dieser Zeit glaube ich, wenn wieder etwas geschieht, dann sollte es eine ebenso starke Erfahrung sein.

KATIE: Was für eine Art Schmerz war das?

Es überwältigte mich.

KATIE: Ich verstehe. Es war zu überwältigend. Ist es wahr? Gehe zurück zu dieser Erfahrung. Es ist zu überwältigend. Ist das wirklich wahr?

Nein. Es war so schön.

KATIE: Die Angst vor der Liebe? Liebe, die sich selbst in ihrer ganzen Fülle begegnet?

Ja.

KATIE: Wenn du die WORK eine Weile machst, dann wird dich das anstecken und dich ganz und gar übernehmen. Die Fragen stellen sich dann irgendwann von selbst in deiner eigenen Sprache. Und wenn du dich in der Mitte dieser Sache befindest, die du beschrieben hast – und so etwas passiert nicht nur beim Sex –, dann wird es einen Gedanken geben, der dich da herausbringt. Das kann so ein Gedanke sein wie: »Das ist zuviel für mich!« Aber dann hörst du die Frage in dir »Ist das wahr?«, und das wird dich wieder in die Erfahrung bringen. Und es wird dich auf eine ganz neue Ebene bringen.

Diese Art von Sichöffnen wird dann wie eine Einweihung sein.

Ich will Sex

Ich mag Doris nicht, weil sie so stur ist, wenn ich Sex will, sie aber nicht. Sie macht dann dicht und ist häßlich und langweilig.

KATIE: Dreh's um.

Ich mag mich nicht, weil ich so stur bin, wenn ich Sex will, sie aber nicht.

KATIE: Ist das auch wahr? Bist du stur, weil du Sex willst? Oder bist du stur, wenn du denkst, sie sollte nicht stur sein? Spiele einfach mit diesen Umkehrungen.

Ich bin stur, wenn ich Sex will. Ich mache dann dicht und bin häßlich und langweilig.

KATIE: Das scheint mir auch zu stimmen! Dein nächster Satz.

Yeah. Ich möchte, daß Doris meinen physischen Bedürfnissen gegenüber offener und kreativer ist; sie soll mir Ganzkörpermassagen geben und den Sex dabei nicht ausschließen.

KATIE: Macht sie es manchmal?

Ja.

KATIE: Und manchmal nicht?

Ja.

KATIE: O. K. So ist sie. Manchmal macht sie es, und manchmal will sie es nicht. Dreh's um.

Ich möchte, daß ich Doris' physischen Bedürfnissen gegenüber offener und kreativer bin; ich soll ihr Ganzkörpermassagen geben und den Sex dabei nicht ausschließen.

KATIE: Interessant, nicht wahr? Das nennt man Liebe! Geben ist ebenso süß wie Nehmen, wenn man es für sich selber tut. – Dreh's nochmals um.

Ich möchte, daß ich meinen physischen Bedürfnissen gegenüber offener und kreativer bin.

KATIE: Du kannst zu einem Masseur gehen. Und wegen des Sex – da mußt du vielleicht Entscheidungen treffen. Wenn du monogam sein willst, woher weißt du dann, daß du keinen Sex haben solltest, wenn sie nicht will? Sie will eben nicht. Und was sind deine Motive? Wenn du Sex benutzt wie eine Droge, wie Geldausgeben, Einkaufen, Trinken – wenn du Sex dazu benutzt, um dich besser zu fühlen, dann solltest du das anschauen. Wozu genau willst du den Sex in diesem Moment benutzen? Wenn du hierüber THE WORK tust, kann das eine Menge Spaß bringen. – Laß uns zum nächsten Satz gehen.

Doris sollte sinnlicher sein und mich nach meinen Wünschen fragen.

KATIE: Hoffnungslos. Dreh's um.

Ich sollte sinnlicher sein und sie nach ihren *Wünschen fragen. Ich sollte* mich *nach* meinen *Wünschen fragen.*

Der nächste Satz ist: Ich will, daß Doris sexueller und kreativer ist.
KATIE: O. K., hoffnungslos. Dreh's um.
Ich will, daß ich sexueller und kreativer bin?
KATIE: Dreh es nochmals um.
Ich will, daß ich …
KATIE: … weniger sexuell …
… weniger sexuell und kreativer bin …
KATIE: … besonders, wenn du mit Doris glücklich sein willst. Ist es nicht lustig, wie schnell wir immer ganz genau wissen, was der andere zu tun hat? Wenn ich Harmonie in meinem Leben will, dann ist es meine Aufgabe, sie zu schaffen, nicht die des anderen. Aber wir warten immer, daß die anderen etwas tun, so lange, bis die Sache völlig hoffnungslos ist. Ich habe aufgehört, auf die anderen zu warten, seitdem habe ich ein perfektes Leben, perfekte Harmonie, die alles und jeden einschließt.
Ich bin nicht bereit, mit Doris zusammenzubleiben, wenn sie sich nicht ändert.
KATIE: Ich bin bereit …
Ich bin bereit, mit Doris zusammenzubleiben, wenn sie sich nicht ändert.
KATIE: Weil du vielleicht mit ihr zusammenbleiben wirst. Es wird weh tun und dich zur »Arbeit« zurückbringen.
Ich könnte mit Frankenstein verheiratet sein und die perfekte Ehe haben!
Weißt du, wir treffen jemanden, und unsere Glaubenssysteme passen zusammen, und wir nennen es Liebe. Dann beginnen wir, irgendwo nicht mehr übereinzustimmen, und dann sagen wir, das ist *keine* Liebe. Wenn du aber an deinem Glaubenssystem arbeitest, dann kannst du zusammensein, mit wem du willst, und glücklich sein.

Das klingt verrückt.
KATIE: Nicht so zu leben – das ist verrückt. Solange du uns nicht alle als gleich ansiehst, ist die Arbeit nicht getan. Interessant wie?
Ja. Mein Verstand setzt da aus.
KATIE: Weil es so sein soll! Ich liebe jede Frau, jeden Mann, jedes Kind, jeden Vogel, jede Katze, jeden Baum. Ich liebe einfach jeden, der gerade vor mir sitzt. Das ist die Harmonie meines Lebens, ich bin verheiratet mit dir, ich bin an dir interessiert, weil ich dich liebe. Aber wenn ich dann den Rest der Welt ausschließe – dieser Rest der Welt, das bin ich! Dann ist es kein Wunder, daß ich mich nicht vollständig und ganz fühle. Und dann denke ich: »Sie sollte mehr Sex mit mir haben«, aber das funktioniert nicht. Joe, du kannst nur mit uns allen verheiratet sein!
Das überrascht mich. Aber es stimmt irgendwie. Ich freue mich darauf, mit Doris zusammenzubleiben, wenn sie sich nicht ändert.
KATIE: Genau. Weil es weh tun wird, wenn sie sich nicht ändert, und weil dir das dann die Freiheit geben wird, die THE WORK darstellt, denn sie zeigt dir den Weg zum Frieden. Vier Fragen, dreh sie rum, und wenn das nicht funktioniert, dreh sie weiter rum. – Ich danke dir, mein Freund.

Mein Partner nimmt Drogen

1. Ich bin wütend auf Michael, weil er sich selber und mich belügt – er raucht, er sagt, er wird aufhören, weil es ihn umbringt, aber er tut es immer wieder. Das gleiche mit Drogen und Glücksspiel. Er weiß genau, was er tun müßte, aber er tut es nicht. Er sagt, er liebt mich, er will eine Familie gründen. Er sagt, ich sei das Beste, was ihm je widerfahren ist – aber er sabotiert das alles, indem er immer wieder Drogen nimmt.

KATIE: Dreh das alles mal um.

Ich bin wütend auf mich, weil ich ihn und mich belüge ... Ich rauche aber nicht ...

KATIE: Was tust du statt dessen? Etwas, mit dem du aufhören willst und über das du Versprechungen machst, die du dann brichst?

Ich komme zu spät. Ich sage, ich werde aufhören, ihn zu kontrollieren, weil es mich umbringt, und ich tue es immer wieder. Ich esse zuviel. Ich weiß genau, was ich tun müßte, aber ich tue es nicht.

KATIE: Wir sind vielleicht nicht abhängig von Drogen, aber wir sind abhängig von diesen Überzeugungen. Das ist unsere Abhängigkeit.

»Er sollte nicht rauchen, er sollte nicht trinken!« Das ist Unsinn, denn er tut es. Wenn du willst, daß er aufhören sollte, zu rauchen oder zu spielen oder Drogen zu nehmen – dann heile dich erst mal selbst. Dann kannst du ihn heilen. Du bist abhängig davon, dich auf ihn zu konzentrieren anstatt auf dich selbst.

Ja, das stimmt. Ich bin abhängig davon, mich auf ihn zu konzentrieren, ich bin geradezu besessen.

KATIE: Du erwartest von ihm, seine Sucht aufzugeben? Lebe es vor! Damit hast du ein Leben lang zu tun. Konzentriere dich auf dich, denn andersherum hat es nicht funktioniert.

Ich wollte, daß wir zusammenarbeiten.

KATIE: Wenn ich denke, mein Mann sollte sich ändern, dann weiß ich, ich sollte mein Denken ändern, denn dann liebe ich ihn nicht, sondern bin sein Feind, der ihm befiehlt: »Du mußt anders sein.« Du weißt doch, daß er in Ordnung ist, wie er ist.

Er ist nur dann nicht in Ordnung, wenn du ihn störst und versuchst, ihn mit deinem Denken zu ändern. Allein die Art, wie du mit ihm sprichst…
Haben seine Drogen dir je weh getan? Deine Überzeugungen hierüber haben dir weh getan!
Wenn er sagt: »Es bringt mich um, ich sollte es nie wieder tun«, dann sage ich: »Gut, dann tu es nicht mehr!«
KATIE: Dreh es um.
Ich sollte es nicht mehr tun?
KATIE: Lebe es! Es ist dein Konzept. Wir brauchen es nicht. Du brauchst es.
Ich denke, Drogen sind nicht gut für den Körper.
KATIE: Wessen Angelegenheit sind sein Leben und sein Tod? Wessen Angelegenheit sind seine Drogen?
Seine.
KATIE: Und du willst ihm all das wegnehmen, um was zu bekommen?
Ich möchte glücklich mit ihm sein.
KATIE: Worauf wartest du, du kannst jetzt mit ihm glücklich sein. Aber dein Denken ist da natürlich im Weg. »Ich mag seine Süchte nicht« – dreh es um.
Ich mag meine Süchte nicht. Ich mag meine Sucht nach ihm nicht… aber ich liebe ihn doch.
KATIE: Wenn du denkst, dein Partner sollte aufhören Drogen zu nehmen, dann liebst du ihn nicht in diesem Moment. Du liebst den, der er sein wird, wenn du ihn entsprechend manipuliert hast. Er ist ein Nichts, solange er nicht deinem Bild entspricht.
Wahre Liebe sagt: »Ich liebe dich, was auch immer geschieht. Ich liebe dich, egal, wie oder was du bist.« Und nur sie kann heilen.
2. *Ich möchte, daß Michael endlich versteht, daß er sich öff-*

net, seinen Verstand, sein Herz, seine Seele oder was auch immer es braucht, um gesund zu werden. Ich möchte, daß er mit mir zusammen ist.

KATIE: »Michaels höchstes Gut ist es, gesund zu werden« – kannst du das wissen? Kannst du wirklich wissen, daß das wahr ist?

Wie sollte es nicht so sein?

KATIE: »Es wäre sein höchstes spirituelles Gut, nicht mehr drogenabhängig zu sein« – kannst du wirklich wissen, daß das wahr ist? Kannst du wissen, ob es zu deinem Nutz und Frommen wäre, wenn er gesund würde?

Nein. Aber wenn er sich selbst lieben würde, würde er mit den Drogen aufhören.

KATIE: Kannst du wissen, daß das wahr ist?

Nein, das kann ich nicht, aber ich glaube, daß es wahr ist.

KATIE: Was hier passiert, ist folgendes: Du verlierst deinen Traum von einer Frau, die mit einem Mann zusammenlebt und Kinder hat und Enkel hat und ihn an den Händen hält ... Dieser Mythos stirbt. Aber du bekommst etwas Besseres – die Realität! – Wie reagierst du, wenn du an deinem Glauben festhältst?

Ich mache mir weiterhin Sorgen, ich bin traurig, fühle mich allein gelassen, betrogen.

KATIE: Dreh deinen Satz mal um.

2. *Ich möchte, daß ich endlich verstehe, daß ich mich öffne, meinen Verstand, mein Herz, meine Seele oder was auch immer es braucht, um gesund zu werden, so daß ich bei mir selbst bin.*

KATIE: Und ich sage dir, Rita, wenn du dein Denken heilst, dann gibt es keinen Weg, dir nicht zu folgen. Liebe zieht uns an. Das Gegenteil von Liebe – das ist das, was wir hier aufschreiben –, das verewigt sich. Es zeigt nach außen und es verewigt sich. Wenn du nicht deinen Traum hättest, wäre es dir dann noch wichtig, ob er gesund wird? Würdest du ihn nicht einfach hier und jetzt lieben? Würdest du uns nicht alle ebenso lieben? Aber du richtest deine Aufmerksamkeit auf einen Körper, um deinen Mythos von einer Familie auszuleben. Alles andere schließt du aus.

Wir haben diesen Mythos immerhin miteinander geteilt.

KATIE: Du kannst diesen Traum mit jedem teilen. Es ist ein alter Traum. Jeder will Einheit. Wir wissen nur nicht, wie wir sie kriegen sollen. Es muß mit dir innen anfangen. Lebe die Umkehrungen. Wenn du willst, daß er sie lebt, lebe du sie zuerst. – Die nächste Behauptung.

3. Ich will, daß er aufhört zu rauchen, daß er aufhört, alles zu sabotieren, daß er nicht mehr wegrennt vor seinem Schmerz, dem Kummer seiner Vergangenheit.

KATIE: Um was zu bekommen? Daß sich dein Traum verwirklicht. Und kannst du das wissen?

Nein.

KATIE: Du lebst im Angesicht Gottes. Solange dein Partner dir nicht als Jesus Christus erscheint, als Buddha, so lange ist deine Arbeit nicht getan. Wann immer deine Geschichte auftaucht, drehe es um. Dafür sind diese Süchte da. Damit wir unsere eigenen Süchte erkennen. Unsere eigene Sucht, den Balken im Auge des anderen zu sehen.

Die Identifikation mit dem Körper

Ich bin wütend auf meinen Körper, weil er nicht so funktioniert, wie ich es mir wünsche.

KATIE: Dreh das mal um und setze »mein Denken« anstelle von »mein Körper« ein.

Ich bin wütend auf mein Denken, weil es nicht so funktioniert, wie ich es mir wünsche.

KATIE: Ist das nicht ebenso wahr oder gar wahrer? Wenn du vollständig gelähmt wärst und nicht einen einzigen Muskel bewegen könntest und dein Geist wäre total in Harmonie, dann würdest du dich überhaupt nicht um deinen Körper sorgen. Du fändest dein Glück dort, wo du gerade bist. Dein Geist wäre frei, er würde nicht außerhalb seiner selbst nach dem Glück suchen, er wäre sich selbst genug, grenzenlos, fließend. Er wäre nicht festgefahren in dem Glauben: »Mein Körper sollte sich bewegen können.« Der Geist will frei sein, er will fliegen, er läßt sich nicht einschließen und begrenzen in diesem kleinen physischen Körper.

Unser Denken ist gelähmt, wenn wir uns mit dem Körper identifizieren. Aber – freue dich dennoch auf diese Identifikation, sie ist nicht falsch, sie ist immer ein Anlaß für die Untersuchung. – Was bekommst du für deine Überzeugung, es sei dein Körper, der nicht richtig funktioniert?

Ich habe die Illusion, da wäre etwas, über das ich mir Sorgen machen müßte. Ich denke, der Körper würde mir etwas sagen, auf das ich hören müßte.

KATIE: Körper haben keine Stimme, auf die man hören könnte. Man kann sagen: Der Körper macht eine Bewegung, wir erzählen uns selbst eine Geschichte darüber, was dies bedeutet, wir machen uns Sorgen, wir werden krank.

Wenn man gelähmt ist oder Fieber hat, dann ist das nur eine Kleinigkeit, verglichen mit der Angst, die wir uns selbst einjagen. Körper sind immer perfekt, egal, in welchem Zustand sie sind – zumindest solange wir uns nicht eine Geschichte zurechtbasteln, daß es anders sei.

Was sind das für Gedanken, die Geist und Körper trennen, als wären es Feinde? Furcht ist eine Geschichte von innerer Gewalt, von der wir denken, sie könne uns irgendwie heilen. Es ist, als ob wir uns selbst hassen wollten, um bessere Menschen zu werden. Die Geschichte der Menschheit zeigt zwar, daß das nie funktioniert hat, aber wir versuchen es immer noch und immer wieder.

Das will ich nicht mehr.

KATIE: Ja. Schauen wir uns den nächsten Satz an.

Mein Körper hat manchmal Bedürfnisse, mit denen ich nicht zurechtkomme. Mein Körper tut weh.

KATIE: Es ist in Ordnung, sich mit dem Körper zu identifizieren. Das ist das, was du tust. Aber wenn du dich darin übst, »mein Denken« anstelle von »mein Körper« einzusetzen, dann beginnst du, ein Gleichgewicht herzustellen und irgendwann wirst du körperlos sein. Du hörst auf, deinen scheinbaren Körper zu hassen und beginnst, ihn statt dessen zu lieben.

Mein Denken hat manchmal Bedürfnisse, mit denen ich nicht zurechtkomme. Mein Denken tut weh.

KATIE: Das Denken möchte sich mit dem Körper identifizieren und sich von sich selbst trennen. – Dein nächster Satz.

Ich möchte, daß mein Körper mich nicht verwirrt.

KATIE: Er verwirrt dich nicht, er tut nur, was er tut. Setz dein Denken ein.

Ich möchte, daß mein Denken mich nicht verwirrt.

KATIE: Und wie tust du das? Du freust dich darauf und untersuchst die Sache.

Ich möchte, daß mein Körper nicht das Bedürfnis nach Liebe, Sex und Berührung hat.

KATIE: Und der Körper hat solche Bedürfnisse nicht. Drehe es um!

Ich möchte, daß mein Denken nicht das Bedürfnis nach Liebe, Sex und Berührung hat.

KATIE: Das ist nichts als noch mehr Körperidentifikation.

Dieser Körper hier, dieser Körper dort, was ist der Unterschied? Der Geist ist frei.
Es geht nicht darum, den Körper loszulassen, es geht einfach nur um Bewußtheit – das ist alles. Es ist gut, daß ihr einen Körper habt. Es geht hier um die Balance zwischen Körper und Geist. Es geht um Bewußtsein. Und es handelt sich um nichts Ernstes. Körper sterben, werden krank, zerfallen, werden weggeworfen... Wenn du inneren Frieden besitzt, dann kann dich nichts erschüttern.
Diese WORK ist nur für Kinder, die diese einfachen Fragen stellen und sich Zeit lassen, bis das Herz antwortet, und nicht gleich mit einer vorgefertigten Antwort kommen. Der Geist findet buchstäblich sein Zuhause im Herzen und verschmilzt mit ihm. Wenn der Verstand das Herz fragt: »Ist es wahr?« und dann auf die Antwort warten kann, wird er die Erfahrung der Freiheit machen. Der Verstand ist im Herzen immer willkommen, es stellt keine Bedingungen. Das Herz verlangt noch nicht einmal, daß der Verstand sich ändern müßte! Es wartet nur darauf, daß du fragst und wirklich eine Antwort willst! Frage das Herz in wohlwollender Absicht, und es wird dir immer antworten. Es zögert niemals. Es ist immer da.
Es gibt also nie irgendwelche Signale des Körpers, auf die man hören sollte?
KATIE: Es hängt davon ab, wer du bist. Wenn dich ein Auto überfährt und dir den Arm abreißt, dann wirst du nicht spirituell sein und fragen: »Ist es wahr?« Du wirst nach Morphium schreien, du wirst nach einem Arzt rufen! Das Spirituelle erledigen wir später! Das ist Integrität! Aber wenn du innere Freiheit erlebst, obwohl dein Arm ab ist, wenn es für dich nicht wichtig ist, ob du einen Arm hast oder nicht, dann wird jemand anders für dich schreien: »Morphium, ein Arzt, schnell!« Und die Liebe sagt danke, denn das Morphium wird

dafür sorgen, daß die anderen sich besser fühlen. Morphium oder nicht, es ist das gleiche. Wir beginnen dort, wo wir gerade stehen.
Es gibt nichts, was du tun kannst, um zu leben; es gibt nichts, was du tun kannst, um zu sterben. Es sind nicht wir, die über Ort und Zeit unsres Todes bestimmen. Du kannst das Auto nicht hindern, das dich überfährt. Es kann sein, daß du ein einziges Mal in deinem Leben auf die Straße gehst, und es wird geschehen. Oder nicht.
Meine Freundin Lisa kopiert diese Tonbänder für euch tagaus, tagein, manchmal bis zu zwölf Stunden am Tag. Und sie sagte mir heute morgen, daß sie diese Arbeit liebt. Sie sagte: »Da habe ich wenigstens die Kontrolle!« Ich antwortete ihr: »Zumindest so lange, bis die Kopiermaschine ihren Geist aufgibt!«
So ähnlich geht mir das mit meinem Körper. Ich bin so bemüht, die Kontrolle zu behalten, aber es bringt mich nirgendwohin.
KATIE: Diese Art von Verstand denkt, er hätte alles im Griff, er hätte alles geschaffen. Er weiß nicht, daß es ein Geschenk ist. Nach meiner Erfahrung kann man nichts tun, um Erfolg zu haben oder nicht zu haben. Wir lieben es, Geschichten darüber zu erfinden, wie wir es geschafft haben und was wir geschafft haben. Ich habe hier einen Freund, sein Name ist Andreas. Wenn man ihn fragt: »Bist du Künstler?« antwortet er: »Ich denke, nein.« Er weiß ganz genau, daß er nichts tut. Er erhebt keinen Anspruch. Er ist sich im klaren darüber, daß er nichts damit zu tun hat, was auf seiner Leinwand erscheint. Und solche ähnlichen Künstler seid ihr mit euren Kindern oder in eurem Beruf. Ihr erlaubt, daß es durch euch geschieht. Ich jedenfalls tue nichts.
Ich erkenne mich darin wieder.

KATIE: Dein nächster Satz.
Ich will, daß mein Körper keine Schmerzen hat.
KATIE: Dreh es um.
Ich will, daß mein Denken keine Schmerzen hat.
KATIE: Welcher Satz ist wahrer?
Der letzte.
KATIE: Physischer Schmerz ist wie eine Geschichte. Er kommt, um wieder zu verschwinden, und nicht, um zu bleiben. Du kannst ihn nicht festhalten. Jemand sagt: »Ich habe Schmerzen!« und ich antworte, halte sie fest – und in dem Augenblick gehen sie weg. Dein nächster Satz?
Ich möchte, daß meine Wirbelsäule gerade und an ihrem Platz bleibt.
KATIE: So – deine Wirbelsäule sollte anders sein, als sie ist, ist das wahr? Kannst du wissen, daß das wahr ist?
Es ist ein Wunsch. Es ist nicht wahr. Ich weiß nicht, ob es wahr ist.
KATIE: Wie lebst du, wenn du glaubst, deine Wirbelsäule sollte anders sein, wie behandelst du deinen Arzt in Gedanken? Wie behandelst du deine Familie und dich selbst, wenn du das glaubst?
Ich sehe mich als behindert und tue nicht, was ich tun sollte.
KATIE: Du solltest mehr tun, ist das wahr?
Nein. Ich denke, ich tue, was ich kann.
KATIE: Kannst du einen Grund sehen, an dieser Geschichte festzuhalten?
Nein!
KATIE: Manche von uns denken, wenn wir eine solche Geschichte aufgäben, würden wir uns nicht mehr um unseren Körper kümmern. Aber kannst du das wissen? Manche Leute denken, daß sie ohne diese ständige Gewalt gegen sich selbst nur noch dasitzen und »Om« rezitieren würden und nicht ein-

mal mehr zum Arzt gingen. Sie denken, sie brauchen diese Brutalität gegen sich selbst aus Sicherheitsgründen. Aber nach meiner Erfahrung ist es genau umgekehrt. Ich kann die Arbeit von hundert Tagen an einem Tag tun, und zwar mühelos – weil ich nicht an dieser inneren Gewalt festhalte, die sagt: »Ich sollte mehr tun, mein Körper sollte keine Schmerzen haben.« – Kannst du einen Grund sehen, an einem solchen Glauben festzuhalten? Wer wärst du ohne diese Geschichte?

Der physische Körper ist eine Wirkung unseres Denkens. Ich bitte dich, jetzt einmal deine Zehen zu spüren. – Hattest du Zehen, bevor ich fragte? Man denkt also, und erst danach fühlt man. Und dann handelt man auf der Grundlage des Gefühls – nicht wissend, daß das Gefühl eigentlich nur Wirkung des ursprünglichen Gedankens war. Wir versuchen, das Gefühl mit Hilfe einer Sache außerhalb von uns zu ändern, anstatt einfach unser Denken zu ändern.

Durch THE WORK erhalten wir die Möglichkeit, direkt am Denken zu arbeiten und das ändert unsere Gefühle für immer. Wenn der gleiche Gedanke das nächste Mal aufsteigt, dann ist kein Gefühl mehr damit verbunden, oder zumindest ein sanfteres Gefühl. Diese Arbeit ist wahre Heilung, wahre Gesundheit.

Unser Körper kann nichts tun, als uns ständig daran zu erinnern, daß wir mit unserem Denken arbeiten können.

Ist da jemand?

Wenn ich nach Gottes Bild geschaffen wurde und Gott der Schöpfer ist …

KATIE: Blablabla. Es gibt keinen Gott. Er hat nichts geschaffen, und es gibt keinen »Er«. Und da ist nicht mal jemand, der die Frage stellt. Laß uns damit spielen.

Ich bin noch nicht so weit, das zu verstehen. Weil ich ganz einfach denke, daß ich *die Frage stelle. Ich denke, daß ich verdammt noch mal hier sitze, ich sehe dich dort, und so lebe ich eben.*

KATIE: O. K. Das Ego denkt, es sei Gott, und es erschafft sich selbst nach dem Ebenbild Gottes, es benutzt sich selbst als Vorbild. »Gott ist der Schöpfer« – kannst du wirklich wissen, daß das wahr ist?

Nein.

KATIE: So. Wer oder was wärst du ohne den Glauben, daß Gott der Schöpfer ist?

Ich wäre einfach nur.

KATIE: Genau. Du wärst nicht mehr erschaffen. Es gibt keinen Schöpfer. Nichts wurde erschaffen. Das läßt dich allein mit dir selbst zurück, und du hast niemanden mehr, auf den du die Verantwortung schieben kannst. Wir zeigen immer nach außen: »Gott hat all dies erschaffen!« Kannst du das jetzt richtig interpretieren? Du hast all dies erschaffen! Glaubenssysteme haben all dies erschaffen!

Wir haben die Überzeugung, Gott habe es getan, damit wir nicht auf uns selbst schauen brauchen. Wenn uns klar wäre, daß wir selbst der Schöpfer all dessen sind, dann wüßten wir nicht einmal, was wir damit anfangen sollten, denn da ist ja gar nichts, und wir wissen das tief drinnen. Sogar als Kinder wußten wir das. Wir schlossen die Augen, und wir wußten, wenn wir sie wieder aufmachen würden, dann wäre da nichts außerhalb von uns. Du weißt das immer noch!

Das ist die große Angst unseres Ego. Die Wahrheit ist: Das Ego ist nichts, und es hat Angst vor dieser Wahrheit. Es hat Angst, daß wir es herausfinden. Also versucht das Ego, eine letzte Domäne zu verteidigen: Gott. Auf diese Weise gibt es immer noch etwas, an dem man sich scheinbar festhalten kann, und nicht einen freien Fall ins Nichts.

Wenn ich das erfahre, verschwinde ich dann? Und du ebenfalls?

KATIE: Ja.

Zu wem sprichst du dann?

KATIE: Wer spricht?

Also wenn die Täuschung endet, dann ist da nichts mehr. Du bist nur noch Bewußtsein, richtig?

KATIE: Kein Bewußtsein. Es ist nur ein Wort. Wessen Wort? Deines.

Wenn du dem einen Namen geben würdest, wie würdest du es nennen?

KATIE: Du sprichst von mir, und du würdest es mein Wort nennen – und das alles nur, damit du dir nicht deiner selbst bewußt zu werden brauchst.

Aber da muß doch irgend etwas sein – eine Essenz, eine Bewußtheit, oder?

KATIE: So erhältst du sie aufrecht.

Was hat es für einen Sinn, hier zu sein und etwas zu erfahren, was gar nicht existiert?

KATIE: Frage dich selbst.

Ich weiß nicht einmal, wer das ist, der etwas erfahren soll.

KATIE: Du denkst, du wärest es. Solange du glaubst, da ist jemand, solange ist da jemand. Löse es mit THE WORK auf – das ist es, was wir hier tun.

– 8 –
Das Ende des Leidens

Mein Buch ist nun fast fertig – von Zeit zu Zeit lese ich immer wieder mal darin, ändere hier und da etwas, mache die Änderungen rückgängig. Irgend etwas scheint zu fehlen – ich bin nicht hundertprozentig zufrieden. Manchmal mag ich es sehr gerne, dann denke ich wieder: Es ist zu einfach, zu kompliziert, macht zu viele Worte, zu wenig Worte, es ist zu radikal.

Als ich Katie das sage, antwortet sie lächelnd: »Alles, was ich höre, ist, daß du denkst, THE WORK sei radikal.«

Einige Tage später höre ich sie auf einem Band sagen:
Diese WORK ist nicht für jedermann. Sie ist nicht höflich oder freundlich. Sie ist statt dessen glasklar und ehrlich. Sie ist Reinheit, sie ist extrem radikal. Sie kann manche Leute sehr ängstigen.

Und dann finde ich plötzlich, wonach ich gesucht hatte: ein Tonband, auf dem Katie ununterbrochen spricht, fast sechzig Minuten lang. Das ist eine Seltenheit. Das Band heißt: »Das Ende des Leidens«. Einiges von dem, was Sie in diesem Buch bereits gelesen haben, wiederholt sich hier, und doch hat es eine eigene Kraft, eine Frische – lesen Sie selbst:

Vor etlichen Jahren – ich war 43 Jahre alt – lag ich auf dem Fußboden einer Dachkammer, und ich öffnete meine Augen und ich konnte sehen. Und ich hatte nicht einmal gewußt, daß ich vorher blind gewesen war. Ich hatte keinen Lehrer, keine Religion, ich kannte nicht einmal das Wort »metaphysisch« oder »spirituell«. Ich öffnete also meine Augen und war in einer völlig neuen Dimension.

Ich mag es sehr, zu reisen und Leute zu treffen und ihnen zu sagen: Das Ende des Leidens ist in euch. Wahrlich, ich sage euch, das Ende des Leidens ist in euch, alles ist da, sichtbar. Was ich bringe, ist das Handwerkszeug dafür. Ich bringe die Mechanik des Denkens – oder besser gesagt: die Mechanik des Nichtdenkens.

Ich liebe es, still zu sein – und darum bin ich still. Auch während ich spreche. Ob ich mit meinem Mann spreche oder mit meinen Kindern oder mit euch – ich bin vollkommen still, während ich spreche. Für manche von euch mag das seltsam klingen, für andere klingt es wie ein Freund.

Was ich sah, als ich meine Augen öffnete, war eine Kakerlake an meinem Fuß. In Texas nennen sie mich die »Kakerlakenfrau«, in der Gegend um San Francisco heiße ich »La Cucaracha« – sie müssen allem einen Namen geben. Und die Sprache sagt, diese Kakerlake kroch über meinen Fuß, aber ich hatte keinen Namen dafür. Da war nur Wissen. Und der Fuß bewegte sich, und ich bemerkte, daß da vorher ein Gedanke gewesen war. Der Gedanke war nicht persönlich, er gehörte nicht mir, und der Fuß schien sich zu bewegen. Und dann schien sich das Bein zu bewegen. Und auch davor schien es, als wäre da ein Gedanke gewesen.

Und es war Ekstase, es war wie ein kosmischer Witz, und es war bereits geschehen. Alles zur gleichen Zeit, alles war schon geschehen. Kein Gedankenfluß in mir, nur Bewegung, wie eine Wolke, wie der Regen, wie ein Baum, sichtbar. Und all die Zeit seitdem war ich fähig, das zu halten.

Und dann erhob sie sich, bewegte sich. Und einige von euch

können hören, daß nichts davon wahr war. Jenseits des Glaubens existiert nichts davon – nur Bewegung. Und dann: Laß das fallen. Form – und dann: Laß auch dies fallen.

Begebt euch gedanklich einmal dorthin, wo ihr Verkehr sehen könnt, das, was wir Straßenverkehr nennen. Wenn ihr keinen Glaubenssatz darüber hättet, was Straßenverkehr ist, wenn ihr keinen Glaubenssatz darüber hättet, was irgend etwas ist, dann wäre es einfach – Poesie. Es wäre das Wunderschönste – du! Es wäre einfach du – wunderschön.

Versucht nicht, mit dem Verstand zuzuhören, laßt den Verstand los – manches von dem, was ich sage, kann nur mit dem Herzen verstanden werden. Öffnet eure Herzen, und laßt es eindringen, dorthin, über das hinaus, was ihr wissen könnt. Oder nicht.

Ich bemerkte an einem Punkt, daß ich bombardiert wurde von etwas, das wir Glaubenssätze nennen. Sie kamen einfach und sagten so einfache Dinge wie »Ich will! Ich brauche!«. Ich fand das sehr lustig, denn es war klar, daß ich etwas wollte, wo gar nichts war. Es war, als ob man etwas wissen wollte, obwohl es doch gar nichts zu wissen gab.

Ich spreche hier vom Standpunkt des Ego. Nur das Ego spricht, nur Glaubenssysteme sprechen. Ein Glaubenssystem kam und sprach, und ich hörte es von Anbeginn aller Zeiten, die für mich der Anbeginn aller Gedanken sind, denn ich war außerhalb von Raum und Zeit.

Und der Glaube war nicht persönlich, und er traf mich wie eine Bombe oder wie eine Explosion, und der Körper bewegte sich dazu. Es war das, was wir hier Gefühl nennen. Zum Beispiel kam der Gedanke: »Mein Mann liebt mich nicht.« Und der Körper schüttelte sich. Ich konnte sehen, das war ein uralter Gedanke, es war nicht mein Gedanke, er war nicht persönlich. Und ein weiterer Glaubenssatz traf mich und noch einer und noch einer. So ging ich in die Wüste, tagelang, monatelang, jahrelang. Und ich saß da und war still. Und die ganze Zeit hörte ich nichts anderes als: »Ich will! Ich brauche! Sie sollten! Ich werde niemals ...!« Das war nicht sehr kreativ! Ich wartete und wartete, aber nichts anderes erschien. Seit all dieser Zeit erschien nichts anderes – immer die gleiche Geschichte.

Also erfand ich eine Methode, um dies alles aufzulösen. Der Glaube kam, und ich fragte einfach: »Ist es wahr?« Und ich erfuhr, daß ich nichts wissen konnte, buchstäblich nichts. Jeden Glaubenssatz, der kam, behandelte ich auf diese Weise. Ich fand heraus, daß die Gedanken eigentlich harmlos waren, sie waren wie ein wunderschöner Gesang, aber sowie ich einen Glaubenssatz daran heftete, entstand etwas Festes wie Materie. Ein Glaubenssatz heftete sich an den Gedanken und das war die ursprüngliche Lüge. Und diese Lüge zeugte eine weitere Lüge: »Mein Mann liebt mich nicht, aber er hat versprochen, er würde mich lieben – das sagte er, als er mich heiratete.« Zunächst war es nur ein harmloser Gedanke, dann wurde es zu einem Glaubenssatz.

Man hat mir gesagt, wir haben viertausend solcher Gedanken in einer Minute. Manche von uns haben vielleicht achttausend. Und dann kommt der Glaube: »Ich sollte mich scheiden lassen!« und dann: »Aber die Kirche wird das nicht mögen!« Und: »Ich habe ein Versprechen gegeben!« – Auf diese Weise bin ich meine eigene Wiedergeburt.

Aber wenn ich den ersten Glaubenssatz nehme und frage: »Kann ich das wissen? Kann ich die Gedanken meines Mannes lesen? Wirklich, kann ich das?«, dann halte ich meine Gedanken an, denn dem Licht der Wahrheit kann nichts standhalten. Nichts. Und ich erkenne, daß das Ego ein ganz einfaches, wunderschönes Lied ist. Wir jagen uns nur Angst ein mit den Lügen, den Glaubenssätzen, die wir daran heften.

Was ich bringe, ist ein Ding, das wir The Work nennen, und für viele ist es das Ende des Leidens. Die Leute, die damit arbeiten, sagen mir alle, es ist die Wahrheit. In den letzten Jahren habe ich nicht einen Menschen getroffen, der nicht eine ebenso tiefe Erfahrung hatte wie ich. Aber sie wissen nicht, wie sie es beibehalten sollen. Ich treffe Leute, die dreißig Jahre lang in spirituellen Kommunen gelebt haben, und sie füllen den Fragebogen aus und stellen die vier Fragen und finden die Umkehrungen. Und sie brauchen niemanden, um sich selbst zu finden; sie haben alles, was sie brauchen, um sich zu kennen. Leute, die nur das »Kleine Büchlein« kennen und es wie Kinder durcharbeiten, haben wunderbare Veränderungen erfahren, so berichtet man mir jedenfalls – denn ich kann nur mich selbst kennen.

Ich bringe das, was die Leute einen Workshop nennen oder ein Intensivseminar – aber tatsächlich ist es eine Meditation, die wir THE WORK nennen, und wir spielen damit für einige Tage. Man hat mir gesagt, daß es eine Menge Spaß bringt und daß es für jene, die wirklich frei sein wollen, nicht möglich ist, an den Problemen festzuhalten, durch die sie sich hindurcharbeiten.

Ich sah, daß es eine Reihenfolge gibt, in der wir unsere Welt schaffen: »Denken, Fühlen, Handeln, Haben«, »Denken, Fühlen, Handeln, Haben«. Es beginnt immer mit einem Gedanken – die erste Lüge ist »ich«. Und um sie aufrechtzuerhalten, kommt »bin« dazu. Das ergibt eine materielle Welt, und um diese wiederum aufrechtzuerhalten, kommt die nächste Generation hinzu: »Ich bin was?« Und so geht das immer weiter und weiter – nur damit die ursprüngliche Lüge aufrechterhalten werden kann. Was für eine Anstrengung!

Ich bin das, was vor dem »Ich« kommt. Und auch ihr seid das. Und ihr wißt es alle.

Als sich meine Augen öffneten, ging ich hinaus in die Straßen. Acht Jahre lang hatte es geheißen, ich hätte Platzangst, aber dann sagte ich zu meinem Mann: »Bring mich zu meinen Leuten.« Er sagte: »Jesus Christus, Kate, wer zur Hölle sind deine Leute?«

»Ich weiß es nicht, bring mich einfach hin.«

Es war mein Körper. Ich brauchte drei Jahre, um verstanden zu werden, ich war so wild vor Freude. Ich war wie eine leuchtende Glühbirne, aber nicht sehr gut darin, mich mitzuteilen. Mein Licht war innen, niemand hörte mich, der mich nicht fragte. Wenn ihr mich fragt, werde ich euch alles sagen. Alles und jedes. Was mir gehört, gehört euch. Alles, dafür bin ich hier.

Ich lief durch die Straßen und sah, wie ihr vorgabt, nicht zu wissen. Und seit dieser Zeit habe ich es niemals anders gesehen. Ihr wißt ja, wir können uns nur selbst projizieren. Und ihr seid Gottes Körper, und das ist meine Erfahrung. So wunderbar, so jungfräulich – außer natürlich für das Glaubenssystem, das einige von euch haben, das sagt, es sei anders.

Viele von euch, soweit ihr menschlich seid, haben Gefühle und handeln dann diesen Gefühlen gemäß, und was ihr dann bekommt, ist eine chaotische Welt. Eine äußere Welt, die chaotisch ist, kann nur aus einem chaotischen Verstand entstehen. Ist euch das schon aufgefallen? Ganz egal, wie sehr ihr die äußere Welt zu beeinflussen sucht, am Ende wird sie immer chaotisch sein, weil ein chaotischer Verstand am Werk ist. Selbst wenn da reine Perfektion ist – und das ist immer der Fall – wird der Verstand sagen, es ist nicht gut genug.

Wir handeln also unserem Gefühl gemäß, und wir handeln ohne Information. Wir sind Blinde. Und wir fragen uns, was wir falsch machen. Wir denken, wir machen etwas falsch.

Ich lade die Menschen ein, sich das Gefühl anzuschauen und dann zum ursprünglichen Gedanken zurückzukehren und dort Klarheit zu schaffen. THE WORK schafft Klarheit. Was ihr dann bekommt, ist eine friedliche Außenwelt. Es gibt keine Wahl, es kann nur Frieden einkehren. Der Körper folgt dem Verstand, das Materielle dem Geistigen – es hat gar keine andere Wahl. Geistige Gesundheit leidet nicht, niemals.

Geistige Gesundheit leidet nicht, niemals – ist das nicht eine frohe Botschaft?

Ich sehe und erlebe das Glaubenssystem meines Mannes – in meiner Sprache sind das die Glaubenssätze, die von mir noch übrig sind und die durch seinen Mund kommen –, und ich höre diese Glaubenssätze überall auf der Welt, und ich kann es nicht wirklich wissen, aber sie klingen alle schrecklich schmerzhaft. Es ist genau das, was ich früher auch geglaubt habe. Sein Gesicht wird ganz rot und er haut auf den Tisch und seine Stimme wird laut. Es scheint, als ob er denken würde, etwas wäre nicht in Ordnung auf der Welt. Und ich habe Mitgefühl.

Ich erfahre das oft: Wir denken, etwas ist nicht in Ordnung hier. Seit Generationen und Generationen und Generationen versuchen wir zu beweisen, daß etwas mit der Welt nicht in Ordnung ist. Könnt ihr euch das vorstellen? Und niemals ist dieses Problem gelöst worden, ist euch das aufgefallen? All diese Anstrengungen!

Ist euch hingegen aufgefallen, daß ihr frei seid, wenn ihr einen Glaubenssatz auflöst? Ist euch aufgefallen, daß es keinen Glaubenssatz gibt, der wahr ist? Nicht einen einzigen?

Ihr wollt etwas und ihr haltet den Glauben fest, und dann bekommt ihr, was ihr wolltet, aber dann war es doch nicht das richtige!

Heute rief mich eine Mutter an, deren Tochter an Aids erkrankt ist, und ich sehe kein Problem. Ich sehe kein Problem. In Gegenwart eines Menschen, der kein Problem damit hat, verschwindet das Problem. Und das zeigt euch, daß es keine Probleme gibt. Geht nach innen und findet es selbst heraus.

Wir sind gleich. Wir sind eins.

Was ist nicht in Ordnung in der Welt? Und wenn es wahr wäre, daß es Dinge gibt, die nicht in Ordnung sind, warum sollten wir soviel Zeit damit verbringen, zu beweisen, daß es wahr ist? Daß es wirklich Hunger gibt, daß da wirklich Probleme sind?

Wir denken hier, daß das Leben höher zu bewerten ist als der Tod. Aber alles ist gleichwertig. Jeder Glaube, den ihr habt – wenn ihr zu seiner Wurzel geht, findet ihr, daß er darauf beruht, daß ihr denkt, ihr wärt der Körper, und daß ihr sterben werdet. Darauf beruht jeder Glaubenssatz.

Stellt euch einen Menschen vor mit einem gesunden, klaren Verstand, einem Verstand, der in der Wahrheit lebt, und dieser Mensch geht jetzt aus dieser Tür, ohne Freunde, ohne Arbeitsstelle, ohne Familie, ohne Geld – und er wird glücklich sein. Es ist unmöglich, nicht reich zu sein. Es ist unmöglich, nicht im Paradies zu sein. In der Stille jenseits aller Glaubenssätze ist alles klar und eindeutig: Was zu tun ist, wohin man zu gehen hat, wann, wo...

Dort, wo ich bin, brauche ich niemals wieder etwas zu wissen. Niemals. Ich bin das Wissen. Genau wie ihr es seid. Jenseits eurer Glaubenssätze.

Ich benutze das Wort »Gott«. Wir können Gott immer nur als etwas außerhalb von uns sehen. Und so sehr wir auch unseren Verstand trainieren und sagen, er ist in uns – es gelingt uns nicht, ihn woanders wahrzunehmen als außerhalb von uns. Solange ihr denkt, es gäbe einen einzigen anderen Menschen auf diesem Planeten oder einen Baum oder eine Katze oder einen Hund – solange bleibt Gott außerhalb von euch.

Werdet wahr, schärft eure Wahrnehmung! Leiden ist nichts als Verwirrung.

Ich kann sogar körperliche Schmerzen haben, und wenn ich keinen Glaubenssatz damit verbinde, existieren sie nicht. Und alles, was ich getan habe, ist die Auflösung von Glaubenssätzen. Einen nach dem anderen. Aber ihr müßt es wirklich tun und nicht nur so tun als ob oder sagen, ihr hättet es getan.

Ich habe alle meine Glaubenssätze mit dieser einfachen Methode THE WORK aufgelöst: Glaubenssätze über Mutter, Vater, Bruder, Schwester, die Welt, Gott… Und wenn mir etwas körperlich geschieht, dann gibt es keinen Glauben, den ich daran heften kann, und auf diese Weise gibt es keinen Schmerz. Bis es doch einen gibt – ich warte darauf. Ich stehe zur Verfügung. Leiden ist Verwirrung.

Wenn jetzt jemand hier hereinstürmen und schreien würde, daß er eine Bombe hätte, dann würden einige von euch sagen. »Das ist schrecklich!« Und einige würden vielleicht nur stillsitzen. Wenn es keinen Glauben darüber gibt, was eine Bombe ist oder daß das Leben wertvoller ist als der Tod, dann gibt es kein Problem damit, daß jemand hier eine Bombe reinwirft.

Der Glaube an den Tod ist nichts, als daß ihr keinen Namen für das habt, was auf der anderen Seite ist. Ihr denkt, daß ihr etwas wissen müßtet, wo es nichts zu wissen gibt.

Der Tod ist eine Projektion. Eine Projektion all dessen, was die Menschen dich auf diesem Planeten gelehrt haben. Wenn mir niemand vom Tod erzählt hätte, wüßte ich nicht, daß es ihn überhaupt gibt. Wir sterben nicht. Tod ist gar nicht möglich! Unsere Gedanken über den Tod sind völlig verdreht und funktionieren nicht. Die Furcht vor dem Tod stammt aus unserer Kindheit, sie stammt von Leuten, die sich in Schmerzen winden und wehklagen und zerfallen. Furcht ist nichts als Verwirrung und Unwissenheit. Der Mensch versucht, seinen Körper zu schützen, weil er denkt, er sei der Körper. Daß er ein auf Erden wandelndes spirituelles Wesen ist, hat er vergessen. Er hat sein ewiges Leben vergessen.

Wenn immer du angstvoll an den Tod denkst, kannst du sicher sein, daß dies ein verdrehtes Denken ist. Menschen, die Nahtoderlebnisse hatten, berichten von großer Schönheit, Ekstase und Frieden … und ich bin einer dieser Menschen.

Es gibt nur das Gute, es gibt nur Gott. Es gibt nur Freude! Jeder Gedanke, der mich davon abhält, das zu sehen, ist unwahr.

Tod ist wie Einschlafen in den Armen eines Geliebten. Jede Nacht betten wir unseren Körper, sogar bevor wir denken konnten, brachten unsere Eltern uns zu Bett, und wir vertrauten stets, daß wir am nächsten Tag wieder aufwachen würden.

Was wir »die andere Seite« nennen, ist das Sosein. Was auch immer wir uns darunter vorstellen, wir machen es damit kleiner, begrenzen es. Aber das Sosein ist endlos. Es ist. Es ist unsagbar, unaussprechlich.

Meine eigene Erfahrung ist: Ich lebe in dieser Vollkommenheit. Sie ist die Ekstase, in der ich wandle. Ich weiß nichts, ich stelle mir nichts vor – ich habe 43 Jahre Denken aufgegeben, die mich nirgendwohin führten, und nun kann ich das Sosein genießen. Ekstase, Freude, absolute Erfüllung dadurch, daß ich sehe, wie sich alles vor mir entfaltet. Das ist nichts anderes als Tod. SEIN. Ich weiß nicht, daß ich bin … ich bin einfach.

Du denkst, du wärst Körper und würdest sterben. Du hast Angst davor, das Nichts zu erfahren.

Es gibt nur einen wirklichen Tod, den Tod eines Glaubenssatzes. Ohne den Glaubenssatz erfahren wir Wiederauferstehung. Jemand, der Selbstmord begeht, weiß einfach nicht, was er noch mit seinen Glaubenssätzen anfangen soll. Was können wir tun, wenn wir nicht mehr aus noch ein wissen? Wir sind Kinder, die nicht gelernt haben zu denken, das ist alles.

Wenn hier also jemand eine Bombe reinwürfe, dann wäre da nichts als eine Bewegung in der Luft. Der Schmerz beginnt da, wo wir denken: »O mein Gott, ich werde sterben!« oder »Es wird weh tun!« oder »Das ist nicht richtig!«, nicht eine Sekunde früher. Es gäbe Bewegung in der Luft und vielleicht eine Stimme, und das wäre wunderschön; die Frage ist nur, was für einen Glauben ihr daran heftet.

Wenn ich den Glauben hätte, daß Leben wertvoller als Sterben sei, dann würde ich wie verrückt rennen, aber ohne diesen Glauben *bin* ich einfach nur. Beides ist gleich, beides ist richtig Niemand sollte so tun, als wäre er in seiner persönlichen Entwicklung weiter, als er ist.

Ich bin bekannt dafür, daß ich drastische Beispiele bringe. Aber das liegt daran, daß unser Verstand so radikal ist. Wir projizieren, daß in dieser Welt ganz schreckliche Dinge passieren. Aber das einzige, was hier passiert, sind unsere Glaubenssätze darüber, was das sein möge. Ein ungeheilter Glaube – das ist etwas ziemlich Schmerzhaftes.

Ich kenne Leute, die jahrelang meditiert haben und dann in die Welt hinausgehen, und da werden sie von all diesen Glaubenssätzen überfallen. Jemand geht auf sie los, oder sie denken, irgend etwas von außen geschieht ihnen; sie heften Glaubenssätze daran und machen sich damit unglücklich. Sie denken, sie wüßten etwas oder sie glauben zu verstehen, was für eine Bedeutung die Dinge hätten. Das ruft großes Leiden hervor.

Ich habe Leute gesehen, die sich ohne jede Hoffnung wähnten. Sie begannen mit The Work und waren frei. Du löst einen Glaubenssatz auf, und Tausende von Jahren verschwinden. Du löst Glaubenssätze auf, die nicht mal deine eigenen sind, die weitergegeben wurden von Generation zu Generation.

Du bist der lebende Beweis, daß die Gedanken kommen, um aufgelöst zu werden. Du bist der eine. Ich bin du. Du bist der oder diejenige, die dessen für würdig erachtet werden. Woher wissen wir das? Der Glaube kommt – für dich. Das Leben ist absolute Freude. Ich warte – gib mir den nächsten Glauben. Ich löse ihn auf, löse ihn auf, löse ihn auf. Es gibt sonst gar nichts zu tun. Da ist sonst gar nichts.

Ich war so voller Glaubenssätze, daß ich nicht mal mein Haus verlassen konnte. Mein Mann und meine Kinder versuchten, mich manchmal aus dem Haus zu lotsen, und es endete stets damit, daß ich hinten im Wagen auf dem Boden lag und schrie: »Ich will nach Hause!« Ich weiß, was Leiden ist. Ich ging zu sieben Ärzten und versuchte, sie dazu zu bringen, daß sie mein Leiden linderten, indem sie mir die Gebärmutter entfernten, ich wußte hundertprozentig, daß mir das helfen würde. Einer tat es, aber das Leiden blieb. Ein Glaubenssystem.

In erster Ehe war ich mit einem Mann verheiratet, dessen Gefühle ich nicht verletzen wollte. Er sagte, er könne nicht ohne mich leben. Vierzehn Jahre und drei Kinder später verließ ich ihn, und eine Woche danach war er wieder verheiratet. Mit einer Frau, die seine Gefühle verletzte. Ich liebe meine Geschichte.

Ich habe mit sogenannten hoffnungslosen Fällen gearbeitet, mit Drogensüchtigen, Dieben, Mördern, Pennern. Ich sah kein Problem. Sie taten diese einfache WORK, und sie sahen, daß da niemand war. Und ihr könnt eure Glaubenssätze ja immer wieder zurückholen, wenn ihr meint, nicht ohne sie leben zu können. Aber wenn ein Glaube wirklich aufgelöst ist, dann kann er auch nicht wieder erscheinen, denn was nicht wirklich existiert, kann auch nicht erscheinen!

Was ich an der WORK so mag, ist die Tatsache, daß ihr jemandem bei dessen WORK zuhört und daß es sich dann herausstellt, daß es eure WORK ist! Und umgekehrt! Es gibt nichts Neues. Und es ist so einfach – es heißt: »Ich will. Ich brauche. Du sollst.« Und wir drehen es um und erkennen uns selbst. Das ist alles. Es ist euer Verstand! Eine einfache Meditation.

Ich möchte euch sagen, daß ich nicht denke, daß irgend jemand meine WORK braucht.

Was tut die WORK? Sie zeigt uns den Teil von uns, den wir nicht sehen wollen. Sie beginnt mit den Nebeln des Ego, sie beginnt ganz unten, mit der Erde. Und dann geht sie immer weiter nach oben, bis zum Himmel. Bis zur Erfahrung des Himmels. Sie läßt nichts aus.

»Die Welt ist ein gefährlicher Ort. Die Erde ist ein Platz, an dem wir leiden. Ich werde nicht geliebt. Es gibt Krankheit«... Und schon sind wir verloren in der Hölle der Lügen, auf halbem Weg steckengeblieben. THE WORK vervollständigt diesen Kreis, indem sie uns darüber hinausführt, indem sie fragt: »Ist es wahr?« Wir bleiben nicht auf halbem Wege stecken, sondern werden zu Bewegung. Löse nur einen einzigen Glauben auf, und du kannst nicht derjenige bleiben, der du denkst, du seist. Es ist ein chemischer Prozeß. Eine Metamorphose.

»Es gibt so etwas wie den Teufel, außerhalb von uns.« Aber in Wirklichkeit ist es der Glaube in uns, den wir nach außen projizieren, um ihn nicht in uns anschauen zu müssen. Es gibt nichts außerhalb, was wir nicht dorthin projizieren. Wir nehmen etwas, heften einen Glauben daran und nennen es dann böse. Es gibt vielleicht eine Bewegung außerhalb von uns, und wir sind uns nicht bewußt, daß diese Bewegung etwas in uns in Schwingung versetzt, wir denken, wir werden von außen angegriffen, aber in Wirklichkeit ist es in uns.

Es gibt nichts, was uns feindlich gesinnt ist, außer einem Glaubenssatz, der uns nicht dienlich ist. Mit dem Glauben, dort draußen sei etwas, was mir schaden kann, hindere ich mich, mich selbst zu kennen. So einfach ist das. Ich mache mich zum Opfer – aber ich habe noch nie ein wirkliches Opfer gesehen.

Mein Sohn rief mich heute abend an und erzählte, daß sie zum Arzt gehen mußten und meinem Enkel zum fünften Mal Antibiotika geben, und er denkt, er hätte ein Problem. Er sollte einfach einige seiner Glaubenssätze betrachten.

»Es gibt eine Kraft dort draußen, die nicht liebevoll und freundlich gesinnt ist?« Ich denke, nein.

Wie reagiere ich, wenn ich denke, daß da eine Kraft ist, die mir schaden will? Was bekomme ich, wenn ich das glaube? Geht nach innen und schaut! Wenn der Glaube aufgelöst ist, wer bist du dann? Wie würdest du dann leben? Du weißt nicht? Und du weißt nicht, wie du den Glauben auflösen sollst? Jemand, der zu unserem Workshop kommt, ist sehr mutig. Du kannst hier die ganze Zeit sitzen und wütend sein, und du wirst weniger Glaubenssätze haben, wenn du gehst. Die Wahrheit ist so machtvoll, daß sie einfach wirken muß. Ich sehe, daß Menschen während des Workshops schlafen, und wenn sie aufwachen, dann haben sie im Traum THE WORK getan!

Nichts und niemand kann die Wahrheit überleben! Die Wahrheit ist der größte Killer! Und es gibt gar nichts umzubringen außer Glaubenssätzen.

Also das Gefühl ist die zweite Generation, der Körper folgt dem Verstand. Da gibt es keine Wahl. Wenn ich glaube: »Mein Mann liebt mich nicht!« und nicht darüber lächle, dann liebe *ich* mich nicht. Wie kann er mich nicht lieben? Ich – ich; Gott – Gott. Aber das Gefühl ändert sich in dem Moment, in dem ich das umdrehe.

Ich fand heraus, daß wir in unserer äußeren Welt Frieden schaffen, wenn wir unseren ursprünglichen Glauben untersuchen und nicht einfach gemäß unseren sekundären Gefühlen reagieren und damit Chaos produzieren.

Wir haben immer wieder gehört: »Erkenne dich selbst!« Das wäre schön, wenn man wüßte, wie. THE WORK zeigt uns, wie wir es tun können, wie wir uns selbst innerlich kennen können.

Ich sage ja zu Millionen von Dollars, und ich sage ja zu dem, was andere Armut nennen. Es ist nicht meine Angelegenheit. Alles ist gut! Denkt ihr, der Mensch tut es und nicht Gott?

Für mich besteht Gottes Wille darin, daß ich nichts besitze. Und da ich nichts besitze, mußte ich auch nichts wegwerfen. Ich besitze ja nicht einmal einen einzigen kleinen Glaubenssatz! Ich liebe es, wenn Leute kommen und mir etwas wegnehmen – so kann ich sehen, ob da irgendeine kleine Bewegung in mir ist, ein kleiner Rest von Besitzerschaft. Es gibt nur eine wirkliche Freude im Leben – sich aufzulösen. Das ist die totale Hingabe, das Hingeben von Glaubenssätzen, von denen du denkst, sie würden dir Sicherheit geben.

Und welchen Glaubenssatz sollen wir auflösen? Den, der gerade erscheint. Wie einfach! Woher weiß ich, daß es der richtige ist? Da ist er! Wir müssen nicht danach suchen, wir brauchen keine Psychologie, wir müssen nicht zurückgehen in die Kindheit. Wenn ich mit dem Glaubenssatz arbeite, der gerade erscheint, dann habe ich Perfektion. Ich bin Perfektion. Ihr seid Perfektion!

Ganz gleich, womit wir in der Work arbeiten, ob mit dem »großen Problem« oder mit kleinen Dingen, nichts ist höher oder niedriger, und wir haben stets unsere ganze Welt, und damit meditieren wir. Die Welt ist unsere Meditation.

The Work lehrt euch, euer eigener Meister zu sein.

Ein Mann in Kalifornien meinte, es gäbe einen eingebauten Mechanismus in The Work, der einen Guru verhindern würde. Und er war bei vielen Gurus. Und jetzt ist er mit sich selbst. Er kommt zu mir als mein Freund, und wir spielen zusammen.

Ich komme von einem Ort – immer –, der ohne Worte ist, und ich spreche als Ego, weil ich sonst nicht gehört werden würde. Aber du kannst dich nicht an mich hängen, weil ich schon du bin.

Diese Work bringt euch den ganzen Weg nach Hause. Sie ist unendlich, weil sie euer Geist ist. Es klingt, als wäre es ein System oder ein Prozeß, aber in Wirklichkeit ist es euer Verstand, euer Geist: »Ich will! Ich brauche! Sie sollten! Ich werde niemals ...«

THE WORK ist nichts als euer Denken, sie gehört nicht mir, niemand kann sie besitzen.

– 9 –
Übungen

Die folgenden einfachen Übungen wurden von Byron Katie mit und aus The Work entwickelt; sie können Ihnen vielleicht neue Wege zeigen, sich selbst zu untersuchen und weiterzuentwickeln und mehr Bewußtheit und persönliche Integrität in Ihr Leben bringen.

1. Urteile umkehren
Üben Sie sich darin, zu bemerken, wenn Sie etwas be- oder verurteilen, insbesondere Ihre Mitmenschen.

Wenn Sie zum Beispiel auf der Straße jemanden beobachten, der auffällig aussieht oder sich auffällig verhält, fragen Sie sich: »Habe ich diese Eigenschaft vielleicht auch? Tue ich das auch manchmal, in dieser oder anderer Form? Wann bin ich unpassend gekleidet, was an meinem Körper gefällt mir selbst nicht? Fühle ich mich auch zu dick, zu dünn, zu groß, zu klein? Wann bin ich unhöflich, wann schreie ich, wann und um was bettle ich?«

Diese Übung lenkt Ihre Aufmerksamkeit auf Sie selbst – weg vom anderen. Wenn Sie bemerken, daß Sie auch manchmal tun oder sind, was Sie an anderen stört, werden Sie Ihren Mitmenschen gegenüber geduldiger und liebevoller.

Wenn Sie verstandesmäßig immer nur auf Ihre Umwelt reagieren, bleiben Sie Opfer und haben keine Macht, etwas zu verändern. Ihre eigene Welt haben Sie jedoch voll im Griff, indem Sie Urteile und Glaubenssätze und damit auch Ihre Erfahrung verändern.

Denken Sie daran, daß Sie das Göttliche sehen, wohin auch immer Sie schauen. Gott steht vor Ihnen und zeigt Ihnen das Bild Ihrer selbst.

Wenn Sie Ihre Urteile umkehren, vergeben Sie und erlangen Vergebung. Dies führt dazu, daß Sie Ihr ureigenes innerstes Wesen erkennen und Ihre persönliche Wahrheit und Integrität wiederherstellen.

2. Die drei Arten von Angelegenheiten

Achten Sie darauf, daß die Ursache vieler Schmerzen darin liegt, daß Sie sich in der Angelegenheit eines anderen finden. Wenn Sie sich dessen nicht sicher sind, fragen Sie: »In wessen Angelegenheit befinde ich mich mit meinen Gedanken?« Es gibt nur drei verschiedene Angelegenheiten im Universum: meine, deine und Gottes (des Göttlichen, der Allmacht, der Natur). Wessen Angelegenheit ist ein Erdbeben, ein Flugzeugabsturz, eine Hungersnot? Gottes Angelegenheit. Wessen Angelegenheit ist es, wie Ihr Nachbar spricht, was er tut? Seine Angelegenheit. Wessen Angelegenheit ist es, worüber Sie sich ärgern? Die Ihrige. Das Leben ist einfach.

Fragen Sie sich alle fünf Minuten: »In wessen Angelegenheit befinde ich mich gedanklich in diesem Moment?«

Achten Sie auch darauf, wann Sie ungebetene Ratschläge erteilen oder auch nur Ihre Meinung äußern (laut oder auch nur in Gedanken). Fragen Sie sich hierbei: »Beschäftige ich mich mit fremden Angelegenheiten? Hat man mich um meinen Rat oder meine Meinung gefragt?« Und die wichtigste Frage ist: »Kann ich das, was ich anderen rate, in meinem eigenen

Leben anwenden?« (Dies ist die direkt in Ihrem Alltag angewandte Umkehrung: Henrietta sollte eine Therapie machen – ich sollte eine Therapie machen, Klaus sollte weniger arbeiten – ich sollte weniger arbeiten etc.)

3. Lösen Sie sich von Ihren Angelegenheiten

Nachdem Sie sich einige Zeit aus den Angelegenheiten anderer herausgehalten haben, versuchen Sie, sich auch aus Ihren eigenen Angelegenheiten herauszuhalten. Stellen Sie alles in Frage, was Sie über sich selbst glauben.

»Ich bin in diesem physischen Körper eingeschlossen. Ist das wirklich wahr? Wie reagiere ich, wenn ich das denke?« Die meisten Menschen glauben, daß wir der Körper sind und daß wir sterben werden. »Wer wäre ich ohne diesen Glauben? Wie ginge es mir dann?«

4. Lösen Sie sich von Ihrem Körper

Wenn Sie über sich selbst sprechen, beziehen Sie sich aus Spaß auf sich in der dritten Person. Anstelle zu sagen: »Ich gehe zum Mittagessen«, sagen Sie: »Er/sie geht zum Mittagessen« oder: »Diese/r hier geht zum Mittagessen.«

Vereinbaren Sie mit einem Freund, dies für eine Stunde oder einen Tag oder einen Abend miteinander zu tun, und beziehen Sie sich dabei auf sich und den anderen als »er« oder »sie«. Vermeiden Sie Pronomen wie »ich«, »mich« oder »wir« etc. Fragen Sie statt dessen: »Wie geht es ihr?« oder: »Wie geht es diesem hier?« Sinn dieser Übung ist es, den Körper als etwas Unpersönliches zu erleben, etwas, das unabhängig von meinem wirklichen Selbst existiert. Diese Übung führt auch zu mehr Aufmerksamkeit.

5. In der Gegenwart sprechen

Achten Sie einmal darauf, wie oft Sie sich in Unterhaltungen oder Selbstgesprächen gedanklich in einer negativ erlebten Vergangenheit oder einer befürchteten Zukunft aufhalten. Achten Sie darauf, wie oft Sie Wendungen benutzen wie: »Ich hatte, ich war, ich werde, mir ist passiert, ich fürchte« etc.

Wenn wir in der Gegenwart über die Vergangenheit sprechen, erschaffen wir sie neu, durchleben wir sie neu und nehmen nicht mehr wahr, was hier und jetzt geschieht. Das gleiche gilt, wenn wir uns ausmalen, was in der Zukunft geschehen wird. Wir leben dann in einer Phantasiewelt, die nichts mit Realität zu tun hat. (Hier ist nicht die bewußte Beschäftigung mit Vergangenheit oder Zukunft gemeint.)

6. »Den Abwasch erledigen«

Byron Katie benutzt diesen Ausdruck als Prototyp für das, was jeden Tag getan werden muß (»doing the dishes«).

Wir lernen das zu lieben, was wir gerade tun, ganz gleich, was es ist. Ob wir zur Arbeit fahren, die Haare waschen, den Fußboden wischen oder eben unser Geschirr abwaschen – alles ist göttlich. Unsere innere Stimme sagt uns zur rechten Zeit, was zu tun ist, und wir erledigen es vertrauensvoll und in stillschweigendem Einverständnis. Diese geistige Haltung führt zu einer Leichtigkeit des Seins, zu innerer Dankbarkeit, zu staunender Verwunderung.

7. Auf die Stimme des Körpers hören

Der Körper ist der Spiegel Ihres Denkens – er äußert sich, indem er sich bewegt oder in Form von Muskelspannungen. Zuckungen, Stiche, Jucken oder Verspannungen sind nur einige Beispiele hierfür.

Achten Sie darauf, wie oft Sie sich aus Ihrer natürlichen Ruhe, aus Ihrem inneren Frieden herausbewegen.

Praktizieren Sie Ruhe und Frieden, und beobachten Sie, wann Ihr Denken ein Signal Ihres Körpers auslöst, und sei es auch noch so fein. Sowie Sie eine körperliche Reaktion spüren, fragen Sie sich: »Welcher Gedanke, welcher Glaubenssatz oder welche Situation löst genau diese körperliche Reaktion aus? Verlasse ich meine Integrität in dieser Situation? Wenn ja, in welcher Weise? Was genau stimmt nicht mehr mit meinem innersten Wesen überein? Bin ich bereit, diesen Gedanken oder Glaubenssatz, der eine Reaktion in meinem Körper hervorruft, fallenzulassen?« Lauschen Sie in Ihr Herz, und erlauben Sie der Antwort, Sie zu führen. Auf diese Weise kehren Sie zum inneren Frieden zurück und gewinnen Klarheit.

8. Erstatten Sie sich selbst Bericht

Diese Übung kann jede Art von Ängsten oder Furcht besiegen. Werden Sie zu einem Zeitungsreporter, der einem unbeteiligten Publikum von den Lebensumständen berichtet, in denen Sie sich gerade befinden. Schildern Sie ganz genau Ihre Umgebung und was gerade am Ort des Geschehens passiert. Furcht ist immer ein Ausdruck dessen, was Sie aus Ihrer Kenntnis der Vergangenheit in die Gegenwart oder Zukunft projizieren.

Wenn Sie Angst fühlen, finden Sie den Kern Ihrer Glaubenssätze und fragen Sie sich: »Ist es wahr? Muß ich wirklich in dieser Situation Angst haben? Was genau passiert in diesem Moment auf der physischen Ebene? Wo befindet sich mein Körper in diesem Moment? Wie ist die Haltung meiner Hände, meiner Arme, meiner Füße, meiner Beine, meines Kopfes? Was sehe ich in diesem Moment? Sehe ich Wände, Fenster, den Himmel, Bäume, Wasser? Atme ich?«

Wenn wir unsere Geschichten wie ein unbeteiligter Berichterstatter verfolgen, können wir objektiver urteilen und adäquater auf das reagieren, was das Leben uns beschert. Sich hingegen mit unwahren Gedanken zu identifizieren, kann uns zu Tode ängstigen – hoher Blutdruck, Krebs, Alterungs- und Degenerationsprozesse können die Folge sein.

9. Wörtlich verstehen, was andere sagen
Hören Sie anderen genau zu, und versuchen Sie wörtlich zu verstehen und alles zu glauben, wie es gesagt wird. Versuchen Sie, nicht zu interpretieren und mit Ihren bisherigen Erfahrungen zu vergleichen.

Ein Beispiel: Jemand sagt, er fände Sie schön, und Sie unterstellen ein verstecktes Motiv.

Oder: Jemand belegt Sie mit einem Schimpfwort, und Sie interpretieren, was er damit meint, vergleichen mit schmerzhaften Erlebnissen der Vergangenheit, fühlen sich ungeliebt, unwert, ausgestoßen.

Würden wir nur das Wort hören und nicht unsere eigenen Glaubenssätze hinzufügen, so könnten wir uns fragen: Ist es nicht wahr, daß wir in diesem Moment genau das sind, womit uns der andere bezeichnet?

Unsere eigenen Interpretationen tun uns weh, nicht das Wort, das andere aussprechen. Würde es in einer anderen Sprache gesagt, würden wir vielleicht nicht einmal bemerken, daß es sich um ein Schimpfwort handelt!

Versuchen Sie darauf zu vertrauen, daß das, was andere sagen, auch genau das ist, was sie meinen – nicht mehr, nicht weniger.

Lassen Sie andere ausreden.

Hüten Sie sich davor, einen Satz, den ein anderer angefangen hat, für ihn zu Ende zu denken oder gar zu sprechen!

Hören Sie hin.

Sie werden manchmal sehr überrascht sein, wenn Sie anderen erlauben, ohne jede Unterbrechung zu sprechen.

Wenn wir damit beschäftigt sind, gedanklich herauszufinden, was es ist, was der/die andere sagen will oder wird, so hören wir nicht mehr zu und verpassen unter Umständen das, was gesagt wird.

Versuchen Sie es einmal mit den folgenden Fragen:

Wer oder was in mir ist bedroht, wenn ich wörtlich verstehe, was andere sagen?
Unterbreche ich andere, weil ich nicht hören will, was andere zu sagen haben?
Unterbreche ich andere, um ihnen zu zeigen, daß ich weiser, besser, schlauer bin als sie?
Versuche ich, mich selbst als jemanden darzustellen, der selbstbewußt ist und alles unter Kontrolle hat?
Wer wäre ich, wenn ich nicht glauben würde, ich sollte diese Eigenschaften besitzen?
Befürchte ich, als unintelligent zu erscheinen?
Denke ich, daß die Leute mich verlassen werden, wenn ich sie wörtlich verstehe und nicht länger an manipulierenden Spielen teilnehme?

Einfach annehmen, wie andere sind und was sie tun! (Übrigens interpretieren wir auch Gesichtsausdrücke, Körperhaltungen, Gesten der Hände etc.)

10. Ehrlich und direkt sprechen

Sprechen Sie ehrlich und direkt aus, wie Sie es wörtlich meinen. Rechtfertigen Sie sich nicht, versuchen Sie nicht zu manipulieren, machen Sie sich keine Gedanken, wie andere Ihre Worte interpretieren könnten. Seien Sie nicht höflich oder vorsichtig, und erfahren Sie die Freiheit, die Ihnen daraus erwächst.

11. Das Schauspiel verfolgen

Stellen Sie sich vor, Sie wären ein Zuschauer auf dem Balkon eines Theaters, und dort unten spielte Ihr Leben. Sehen Sie Ihre Lieblingsdramen mit all den unglücklichen Verwicklungen. Achten Sie darauf, ob Sie genau die gleichen Szenen schon einmal gesehen haben und wie oft. Schauen Sie so lange zu, bis es Ihnen langweilig wird. Sehen Sie, wie die Schauspieler beginnen, zu übertreiben, damit Ihre Aufmerksamkeit nicht nachläßt. Warten Sie, bis es Ihnen ehrlich zuviel wird und Sie aufstehen, Ihren Platz verlassen und aus dem Theater heraustreten. Denken Sie daran, daß Sie jederzeit zurückkommen können, wenn Ihnen danach ist.

Wer wären Sie ohne Ihr Drama, wer wären Sie ohne Ihre Geschichte?

12. Eine zweite Version erstellen

Beobachten Sie Ihre Geschichte mit den Augen und dem Verstand eines anderen Menschen. Schreiben Sie sie auf. Erstellen Sie so viele Versionen Ihrer Geschichte, wie Sie mögen. Erfinden Sie so viele Schlußszenen, wie Sie mögen. Was fällt Ihnen dabei alles auf?

13. Zum Gegenpol gehen

Sowie Sie sich mit einem negativen Gedanken beschäftigen, gehen Sie bewußt gedanklich zum positiven Gegenpol. Wenn

Sie z. B. denken: »Ich werde krank werden«, denken Sie ganz bewußt daran, daß Sie vollkommen gesund sind. Wenn Sie zurückfallen, entscheiden Sie sich abermals für den positiven Gegenpol und halten dann den Gedanken daran aufrecht. Fühlen Sie die Wahrheit, die darin liegt. Es gibt nur Liebe; was äußerlich nicht als Liebe erscheint, ist lediglich der Ruf nach Liebe. Es ist Ihr Geburtsrecht, in der Wahrheit zu sein, in der Liebe zu leben.

14. Selbstliebe

Erstellen Sie eine Liste mit allem, was Sie an einer bestimmten Person lieben, und teilen Sie es der/dem Betreffenden mit. Sodann beziehen Sie die Liste auf sich selbst, und erkennen Sie, daß alles, was Sie aufgeschrieben haben, auch auf Sie zutrifft.

Manche der Eigenschaften mögen ein wenig verborgen sein; lassen Sie zu, daß auch diese sich ab sofort in Ihrem Leben vollständig entfalten und ausdrücken.

15. Ehrlichkeit

Üben Sie sich darin, stets authentisch zu sein. Lachen, weinen, schreien, sprechen Sie so, wie es für Sie in diesem Moment ehrlich und richtig ist. Werden Sie wieder zum Kind – handeln Sie in voller Übereinstimmung mit Ihren Gefühlen. Lassen Sie nicht zu, daß Glaubenssätze Ihre Integrität beeinflussen. Wenn Sie z. B. einen Raum mit Menschen verlassen, versuchen Sie nicht, die Zurückbleibenden mit einer Höflichkeitsfloskel zu manipulieren. Leben Sie Ihre Wahrheit, ohne Ihr Verhalten zu rechtfertigen.

16. Wünsche äußern

Äußern Sie Ihre Wünsche, auch wenn diese dreist erscheinen sollten oder es Ihnen peinlich ist. Niemand kann wissen, was

Sie wollen, wenn Sie es nicht aussprechen. Indem Sie fragen, erkennen Sie bewußt an, daß Sie ein Recht darauf haben, Ihre Wünsche erfüllt zu bekommen. Wenn man nicht auf Ihre Wünsche eingehen kann oder mag, erfüllen Sie sich diese selbst.

17. Seiner selbst bewußt sein

Machen Sie sich klar, daß Sie stets sich selbst sehen, wenn Sie es mit einem anderen Menschen zu tun haben.

Hinter allen Erscheinungsweisen und persönlichen Merkmalen findet sich die Essenz des Guten, und das sind Sie. Wenn Sie sich Ihrer Gegenwart bewußt sind, befinden Sie sich augenblicklich im Hier und Jetzt mit all seiner staunenswerten Fülle. Der Mensch vor Ihnen wird zu einer Gelegenheit, sich selbst kennenzulernen. Das Herz wird von Liebe und Dankbarkeit erfüllt und sagt bescheiden: »O ja, diese Person oder Situation wurde für mich geschaffen, damit ich lernen kann, wer ich bin.«

18. Dankbarkeit sich selbst gegenüber

Wenn Sie Demut, Liebe, Freiheit oder eine Offenbarung erleben, danken Sie dem Göttlichen, wie auch immer es sich Ihnen darbietet. Erlauben Sie dem Frieden, auf den Flügeln Ihrer Dankbarkeit in Ihr Wesen einzudringen.

19. Sich zum rechten Zeitpunkt entfernen

Wenn Sie mit einer Situation konfrontiert sind, in der Sie sich selbst nicht treu scheinen, sich manipuliert, erniedrigt oder kontrolliert fühlen, werden Sie sich Ihrer Möglichkeiten bewußt.

Sie können beispielsweise physisch oder mental in der Situation bleiben und ganz klar sehen, daß Sie selbst den Schmerz aufrechterhalten, indem Sie an Ihren Überzeugungen festhalten. Oder Sie können sagen: »Ich muß jetzt gehen!« und die Situation körperlich verlassen. Eine weitere Möglichkeit besteht darin, sich geistig zu entfernen, indem man sagt: »Ich habe mich entfernt!« Auf diese Weise kann man sich in einen anderen Bewußtseinszustand begeben.

Wenn Sie innerlich völlig klar sind und ohne jedes Urteil, kann niemand Sie manipulieren, kontrollieren, mißbrauchen außer Ihnen selbst. Möglicherweise werden Sie niemals wieder eine Situation verlassen müssen; Sie werden in Gegenwart einer jeden Form Frieden spüren und alles, was Sie umgibt, als Liebe erleben.

20. Perfektion

Üben Sie sich darin, nicht so oft in den Spiegel der Eitelkeit zu schauen. Indem Sie keinen Spiegel benutzen und Ihre physische Erscheinung abschätzen, kommen Sie besser in Kontakt mit Ihrem wahren Selbst. Ohne Spiegel gibt es nichts zu beurteilen, keine Reflexion, kein Erscheinungsbild. Es kann sein, daß Sie einfach sich selbst als perfekt in jedem Moment erleben.

21. Über Rechtfertigung hinaus

Achten Sie einmal darauf, wie oft Sie sich rechtfertigen oder Erklärungen für Ihre Worte, Handlungen und Entscheidungen abgeben. Wen versuchen Sie zu überzeugen? Und welche Geschichte wollen Sie fortschreiben?

Achten Sie beim Sprechen darauf, wann Sie die Wörter »weil« und »aber« benutzen. Halten Sie augenblicklich inne, sobald Sie diese Wörter benutzen. Sich zu rechtfertigen ist stets ein Versuch, den anderen zu manipulieren; entscheiden Sie sich dafür, lieber still zu sein und zu wissen. Seien Sie Wirkung, nicht Ursache.

22. Kritik – ein Geschenk

Kritik stellt eine unglaubliche Möglichkeit dar, geistig zu wachsen. Hier sind einige Möglichkeiten, wie man Kritik empfangen und mit ihr umgehen kann:

Wenn jemand sagt: »Du hast unrecht, du bist schrecklich, du bist schlampig« etc., dann antworten Sie entweder laut oder innerlich zu sich selbst: »Danke für diese Mitteilung.« Das bringt Sie sofort in eine geistige Verfassung, in der Sie hinhören können und diese Information auf eine Weise benutzen können, die Ihnen dienlich ist.

Nachdem man Sie kritisiert hat, fragen Sie sich selbst: »Hat es mir weh getan?« Wenn die Antwort »Ja« lautet, dann wissen Sie, daß Sie dieser Kritik auf irgendeine Weise Glauben schenken. Wenn Sie das wissen, dann haben Sie Gelegenheit, diesen Teil von Ihnen, der Ihnen selbst unakzeptabel erscheint, zu heilen, indem Sie THE WORK machen.

Wenn Sie gegenüber Kritik nicht länger verwundbar erscheinen wollen, dann heilen Sie das, was kritisiert wird. Hierin liegt die absolute Kraft des Fallenlassens aller Überzeugungen. Wenn Sie total offen sind, kann man Sie nicht mehr manipulieren, weil die Kritik nirgendwo anhaftet. Das ist Freiheit.

Glossar

Archetypus
Griech. »altes Bild«. Bild, Inhalt, Komponente, Manifestation des kollektiven Unbewußten. Oft in Märchen und Mythen personifiziert. Archetypen sind alte Bewußtseinsinhalte, die allen Menschen gemeinsam zu eigen sind. Laut C. G. Jung verändern sie sich, wenn sie bewußt wahrgenommen werden, und passen sich dem individuellen Bewußtsein an. Es gibt Archetypen der Einheit, des Geistes, des Gottesbildes, der Größe und Kleinheit, des Helden, des Erlösers, des alten Weisen, der Urmutter usw.

Ego
Lat. »Ich«. Die Summe unserer Erfahrungen, Glaubenssätze, das Ichgefühl, unser Bewußtsein, das, was wir zu sein glauben. Westliche Philosophie sieht das Ego als Maß aller Dinge: »Ich denke, also bin ich.« Der Osten nimmt an, daß das Ego eine Illusion ist, die uns hindert, Seligkeit, Ganzheit, Einheit zu erfahren; das Ego gilt als das klassische Hindernis auf dem Weg zur Erleuchtung. Byron Katie negiert es weder, noch sagt sie, man solle es fallenlassen. Sie empfiehlt, es zu lieben und zu untersuchen.

Erleuchtung

Byron Katie sagt manchmal, sie wisse gar nicht, was Erleuchtung sei, dann wieder gebraucht sie den Begriff aber ganz selbstverständlich, manchmal allerdings auch im eher umgangssprachlichen Sinn. (Ich bin erleuchtet = ich habe kapiert.)

Wenn Erleuchtung im spirituellen Sinn gebraucht wird, dann handelt es sich um die unsagbare Erfahrung des All-eins-Seins, des Verschwindens des Ego, die Erfahrung grenzenloser Liebe, des Nichts im buddhistischen Sinne.

Geschichte

Ein Bündel von Glaubenssätzen oder Überzeugungen, die miteinander zusammenhängen. Manchmal verstehen wir darunter auch die gesamte Geschichte eines Menschen, seinen gesamten geistigen Apparat, sein Ego. Katie gebraucht meist das englische Wort »story«, das man auch im Deutschen im obigen Sinn benutzen könnte. Obwohl es in Katies Sinn eindeutiger gewesen wäre, habe ich aus sprachlichen Gründen darauf verzichtet.

Glaubenssatz

Glaubenssatz, Glauben, Konzept, Überzeugung werden jeweils im gleichen Sinn gebraucht: Es handelt sich um Behauptungen, Sätze, Aussagen, Urteile, die scheinbar feststehende Sachverhalte beschreiben, die wir im Umgang mit uns selbst oder unserer Umwelt benutzen.

Wir haben diese Glaubenssätze meist durch Erfahrung erworben, oder sie wurden uns von unserer Umwelt vermittelt. Wir stellen sie selten in Frage, ja es ist uns oft nicht einmal bewußt, daß sie existieren. Unbewußt meinen wir, andere Menschen müßten oder sollten die gleichen Glaubenssätze benutzen. Sehr oft existieren widersprechende oder gar gegenteilige Glaubenssätze ebenfalls in uns, kommen aber zu anderen Zeiten, in anderer Stimmung oder zu anderen Gelegenheiten zum Vorschein.

Glaubenssätze können sehr hartnäckig und unausrottbar erscheinen, und manche Menschen lehnen es bei Gefahr für ihr Leben ab, sie zu ändern, zu revidieren oder gar abzulegen. Mit THE WORK untersuchen Sie Ihre Glaubenssätze lediglich.

Ein Bündel von Glaubenssätzen ist eine Geschichte.

Wahrheit

Byron Katie benutzt das Wort »Wahrheit« meist synonym für Realität – »das, was ist«. Wahr ist, was reale Wirklichkeit ist, nicht das, was wir uns vorstellen, wünschen, denken, als Überzeugung oder Glaubenssatz im Kopf haben.

Folgerichtig bezeichnet sie Glaubenssätze, Gedanken oder Vorstellungen, die im Widerspruch zur Realität stehen, als Unwahrheit bzw. Lüge.

Byron Katie bietet THE WORK auf der ganzen Welt auf Spendenbasis an.
Wenn Sie Informationen über Workshops, Trainings, Treffen, Managerschulungen, Seminare, Tonbänder, Videos und Bücher wünschen,
rufen Sie an, schreiben Sie oder senden Sie eine E-Mail an:

THE WORK Foundation, Inc.
P. O. Box 667
Manhattan Beach, California 90267
Telefon: 001-760-256-5653
Gebührenfrei: 001-877-5-THE WORK (877-584-3967)
Fax: 001-310-5458388
E-Mail: thework@thework.org
Für Europa: euro@thework.org

Byron Katie unterhält eine Website, von der Sie die jeweils neueste Version des »Kleinen Büchleins« und des Fragebogens in mehreren Sprachen herunterladen können. Außerdem finden Sie hier einen Terminkalender, Kontaktadressen und jede Menge weiterer Informationen:

www.thework.org

Der Autor dieses Buches gibt ebenfalls Einzelsitzungen und Workshops auf Spendenbasis:

Moritz Boerner
Fax: 0611-8110319
Website: www.MoritzBoerner.de
Unter der Rubrik »THE WORK« finden sich dort ebenfalls weitere Informationen über THE WORK und Byron Katie
E-Mail: BoernerMedia@t-online.de